よくわかる
パースの基本と
実践テクニック

大脇賢次 著

彰国社

Cover designed by BANG! Design

目次

はじめに　4

第1章　透視図の基本　5
1. 透視図とはなんだろう？　6
2. 消点について　8
3. 足線法、D点法、M点法について　9
4. 透視図、6つの原理　10
5. 実長をどこでとる　12
6. 分割のテクニック　14
7. 増殖のテクニック　16
8. 円の描き方　18
9. 透視図基本用語　19

第2章　まず足線法をマスターしよう　21
1. 足線法の考え方　22
2. 1消点で描く――CVを消点として描く　28
   - 2-a　ソファーを1消点で描く　29
   - 2-b　居間を1消点で描く　34
   - 2-c　住宅のファサードを1消点で描く　42
3. 2消点で描く　50
   - 3-a　正方形の窓のある住宅を2消点で描く　51
   - 3-b　ピロティーのある住宅を2消点で描く　59
   - 3-c　ダイニングキッチンを2消点で描く　68
   - 3-d　研修所を片方の消点で描く　82
   - 3-e　住宅を［2消点＋分割］で描く　88
   - 3-f　絵画のあるロビーを2消点の応用で描く　94
4. 3消点で描く　102
   - 4-a　直方体を3消点で描く（見下げ）　103
   - 4-b　直方体を3消点で描く（見上げ）　106

第3章　D点とCVを使ってD点法に挑戦　109
1. D点法の考え方　110
2. D点法で描く　116
   - 2-a　立体のある空間をD点法で描く　116
   - 2-b　コンクリート造住宅をD点法で描く　122
   - 2-c　立体のある空間をD点法の［簡略図法］で描く　128
   - 2-d　和室をD点法の［簡略図法］で描く　132

第4章　MLで測るM点法　141
1. M点法の考え方　142
2. M点法で描く　147
   - 2-a　立体をM点法で描く　147
   - 2-b　オフィスビルをM点法で描く　154
   - 2-c　オフィスビルをM点法の［2消点簡略図法］で描く　164
   - 2-d　立体をM点法の［3消点簡略図法］で描く　170

はじめに

　この本は、パースペクティブ(透視図)の基本な考え方とテクニックおよびそれらをふまえた上での実践テクニックについて書かれたものである。対象者は、初めてパースペクティブ(一般に略してパースという)を学ぼうとする者、とくに建築、インテリアの学生であるが、作図プロセスをできるだけ多く載せることで、初学者にわかりやすいものとなっている。また自習用として初めてパースを勉強しようとする者に対しても、できるだけわかりやすく、なおかつ実践的に修得できるよう、この本は構成されている。

　パースの図法には足線法、D点法、M点法などがあるが、代表的なものは足線法であり、まずこれをマスターすることが大切で、そのためにこの本でもかなりの紙数をさいている。足線法を理解できれば、パースは描けるようになる。一方、D点法、M点法は簡略図法としてよく用いられ、これらをマスターすると実践テクニックとして役立つ上に、作業時間も短縮できる。その意味で、D点法の簡略図法とM点法の簡略図法も理解できるようになってほしい。

　私自身、設計の実務者として仕事をはじめたころ、計画中の建築のパースを設計事務所の所長が定規を用いて短時間で素早く描くのを見て、私もこのようにうまく描けるようになりたいと望んだことが、パースに対する興味の原点だと思う。さらに、イタリアで芸術的なパースを見て感動したり、設計事務所の所長となってからは施主に計画中の住宅のパースを見せて喜ばれたりなど、建築設計のなかでパースについてのいろいろな経験をしてきた。

　私の考えでは、建築、インテリアの設計者が自分の設計した建築、インテリアのパースも描けないようでは表現能力に欠けるといわざるをえない。パースを描くことは、空間の把握、造形やデザイン感覚の育成にもなり、他の人に対するプレゼンテーションにも非常に有効である。また自分で設計したものや思い描いたものを立体的な形に表現する楽しさもある。そのためには学生のときにパースに対する基本的な理解やトレーニングをすることが必要であり、この本もそのために少しでも役に立てば幸いである。

第1章　透視図の基本

1 透視図とはなんだろう？

透視図とは、任意の位置 SP に立つ人が画面(PP)を通して対象物を見たときに、対象物が画面に投影された図のこと。つまり、画面をガラス窓と想定すると、人が対象物を見たとき、このガラス窓に映る図のことを透視図と考えるとわかりやすい。
透視図を描くには、必ず1つ以上の消点と対象物の実長をとることが必要である。

そして、透視図法には、足線法、D線法、M点法などがある。

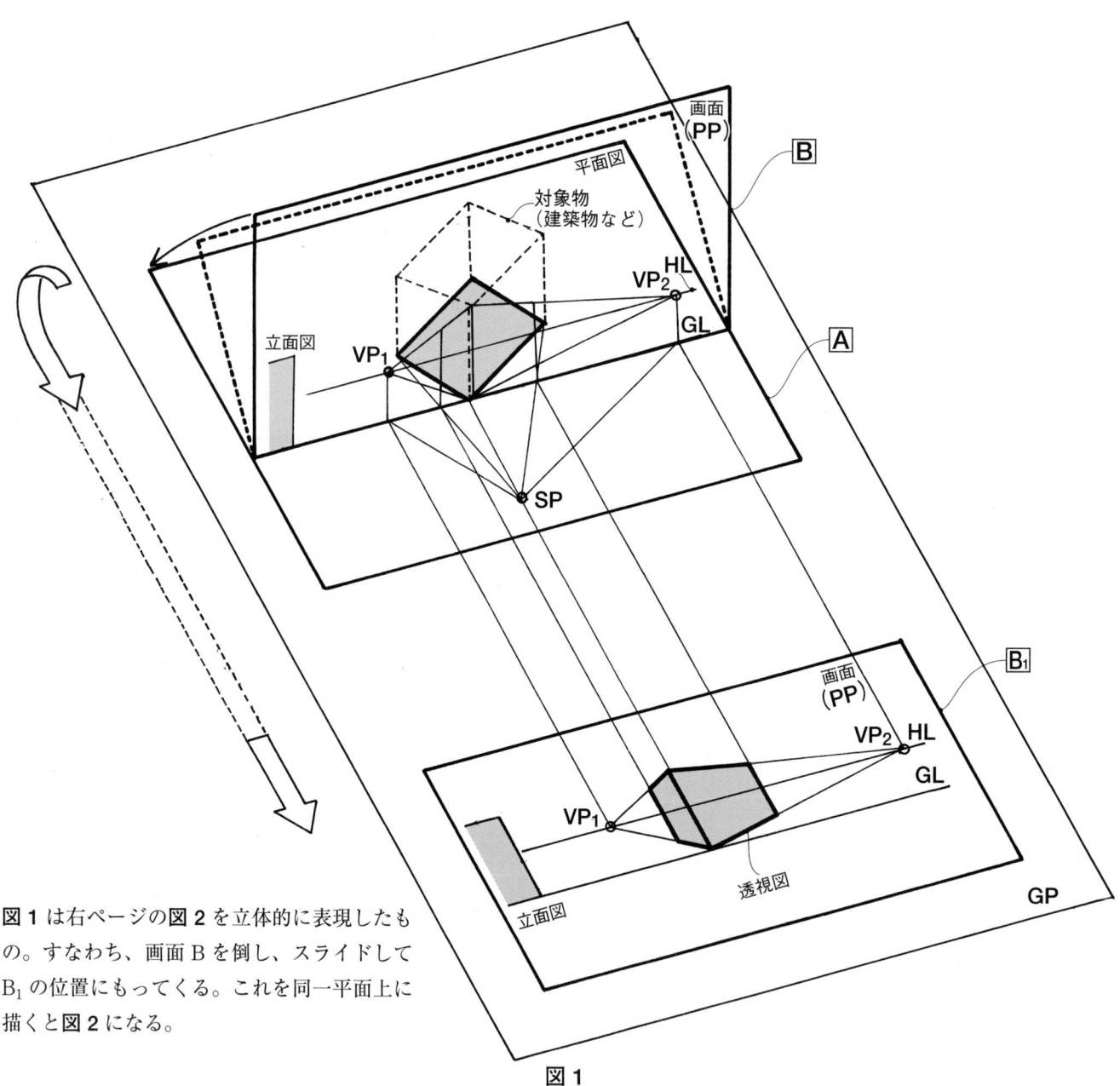

図1は右ページの図2を立体的に表現したもの。すなわち、画面Bを倒し、スライドしてB_1の位置にもってくる。これを同一平面上に描くと図2になる。

図1

用語解説
- ■SP(Standing Point／Station Point 立点または停点)＝観察者の立っている位置。正確には視点(EP)の基面(GP)上の位置。観察者の目の位置を基面上に垂直に下ろした点である。
- ■GP(Ground Plane 基面)＝建築物などの対象物とこれを見る観察者が立っている基準となる平面(水平投影面)のこと。一般には地盤面を意味する。
- ■PP(Picture Plane 画面)＝対象物と観察者の間に垂直に立つ面。基面(GP)に対して垂直に立つ面(直立投影面)のことで、この面に描かれる図を透視図(Perspective drawing)という。
- ■GL(Ground Line 基線)＝画面(PP)と基面(GP)が接する線。一般には画面(PP)上において地盤面の位置を意味する。
- ■HL(Horizontal Line 水平線または地平線)＝画面(PP)上において、基線(GL)に平行に引いた直線。HLの高さは観察者の目の高さに等しい。
- ■VP(Vanishing Point 消点または消失点)＝立体を構成する線が消失する点。2消点の場合は、画面に向かって左側の消点をVP_1またはVPLといい、右側の消点をVP_2またはVPRという。

HLの高さについて
HLの高さは観察者の目の高さに等しいので、目の高さによってHLの位置も変わる。たとえばHLをGLに近くとると、対象物を見上げたような透視図になる。

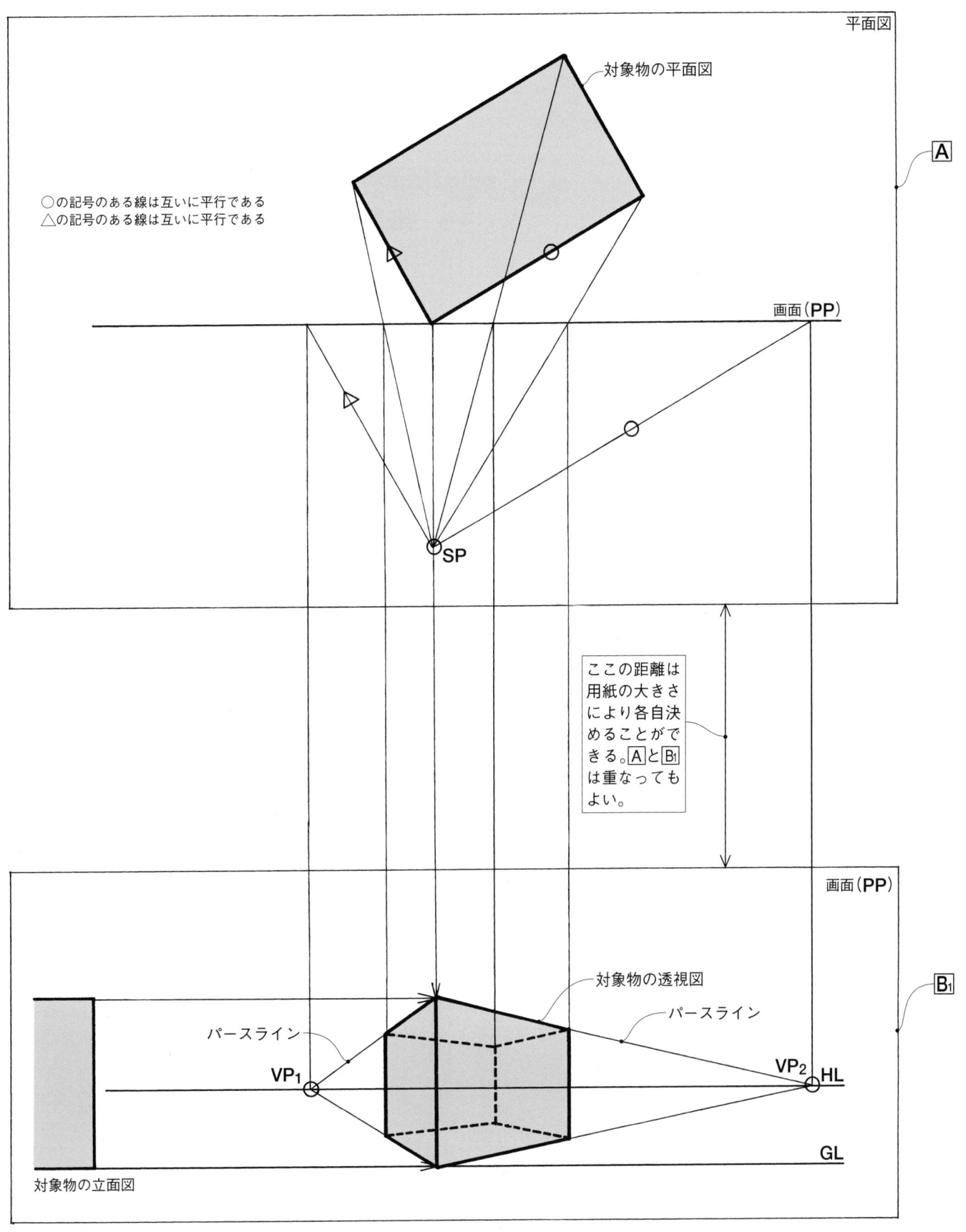

図2

2 消点について

透視図を描くには、1つ以上の消点と実長をとることが必要である。消点が1つの場合を1消点、2つの場合を2消点、3つの場合を3消点と呼ぶ。1消点と2消点の場合、消点は必ず **HL** 上にある。1消点の場合、**HL** 上の **CV** をもとに描き、2消点の場合、**HL** 上の VP_1、VP_2 をもとにして描く。3消点の場合、**HL** 上の VP_1、VP_2 の他に VP_3 を加えた3消点をもとにして描く。

用語解説
- CV（Center of Vision 視心または視中心）＝観察者の目の位置から画面（PP）に垂直に下ろした垂線の足のこと。

(1) 1消点

(2) 2消点

(3) 3消点

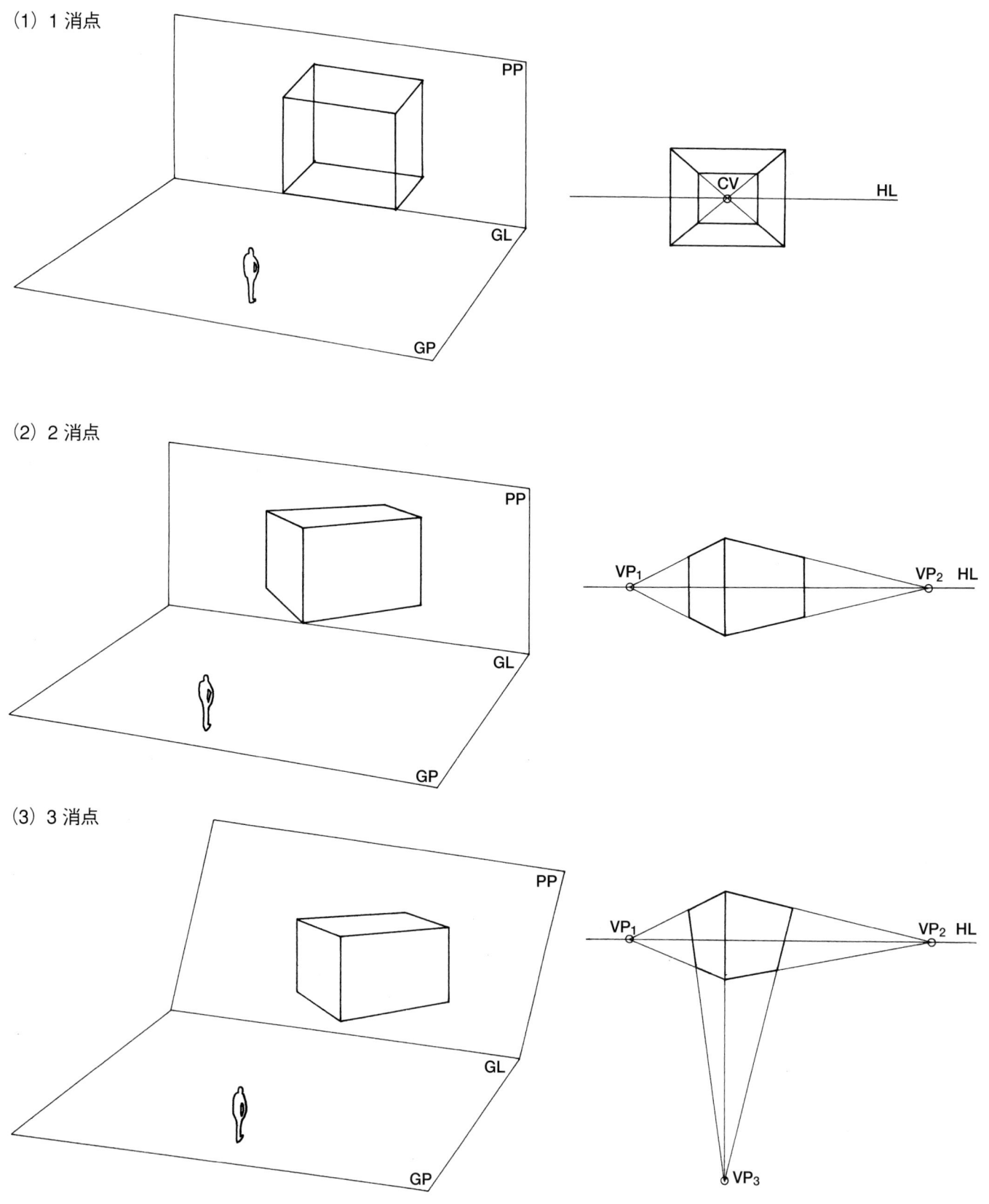

3 足線法、D点法、M点法について

透視図法の代表的なものは足線法である。その他の図法としては、D点法やM点法などがある。D点法やM点法は、簡略図法として利用される。

足線法、D点法、M点法のいずれの図法を用いても、与条件が同じならば、同じ形の透視図になる。

(1) 足線法(1消点)

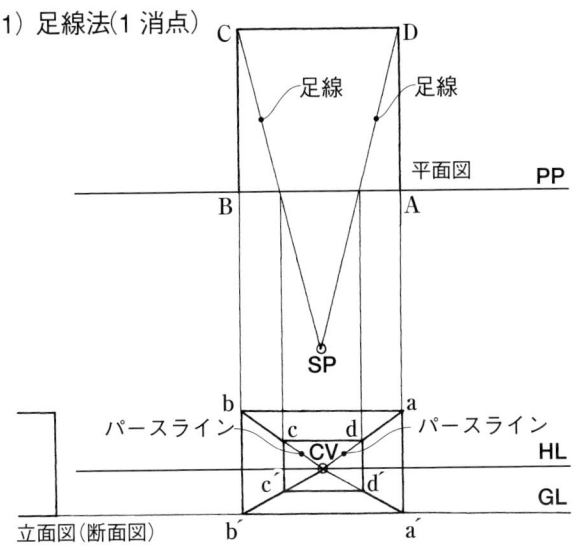

足線法は足線を用いて透視図を描く図法で一般的によく使われる。上図は1消点によって描かれている。

(2) D点法

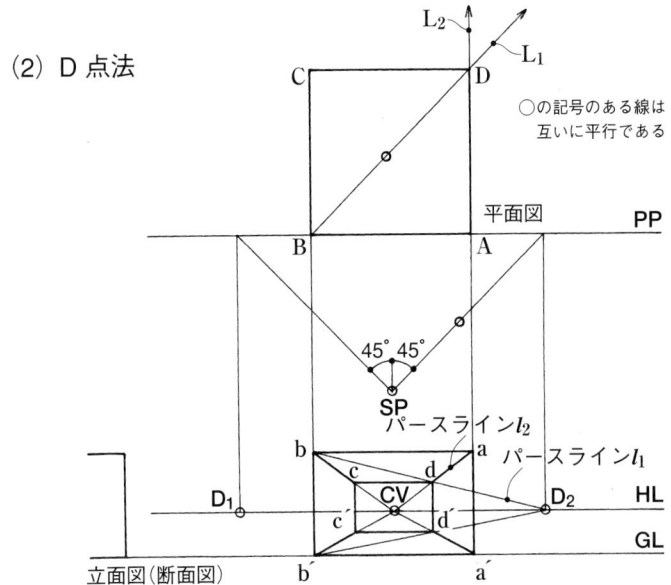

D点はSPよりPPに対して45°の角度をなす線のHL上の消点であり、CVの両側にD_1、D_2点のふたつの消点がある。D点法はこのD点を用いて描く図法で、実際に作図するときは平面図なしで描くこともできる。

(3) 足線法(2消点)

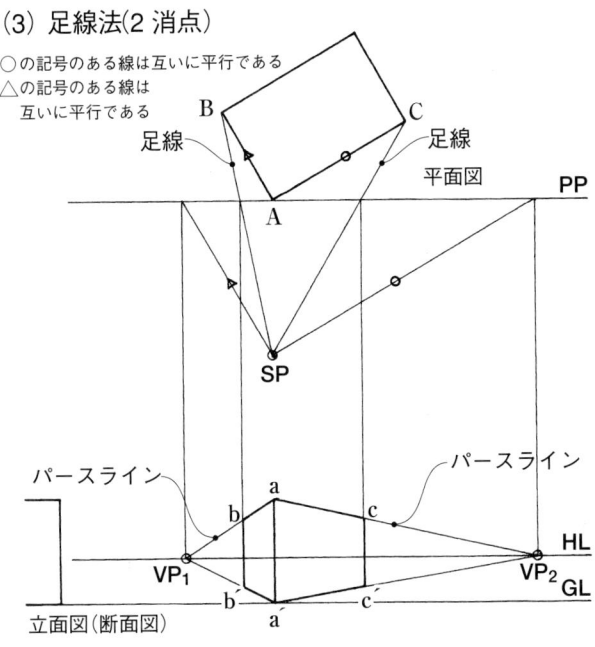

上図は2消点によって描かれている。

(4) M点法

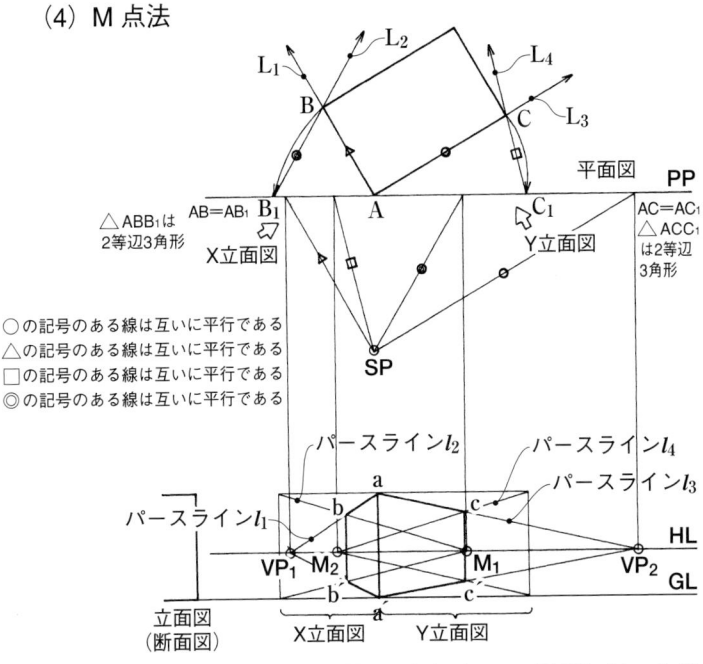

M点はSPより線L_2またはL_4に平行に引いた線のHL上の消点であり、M_1、M_2の2つの消点がある。M点法はこのM点を用いて描く図法で、実際に作図するときは平面図なしで描くこともできる。

4　透視図、6つの原理

原理1

平面図で画面(**PP**)に垂直な線(L_1、L_2、L_3)は、透視図上ですべて視心(**CV**)に結ばれる線(l_1、l_2、l_3)になる。

原理2

平面図で画面(**PP**)に平行な線(L_1、L_2)は、透視図ですべて基線(**GL**)に対しても平行な線(l_1、l_2)になる。

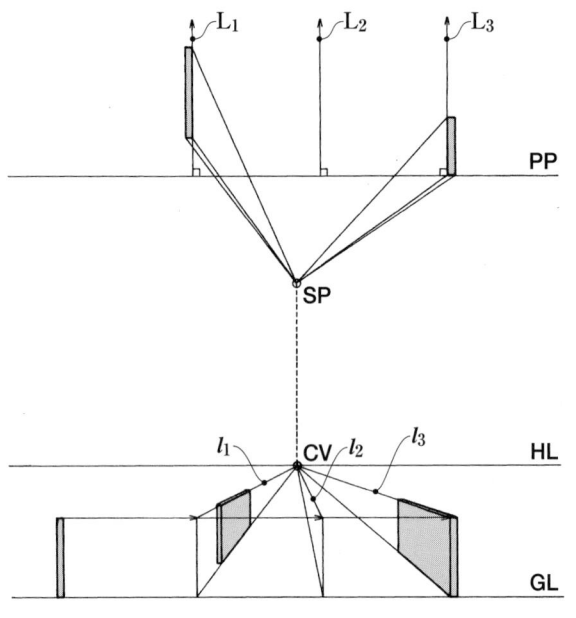
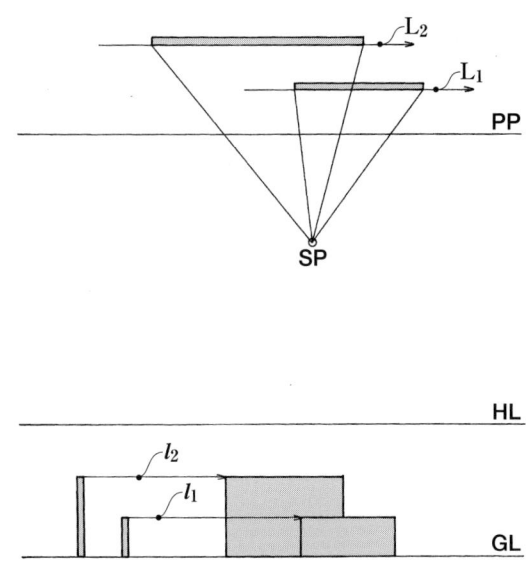

原理3

平面図で画面(**PP**)に対して違う角度をなす線(L_1、L_2)は、透視図でそれぞれ別の消点(VP_1、VP_2)に結ばれる線(l_1、l_2)になる。この消点に結ばれる線 l_1、l_2 のことをパースラインという。

○の記号のある線は互いに平行である
△の記号のある線は互いに平行である

原理4

平面図で互いに平行な直線(L_1、L_2)は、透視図で、1つの消点(**VP**)に結ばれる線(l_1、l_2)になる。

△の記号のある線は互いに平行である

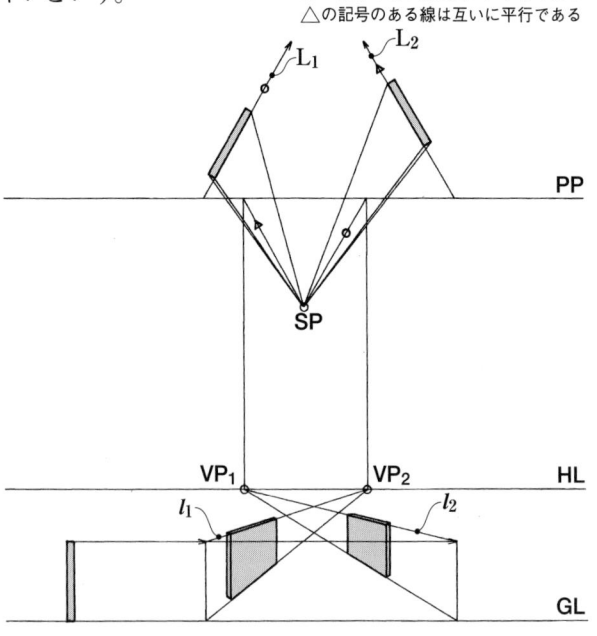
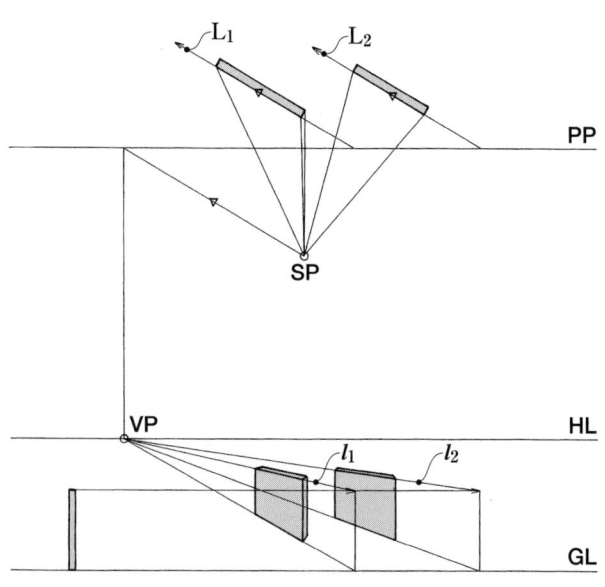

原理 5

平面図で線 L_1 と線 L_2 の交点 A と線 L_3 と線 L_4 の交点 B は、透視図でそれぞれパースライン l_1 と l_2 の交点 a、パースライン l_3 と l_4 の交点 b として求められる。L_1、L_2、L_3、L_4 は任意の線である。

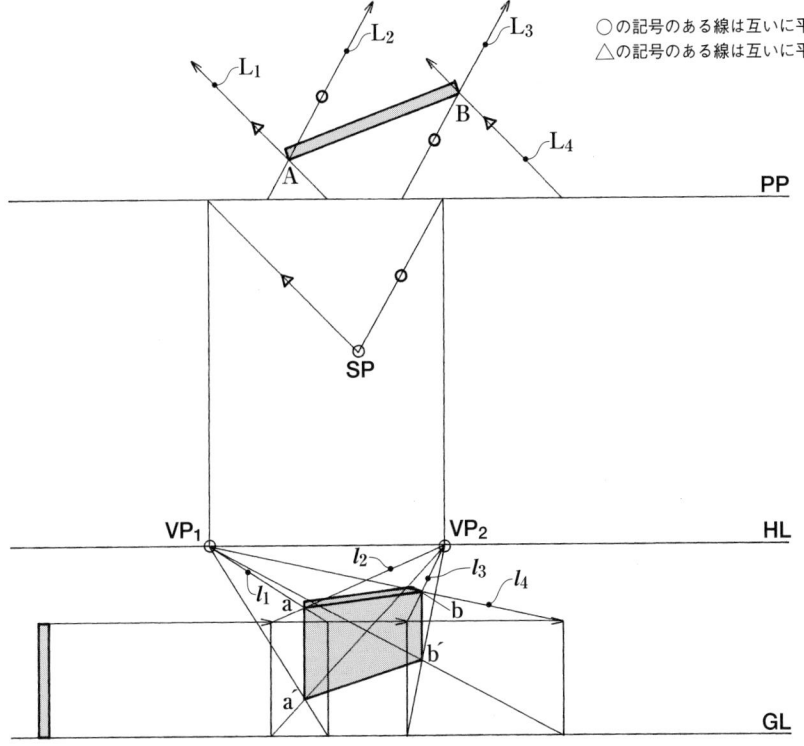

a 点は平面図の任意の線 L_1、L_2 に対する透視図の線 l_1、l_2 の交点として求められる。同様に b 点は平面図の任意の線 L_3、L_4 に対する透視図の線 l_3、l_4 の交点として求められる。

原理 6

斜線 AB の消点 VP´ は、斜面 AB を基面(GP)上に投影した A´B の消点 VP を通る垂直線上にある。

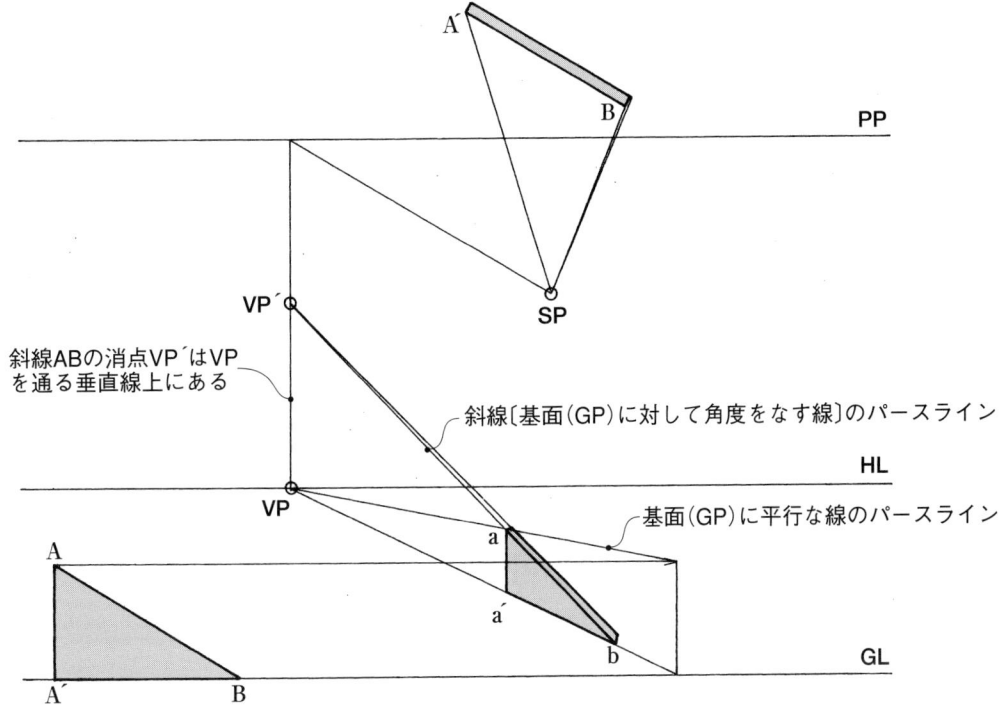

第 1 章 透視図の基本

5 実長をどこでとる

実長をとることが、透視図を描く大事なポイントである。
透視図は画面（**PP**）上に映る図であるから、画面（**PP**）上で実長となる。

（1）対象物（建築物）の前面に画面（**PP**）がある場合

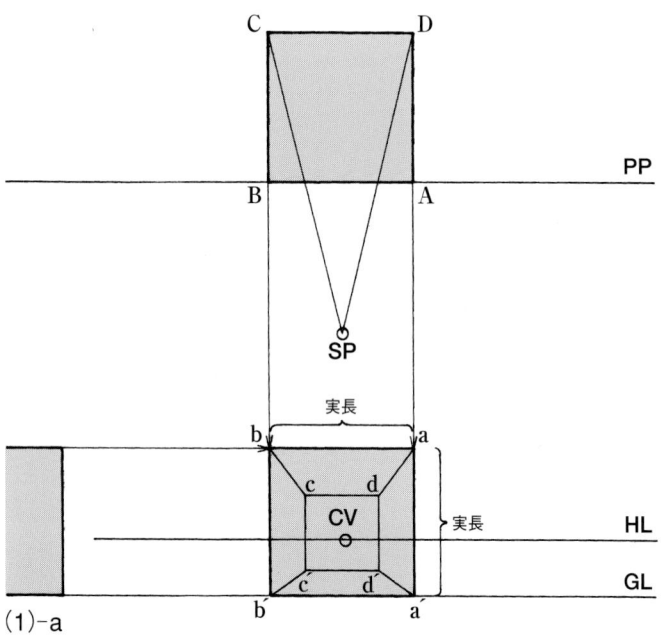

(1)-a

（2）対象物から離れて前に画面（**PP**）がある場合

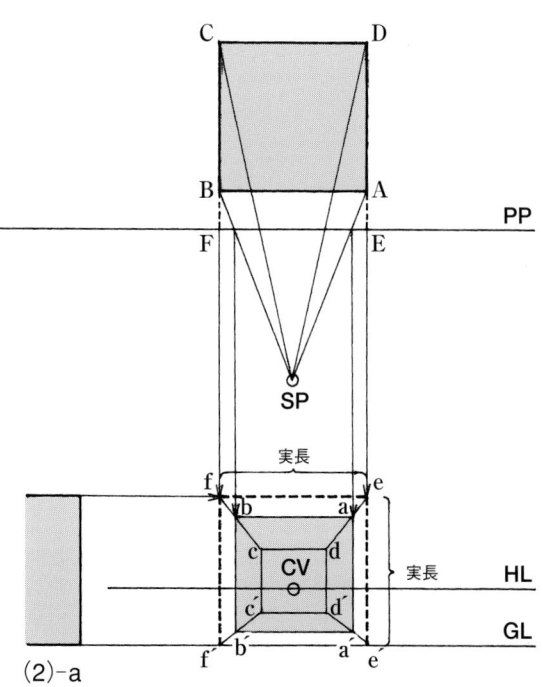

(2)-a

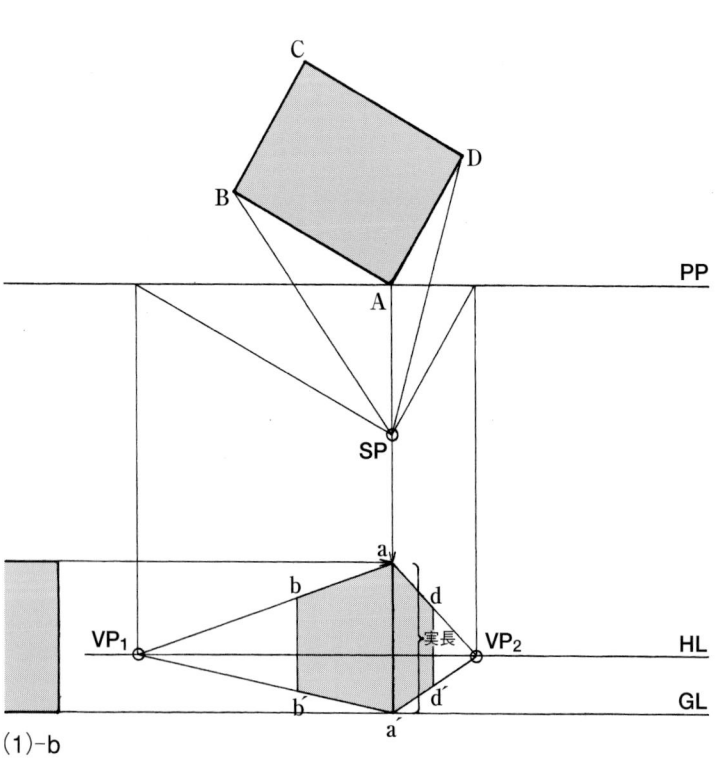

(1)-b

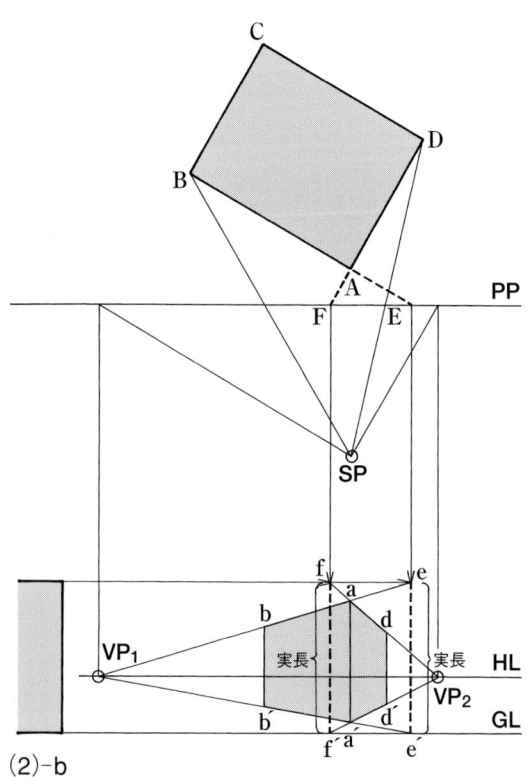

(2)-b

(3) 対象物の中間に画面(PP)がある場合

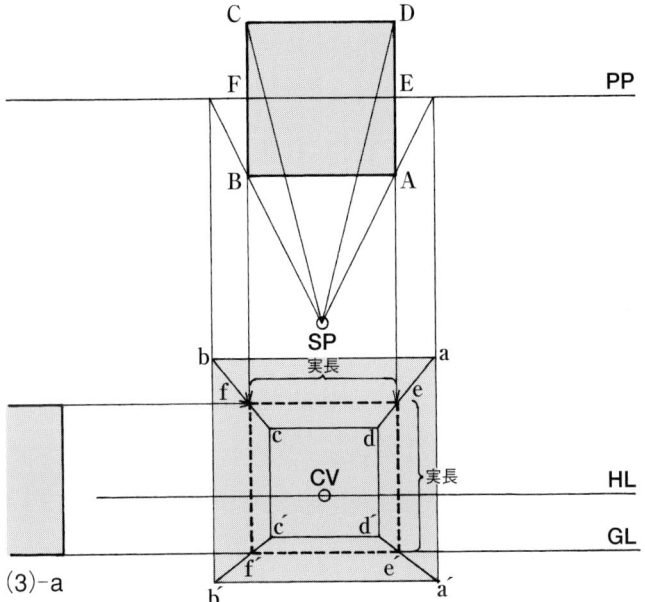

(3)-a

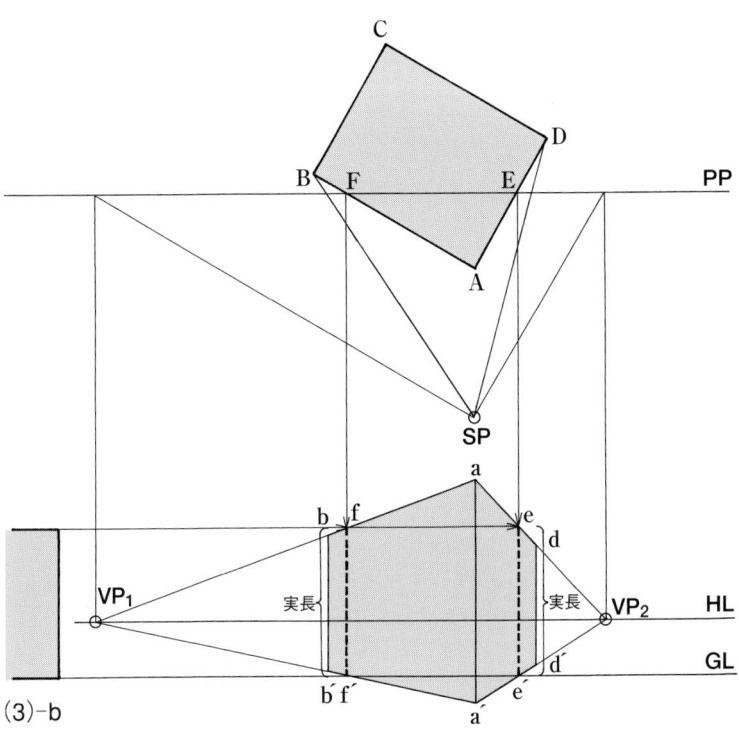

(3)-b

6　分割のテクニック

(1) 2等分割

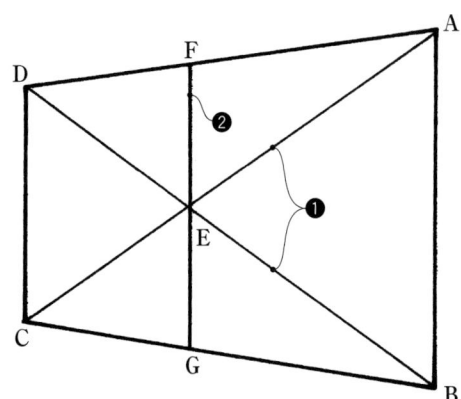

❶ 対角線AとC、BとDを結び、交点Eをとる。
❷ Eを通る垂直線FGを引く。このFGは透視図においてABCDを2等分割する線である。

(2) 3等分割

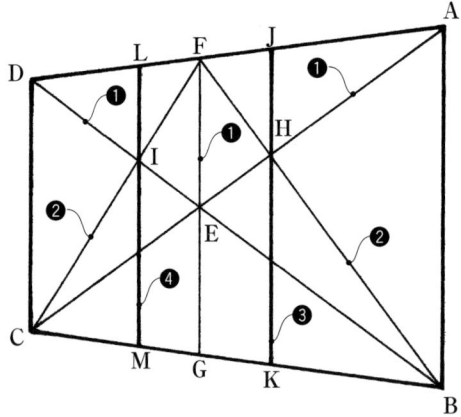

❶ AとC、BとDを結び、垂直線FGを引く。
❷ BとF、CとFを結ぶ。
❸ BFとACの交点Hを通る垂直線JKを引く。
❹ CFとBDの交点Iを通る垂直線LMを引く。JK、LMはABCDを3等分割する線である。

(3) 4等分割

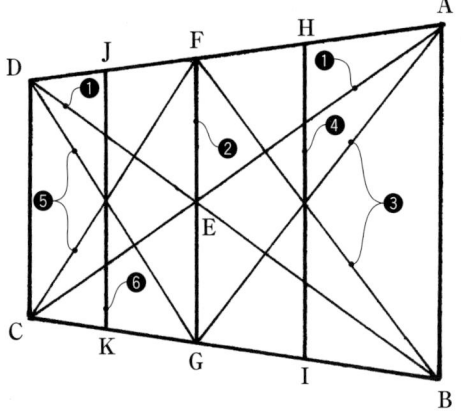

(1)の2等分割の方法を2回行い、❶〜❻の順で線を引き、HI、FG、JKを求める。

(4) 5等分割

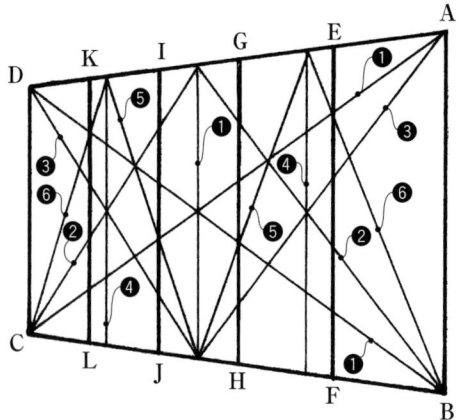

❶〜❻の順で線を引き、EF、GH、IJ、KLを求める。

(5) n 等分割

❶ VP をとる。

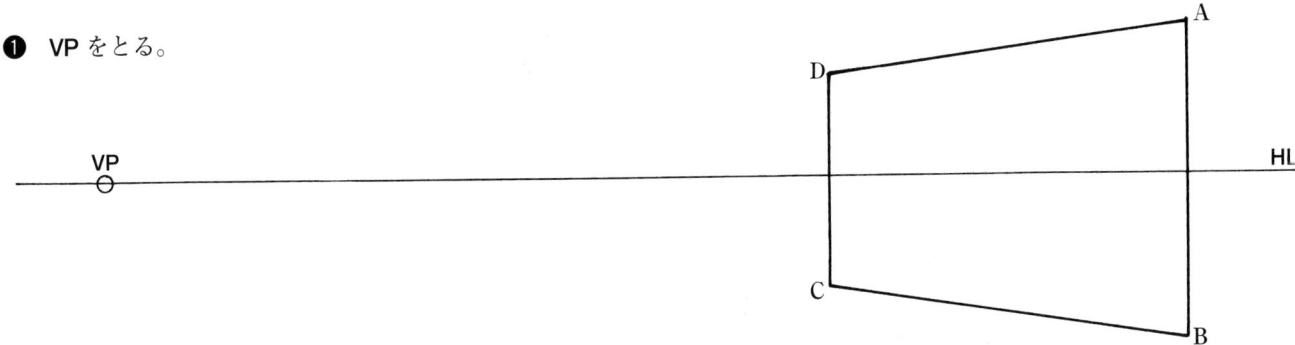

❷ AB を n 等分にした各点 E～H と VP を結ぶ。

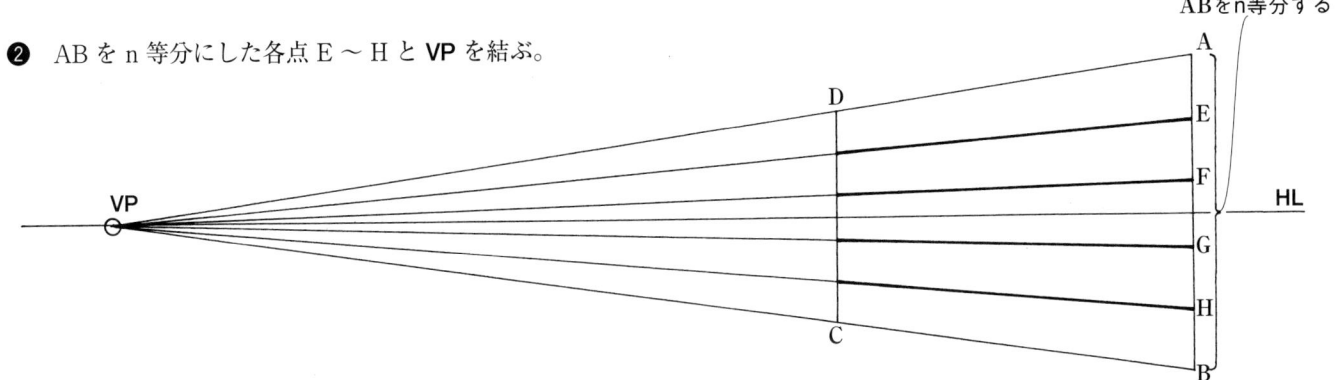

❸ A と C を結ぶ対角線を引く。

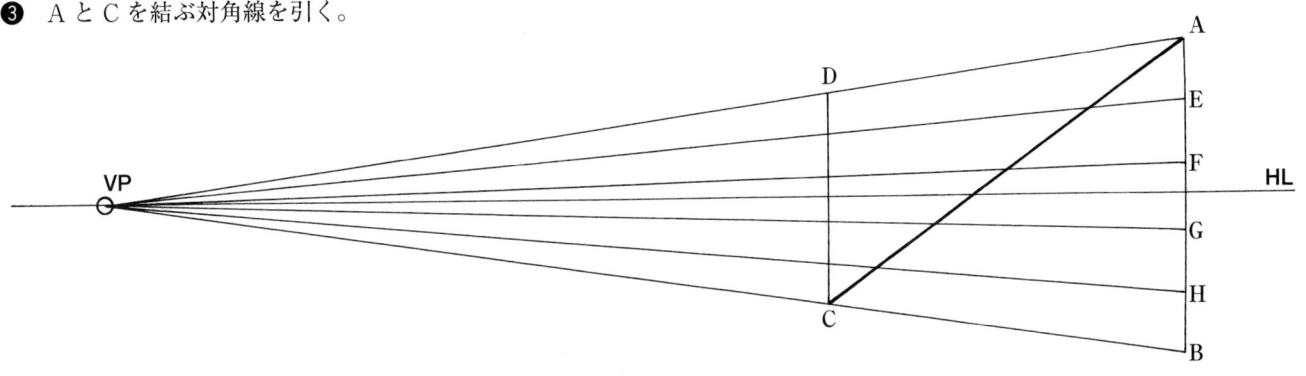

❹ ❷の VP に結ぶ各線と AC の交点 I～L を求め、これらの交点を通る垂直線を引く。これらの垂直線は透視図において ABCD を n 等分割する線である。

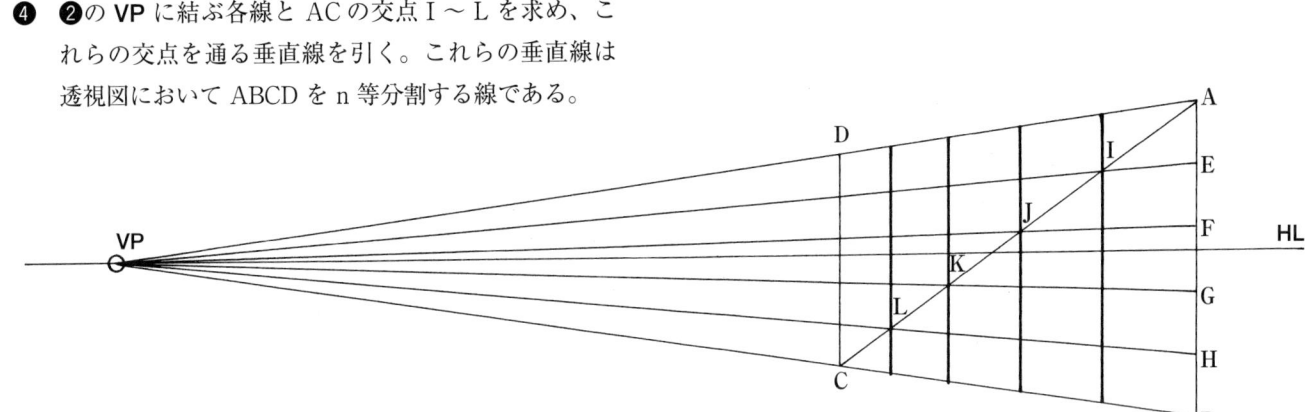

第 1 章　透視図の基本　15

(6) VP_1 が遠い場合、消点の VP_2 のみを使って、立体を横に5等分する方法

❶ HL を引き、VP_2 をとる。

❸ GH を5等分した点 I〜L と VP_2 を結び、AB を5等分する点 M〜P をとる。

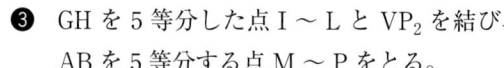
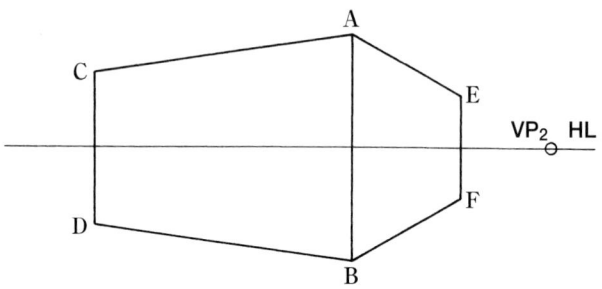
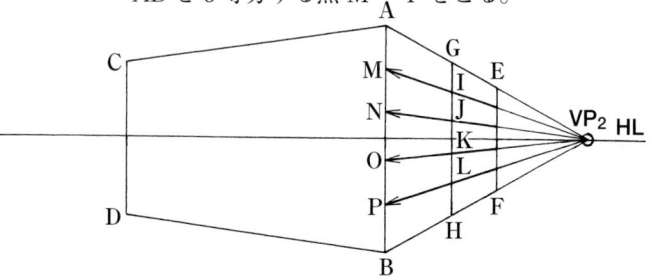

❷ C より水平線を引き、AE との交点 G をとる。D より水平線を引き、BF との交点 H をとる。

❹ M〜P と CD を5等分する点 Q〜T を結ぶ。MQ、NR、OS、PT はこの立体を横に5等分する線である。

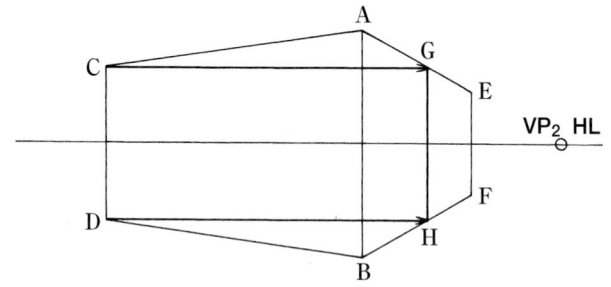
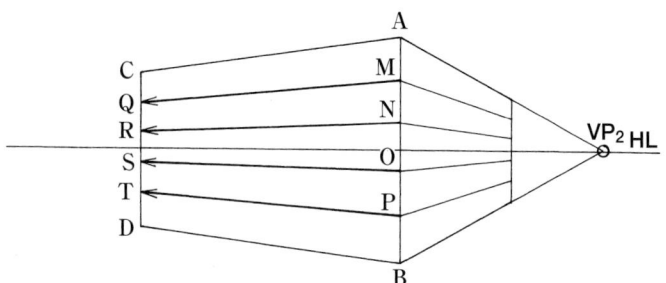

❺ 完成。

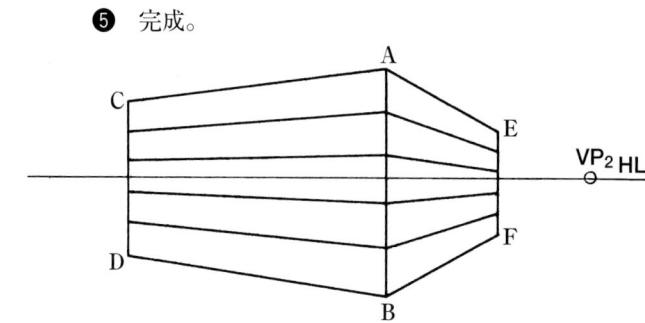

7 増殖のテクニック

(1) 線を n 等分した点を通る斜線を用いて増殖する方法

❶ 線 CD を3等分した点 G、H をとる。
❷ B と H を結び延長して、A と VP_1 を結んだパースラインとの交点 N をとる。
❸ 同様に A と G を結び延長して、B と VP_1 を結んだパースラインとの交点 O をとる。
❹ NO を引き、ABON を描く。この ABON は ABDC を3倍に増殖する。
❺ ABFE を2倍に増殖する場合は、EF を2等分して、❷〜❹ と同じ方法で行い、ABML を描く。

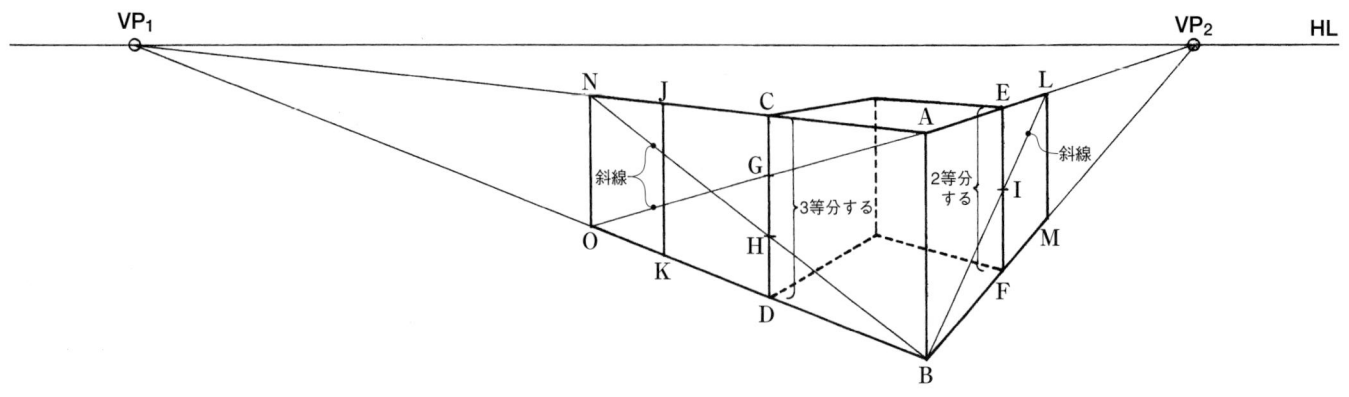

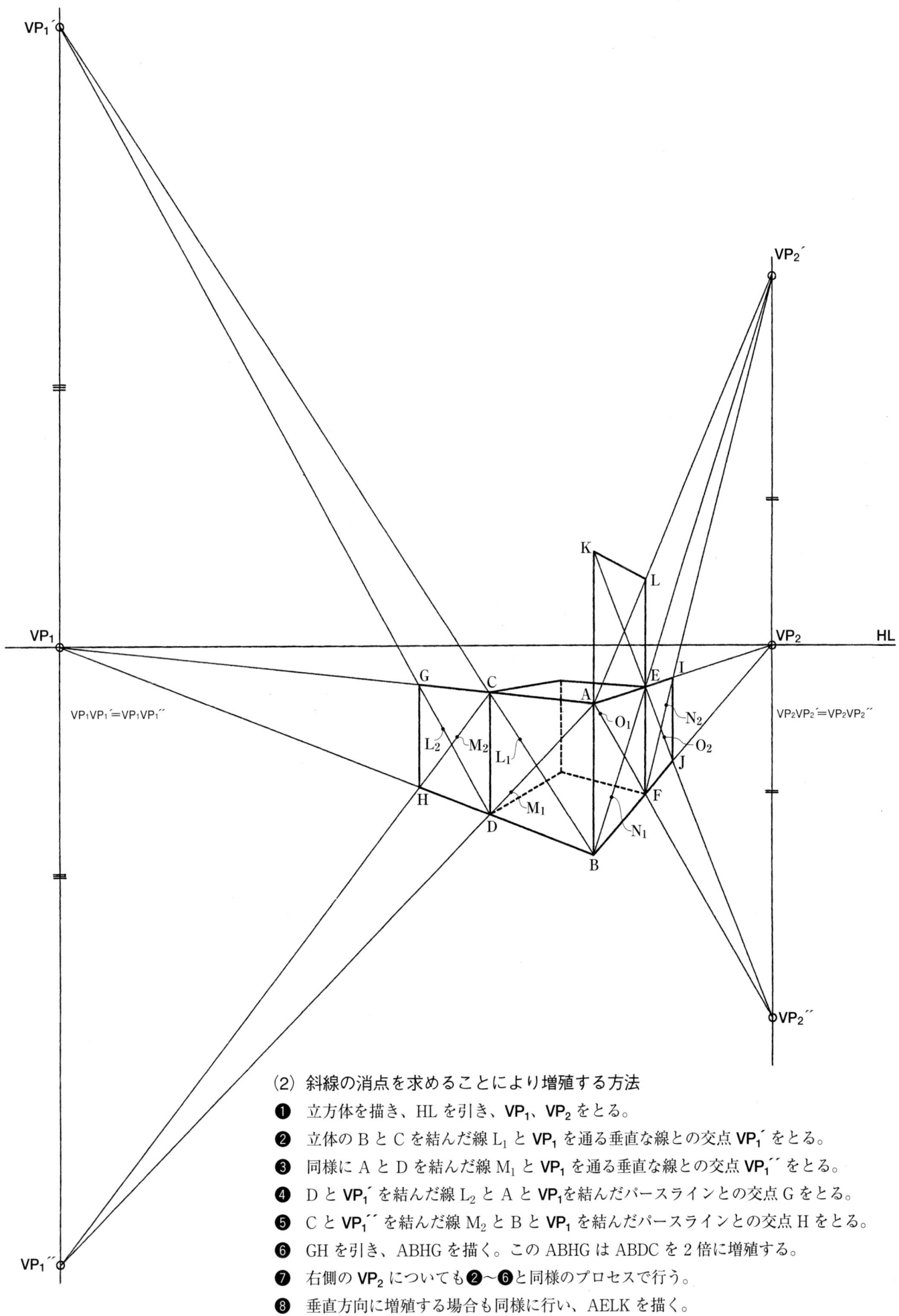

(2) 斜線の消点を求めることにより増殖する方法
❶ 立方体を描き、HL を引き、VP_1、VP_2 をとる。
❷ 立体の B と C を結んだ線 L_1 と VP_1 を通る垂直な線との交点 VP_1' をとる。
❸ 同様に A と D を結んだ線 M_1 と VP_1 を通る垂直な線との交点 VP_1'' をとる。
❹ D と VP_1' を結んだ線 L_2 と A と VP_1 を結んだパースラインとの交点 G をとる。
❺ C と VP_1'' を結んだ線 M_2 と B と VP_1 を結んだパースラインとの交点 H をとる。
❻ GH を引き、ABHG を描く。この ABHG は ABDC を 2 倍に増殖する。
❼ 右側の VP_2 についても❷〜❻と同様のプロセスで行う。
❽ 垂直方向に増殖する場合も同様に行い、AELK を描く。

8 円の描き方

円の透視図を描くには、円に外接する正方形の透視図を作成する。

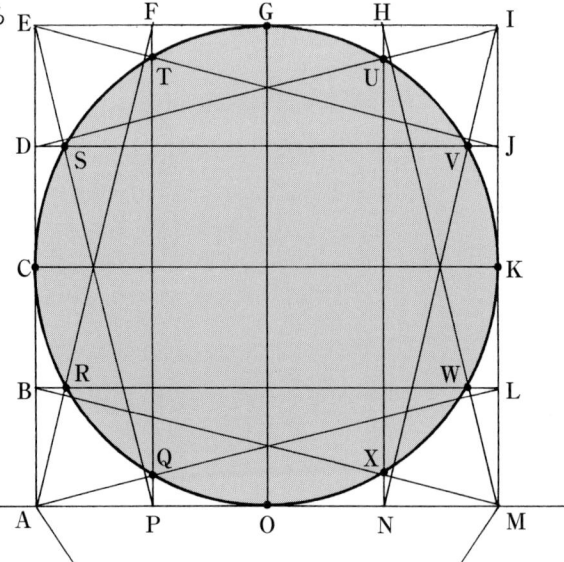

❶ 円を描き、**PP**、**HL** を引き、**SP** をとる。
❷ 平面図で円に外接する正方形 AEIM を描く。
❸ 平面図で正方形を縦、横とも 4 等分にする。
❹ 平面図で正方形の A と L、A と F、E と P、E と J、D と I、I と N、H と M、B と M を結ぶ線を引き、円との交点 Q〜X を求める。
❺ 4 等分した正方形の透視図を足線法で描き、❹と同じ作業を透視図で行い、o〜x を求める。
❻ o〜x の各点を結ぶ楕円を描く。
❼ 垂直面の円も同様に描くことができる。

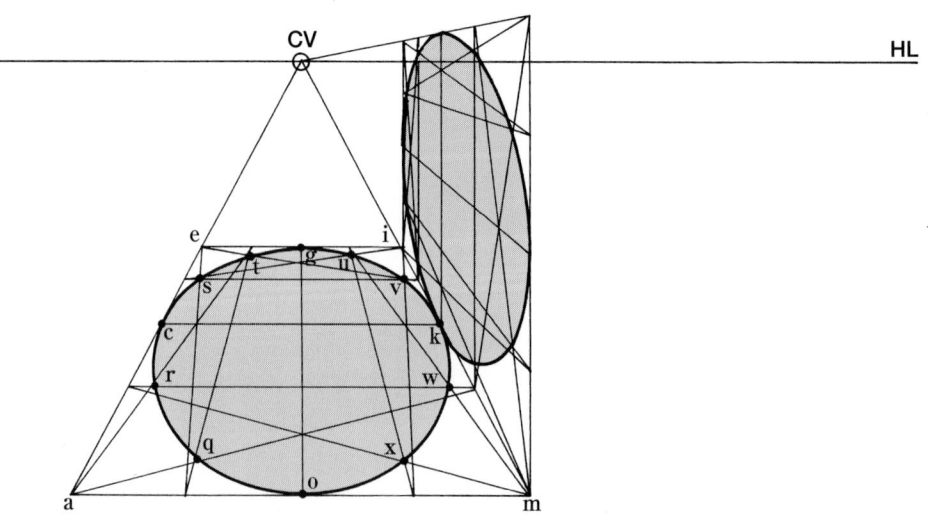

9　透視図基本用語

透視図法に共通な用語

■ GP(Ground Plane　基面)
一般には地盤面を意味する。建築物などの対象物とこれを見る観察者が立っている基準となる平面(水平投影面)のこと。

■ PP(Picture Plane　画面)
対象物と観察者の間に垂直に立つ面。地盤面を意味する基面(GP)に対して垂直に立つ面(直立投影面)のことで、この面に描かれる図を透視図(Perspective drawing)という。

■ GL(Ground Line　基線)
画面(PP)と基面(GP)が接する線。一般には画面(PP)上において地盤面の位置を意味する。

■ SP(Standing Point／Station Point　立点または停点)
観察者の立っている位置。正確には観察者の目の位置(EP)を基面(GP)上に垂直に下ろした点である。

■ EP(Eye Point　視点)
対象物を見る観察者の目(単眼)の位置。

■ EL(Eye Level　視高)
視点(EP)と立点(SP)との距離。簡単にいうと視点の高さのこと。基線(GL)と水平線(HL)との距離はこの視高に等しい。

■ CV(Center of Vision　視心または視中心)
視点(EP)から画面(PP)に垂直に下ろした垂線の足。これは画面(PP)に対する視点(EP)の投影点である。CP(Central Point)ともいう。また、視点と画面との距離(視点と視心との距離)を視点距離という。

■ 視線(Visual Ray　VR)
対象物の各点と、視点(EP)を結んだ線。VL(Visual Line)ともいう。

■ 中心視線(Central Visual Ray　CVR)
視点(EP)から画面(PP)に垂直に下ろした、対象物を見る主視線。画面に垂直な視線(VR)といえる。

■ HL(Horizontal Line　水平線または地平線)
画面(PP)上において、視心(CV)を通って基線(GL)に平行な直線。HLの高さは視点の高さ(EL)に等しい。

■ VP(Vanishing Point　消点または消失点)
立体を構成する線が消失する点。立方体の一辺のように対象物に含まれる直線に対して、平行かつ視点(EP)を通る直線を引いたときに、この直線が画面(PP)と交わる点のこと。2消点の場合、画面に向かって左側の消点を VP_1 または VPL といい、右側の消点を VP_2 または VPR という。

■ 始点
対象物に含まれる直線またはその延長線が画面(PP)と交わる点。

■ パースライン(Pers-Line　全透視線)
始点から消点(VP)に収束する線。

足線法に特有な用語

■ 足線(Foot Line　FL)
立点(SP)と、対象物の平面図の各点を結んだ線。これは視線(VR)が基面(GP)上に投影された線である。

■ 足点(Foot Point　FP)
足線(FL)が画面(PP)と交わる点。

D点法に特有な用語

■ D点(Distance Point　距離点または DP)
水平線(HL)上にあって、視心(CV)の左右それぞれに視点距離と等しい長さを持つ点。これは画面(PP)に対して45°方向の線の消点にあたり、D_1、D_2 がある。

M点法に特有な用語

■ M点(Measuring Point　測点または MP)
画面(PP)に対して角度をもつ直線を画面(PP)に倒したときにできる二等辺三角形の他の一辺の透視図上の消点(9ページの「(4)M点法」の図参照)。これは視心(CV)を境にして消点と反対側にあり、たとえば VP_1 側には M_2、VP_2 側には M_1 が位置する。

■ ML(Measuring Line　測線)
M点法において、対象物の実長(実寸法)を測る線。

第2章　まず足線法をマスターしよう

1 足線法の考え方

❶ 平面図、立面図を描き、SP と HL の位置を決める。
これらの位置の違いにより、対象物の透視図が変わる。

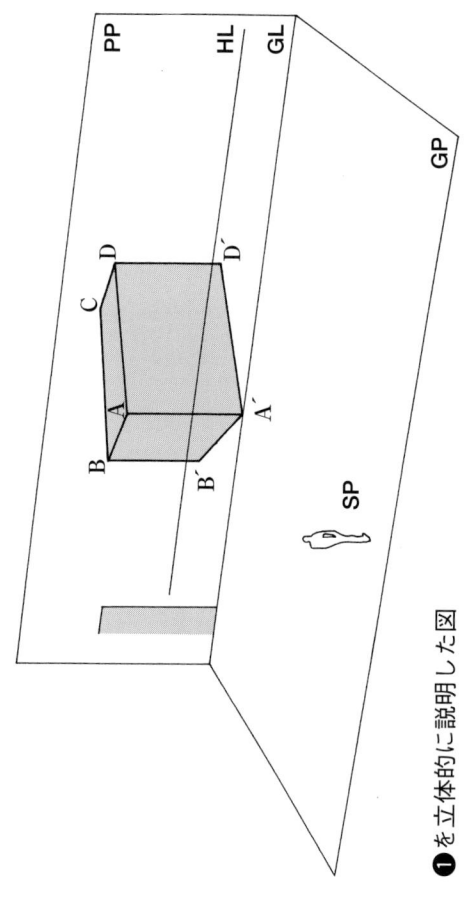

❶を立体的に説明した図

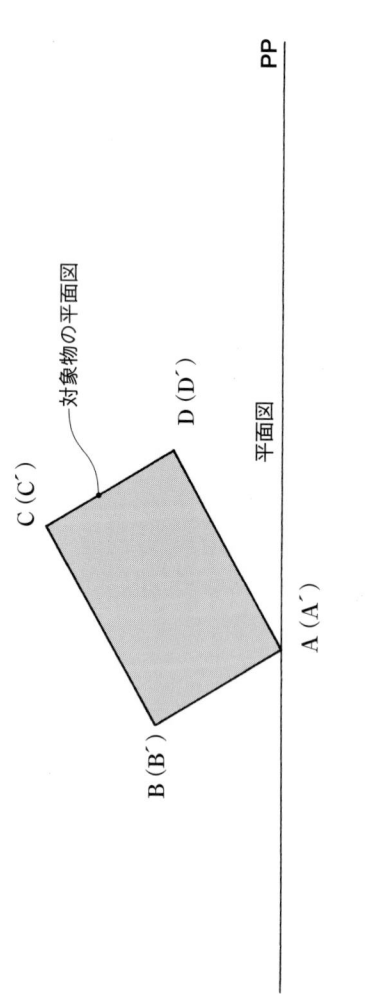

対象物の平面図

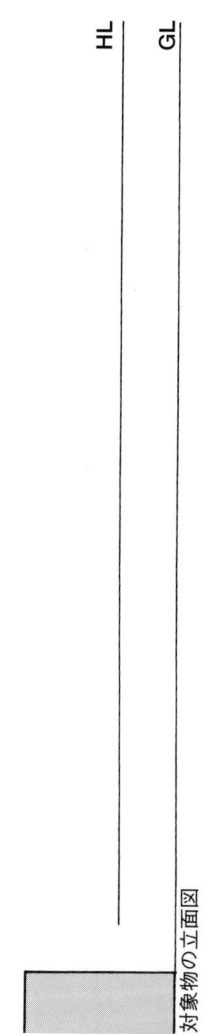

対象物の立面図

❷ VP_1、VP_2 を求める。

SP より AB に平行な線 l を引き、画面 (PP) にあたった所より垂線 m を下ろし、水平線 (HL) と交わった点 VP_1 を求める。同様に垂線 o を下ろし、VP_2 を求める。

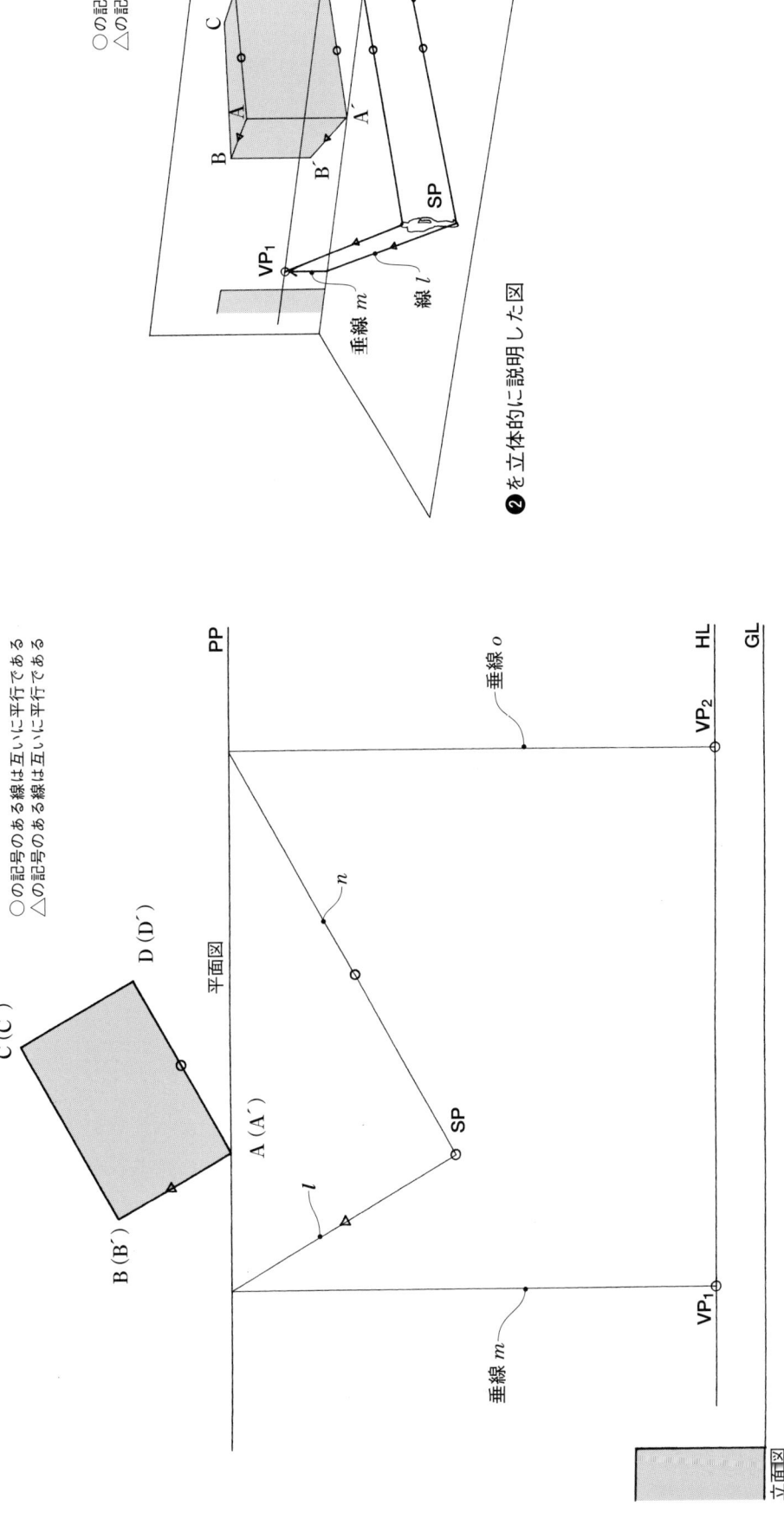

○の記号のある線は互いに平行である
△の記号のある線は互いに平行である

❷ を立体的に説明した図

第2章 まず足線法をマスターしよう　23

❸ 実長をとる。

Aより垂直に線 p を下ろし、立面図より基線（GL）に平行な線 q をとる。交点 a を求めて、実長 aa′ をとる。❸を立体的に説明した図のように AA′ が画面（PP）に接しているので、これが対象物の高さの実長となる。

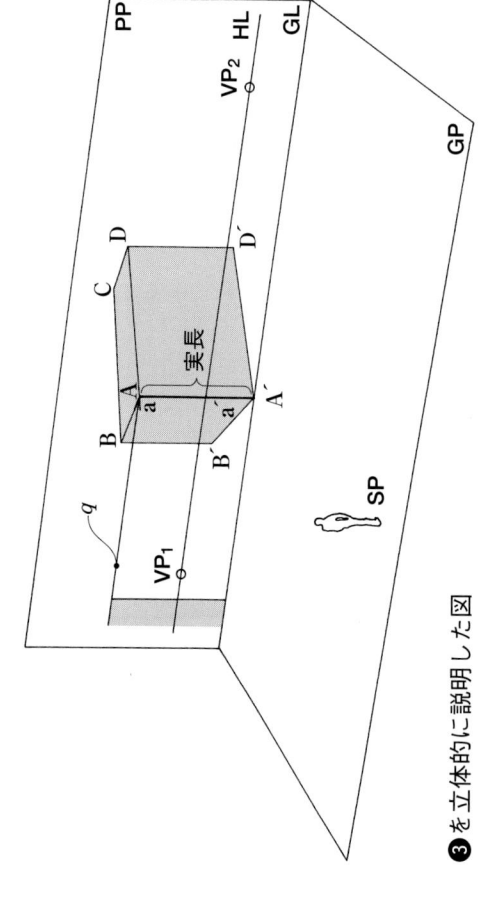

❸を立体的に説明した図

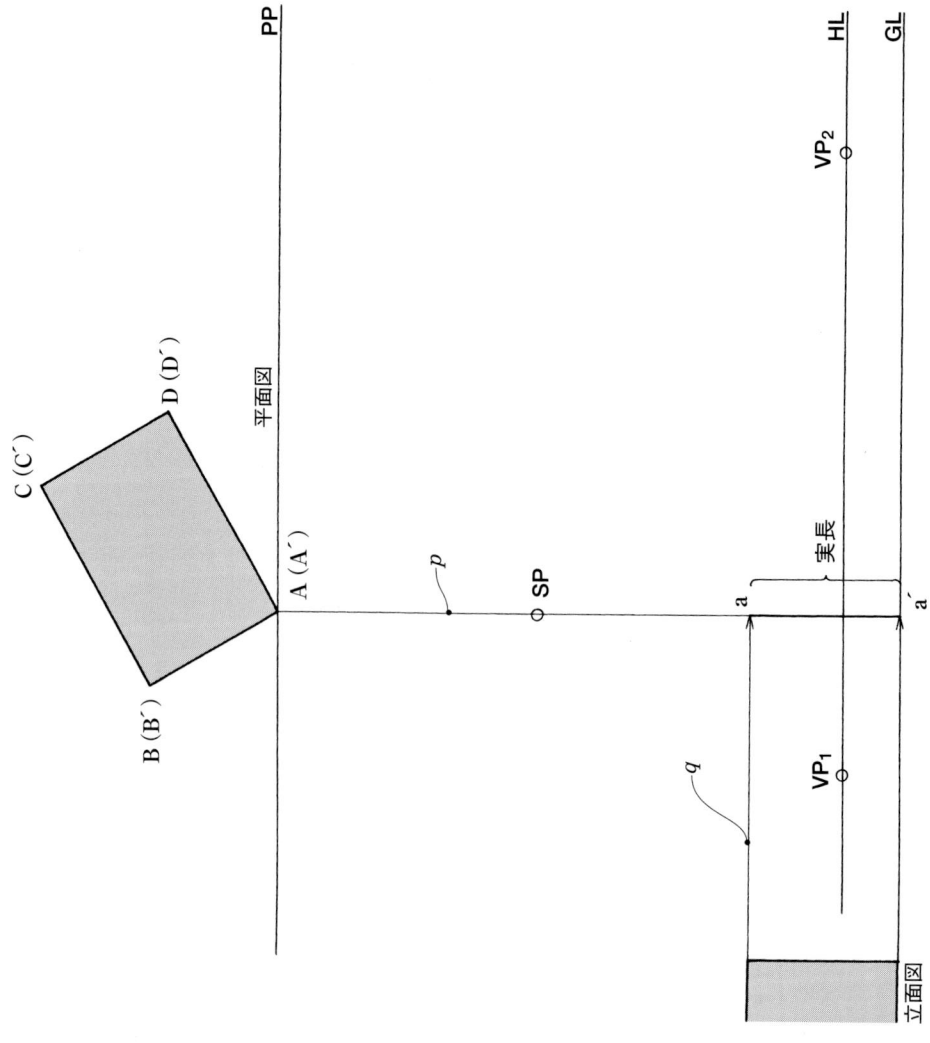

❹ パースラインを描く。

a、a´と VP_1、a、a´と VP_2 を結び、パースライン(全透視線)を引く。

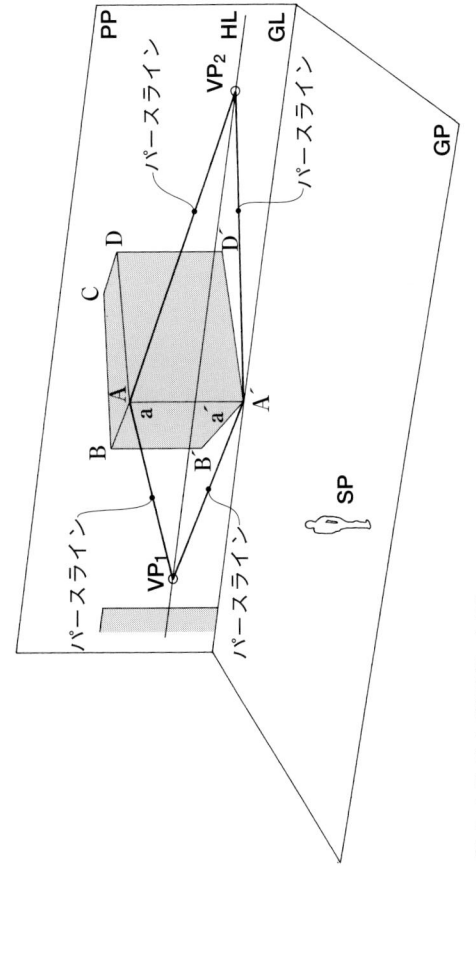

❹を立体的に説明した図

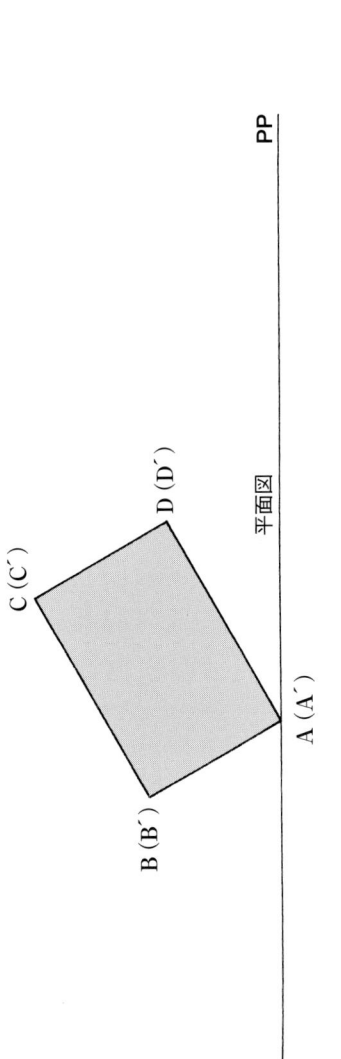

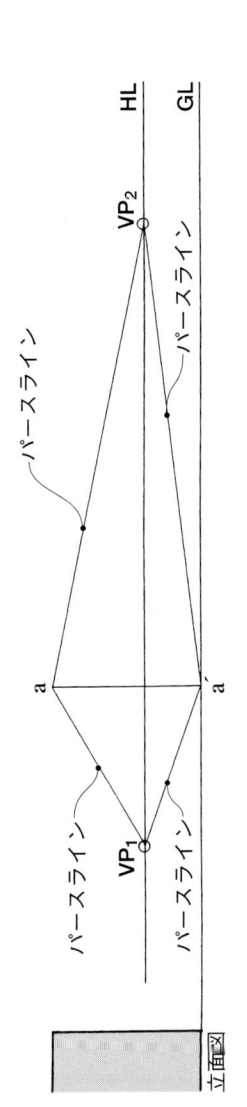

第2章 まず足線法をマスターしよう　25

❺ 対象物の各点とSPを結ぶ足線を引く。SPと対象物のB、Dの各点を結び、その線がPPと交わる点(足点)より垂線を下ろし、さらにパースラインと交わる点b(b´)、d(d´)を求め、対象物の透視図を描く。

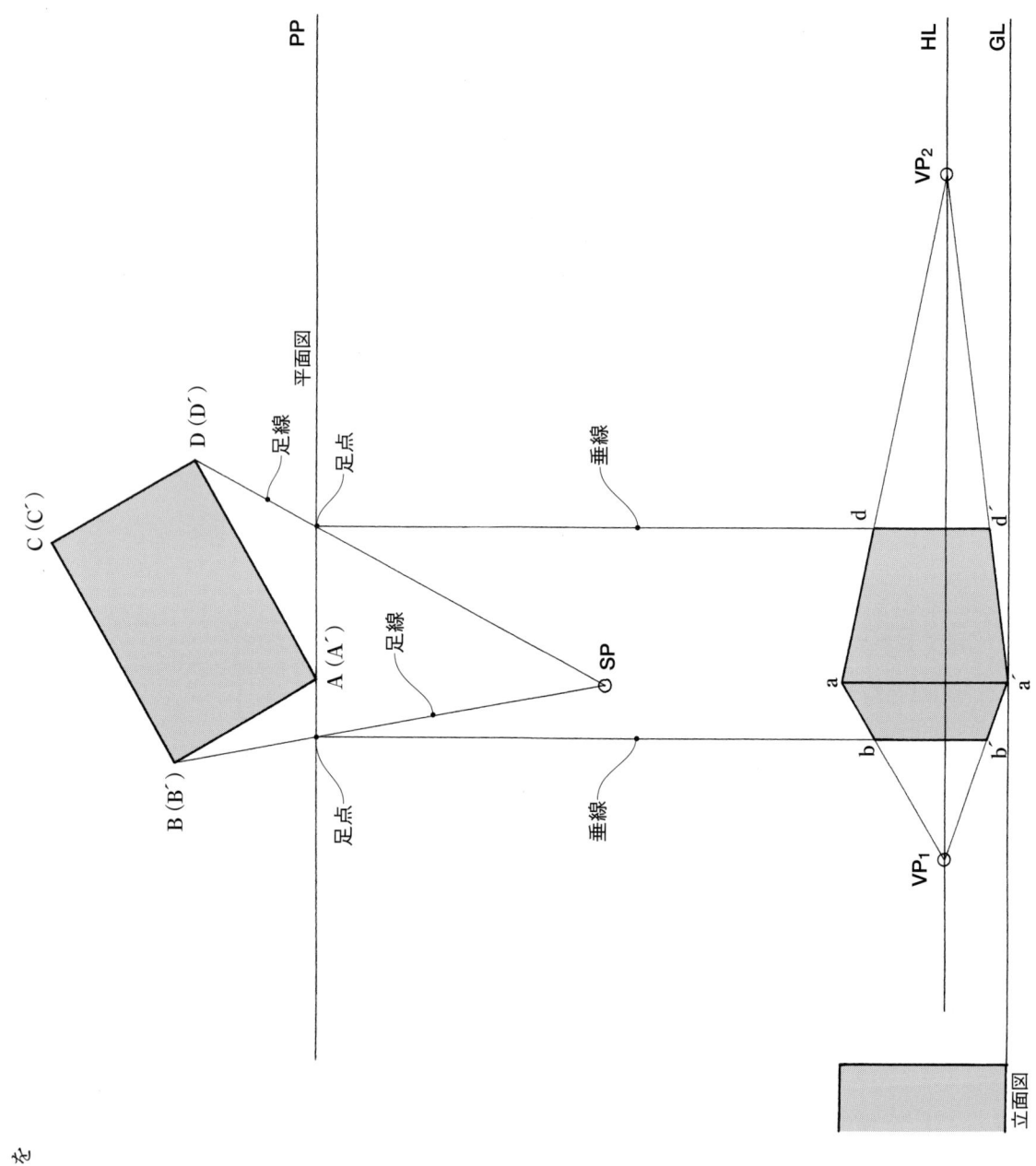

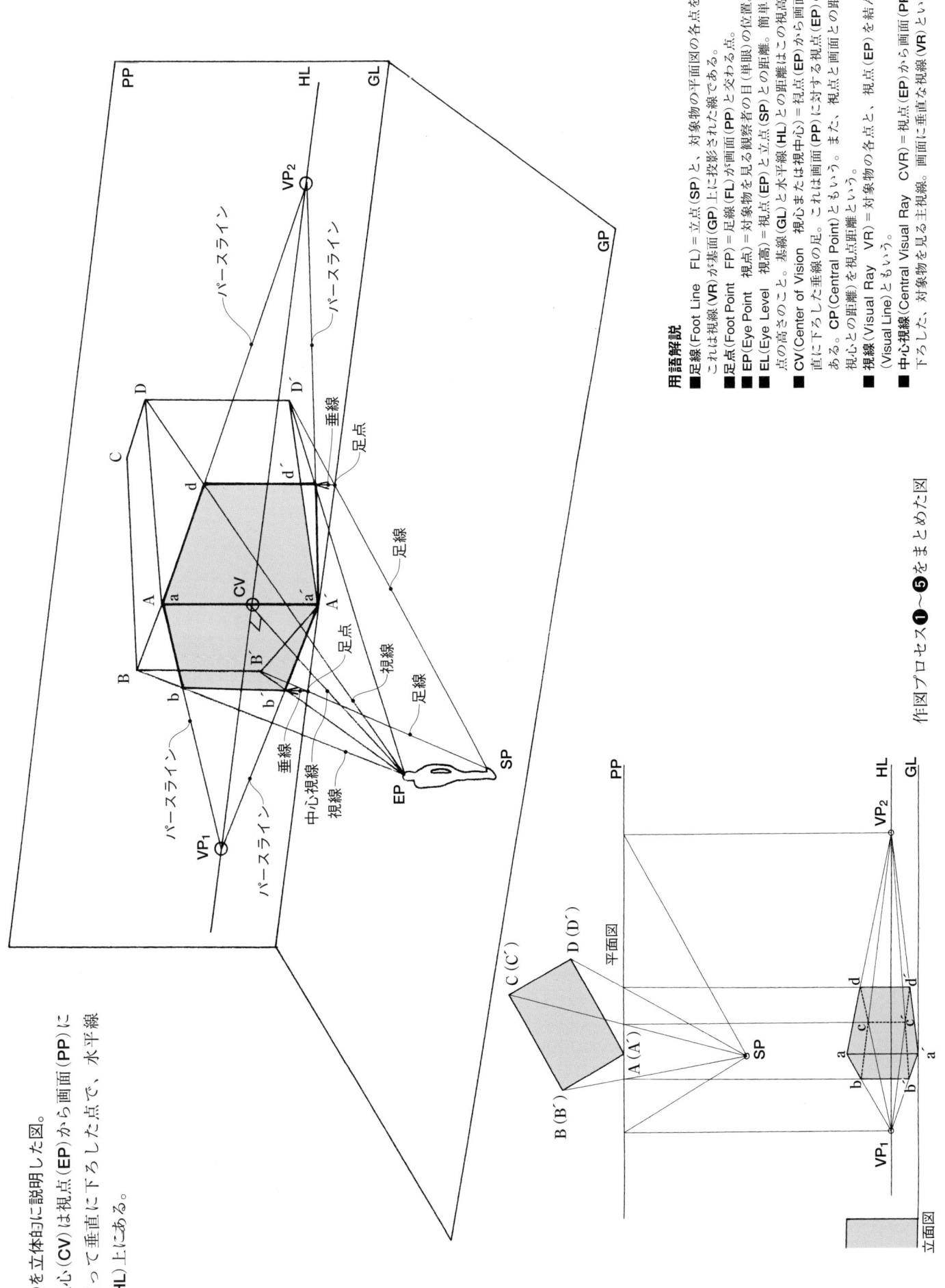

2　1消点で描く —— CVを消点として描く

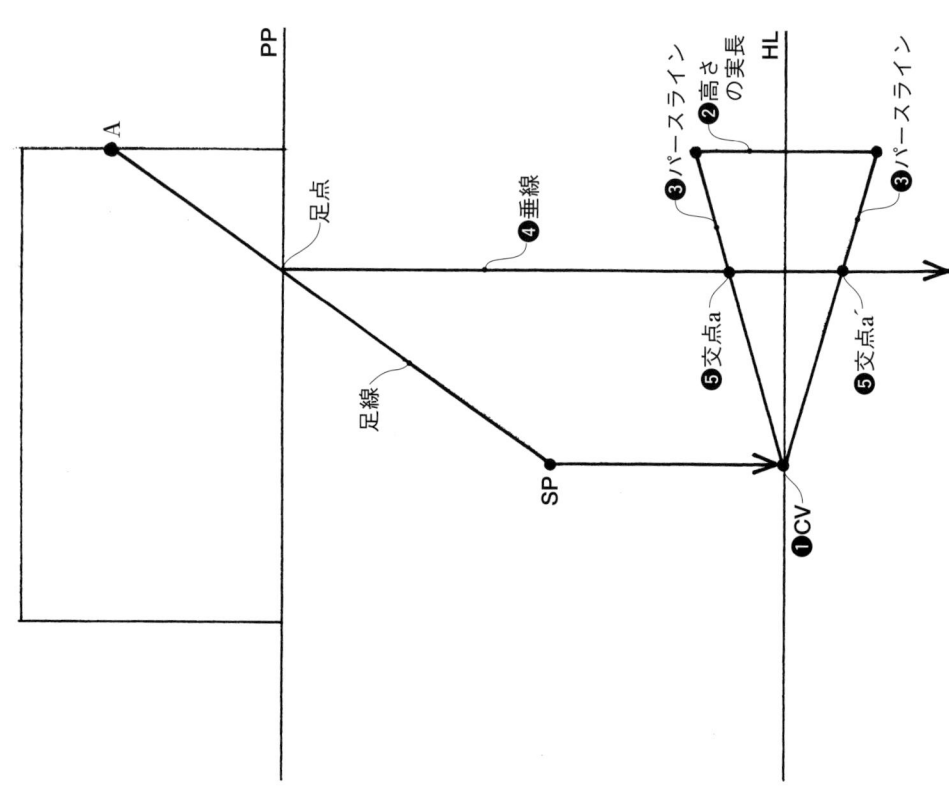

作図プロセスのポイント

❶ **CVをとる（SPの真下のHL上にとり、CVを消点とする）。**
❷ **高さの実長をとる。**
❸ **パースラインを引く。**
❹ **足線法によりSPと対象物の任意の点Aを結ぶ足線を引き、PP上に足点を求め、垂線を下ろす。**
❺ **垂線とパースラインとの交点を求め、各交点をつなぎ、立体の透視図を描く。**

2-a ソファーを1消点で描く

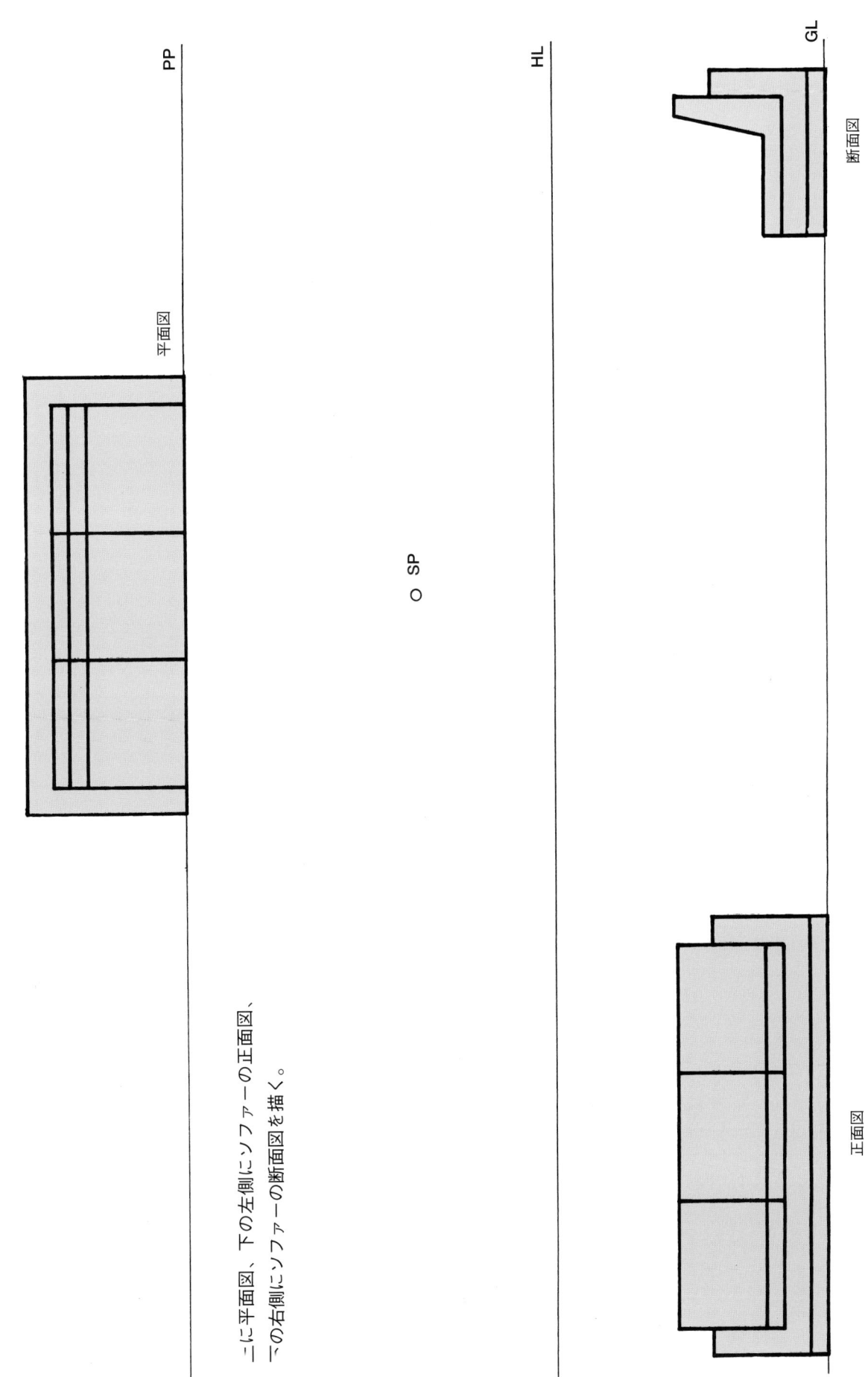

❶ 二に平面図、下の左側にソファーの正面図、下の右側にソファーの断面図を描く。

2-a ソファーを1消点で描く

❷ 視心 (CV) をとり、ソファーの正面図を描く。
(1) SP より垂直な線 l を下ろし、HL との交点 CV を求める (10ページの透視図の原理1により平面図で、PP に垂直な線は CV に結ばれる)。
(2) 実長をとる。ソファーの平面図で、PP 上にある面は実長となる。すなわち PP 上にある正面図の形を描けばよい。

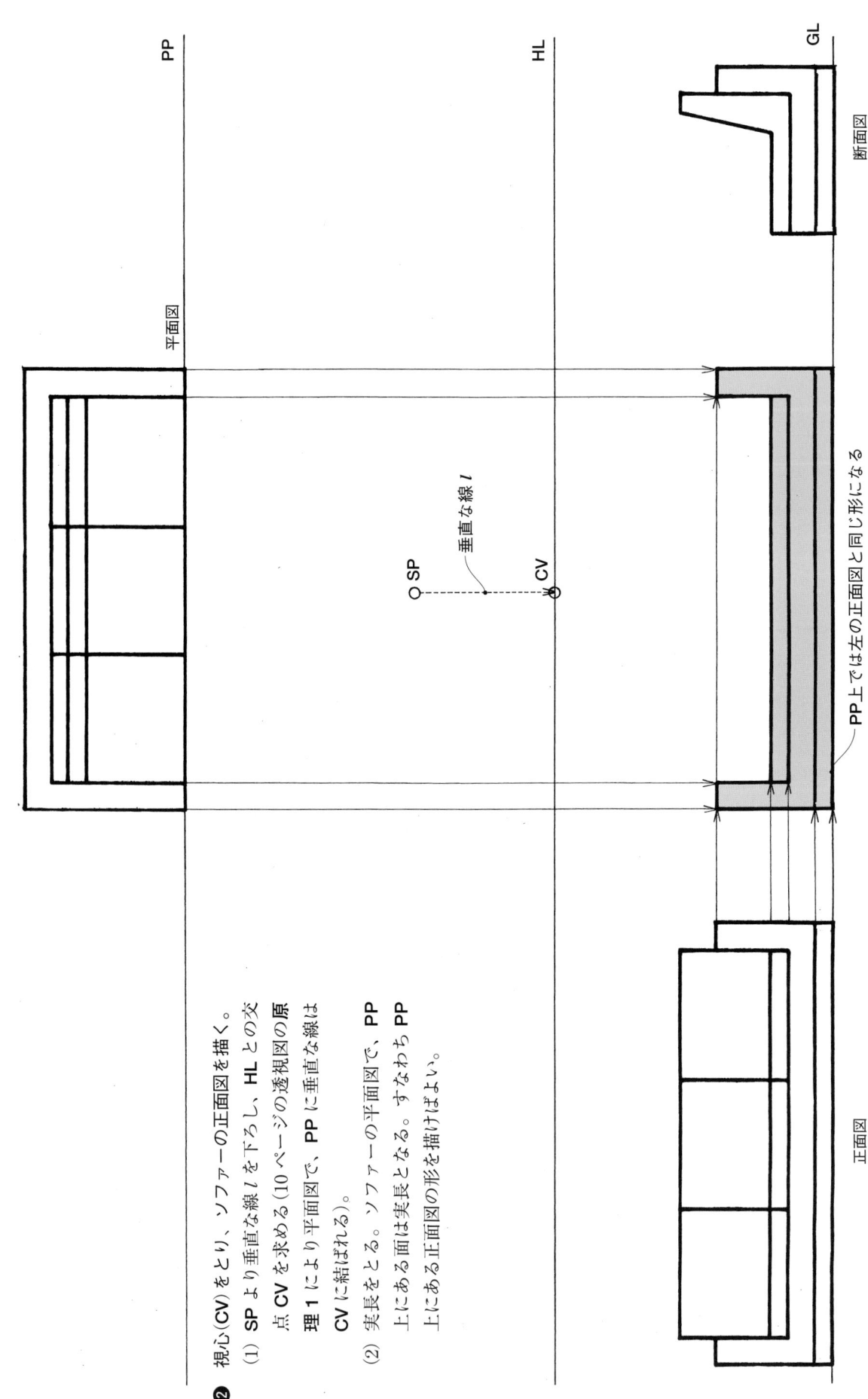

❸ ソファーの座面を描く。

平面図の点 A に対する透視図の点 a は、e と CV を結ぶパースライン l と F からの垂線 m との交点である。b、c、d も同様に求める。

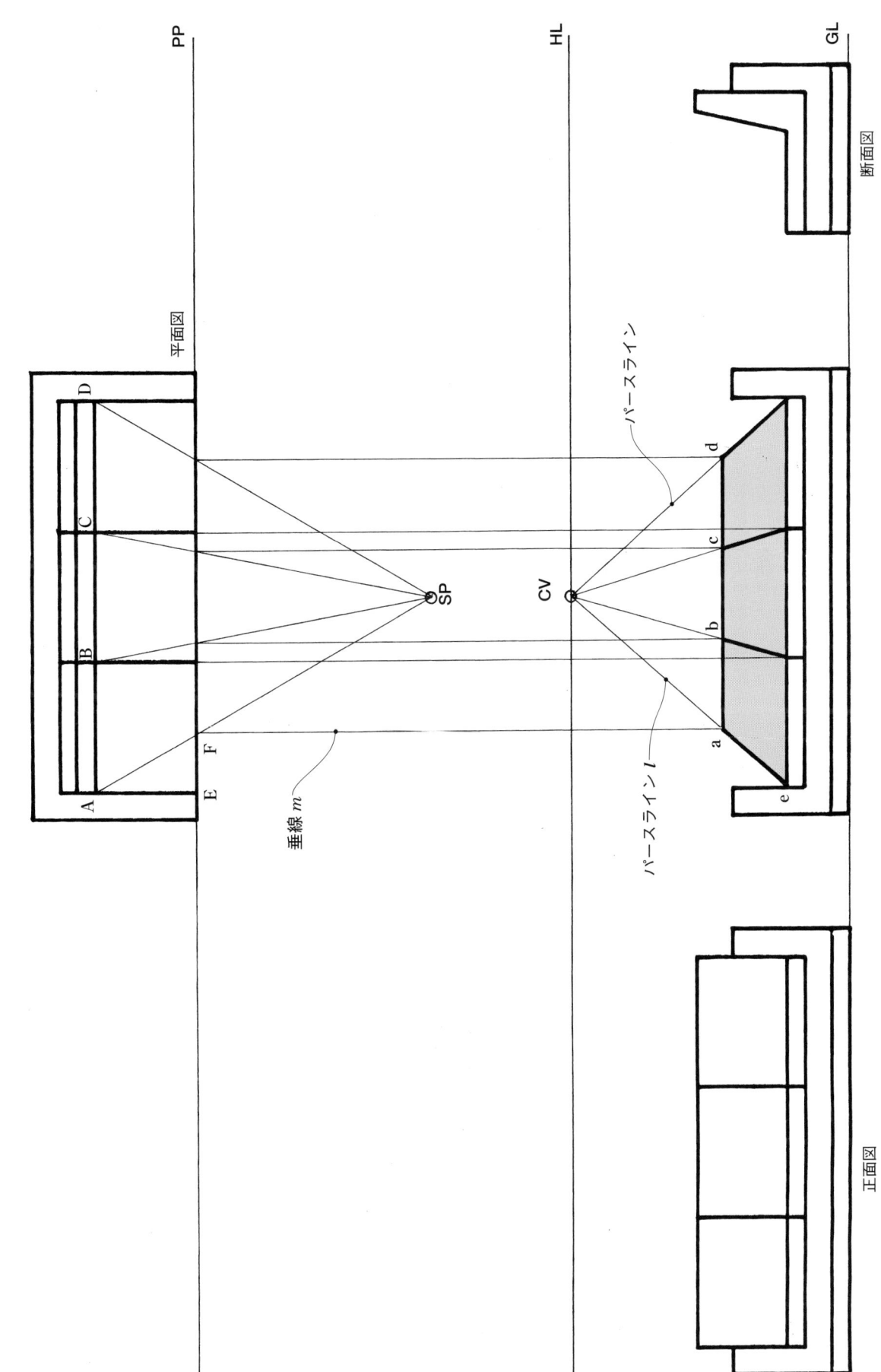

第2章 まず足線法をマスターしよう

2-a ソファーを1消点で描く

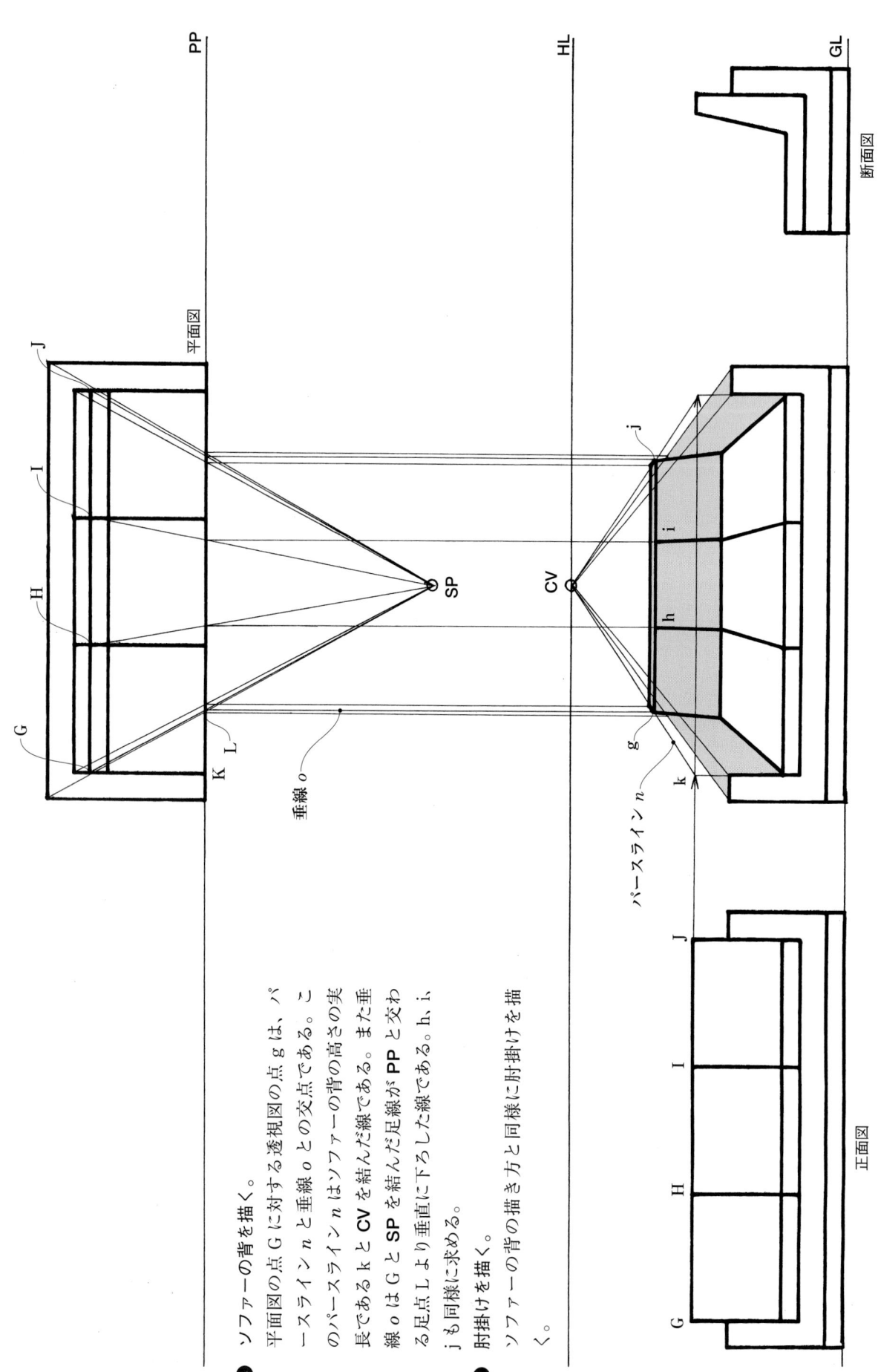

❹ ソファーの背を描く。

平面図の点 G に対する透視図の点 g は、パースライン n と垂線 o との交点である。このパースライン n はソファーの背の高さの実長である k と CV を結んだ線である。また垂線 o は G と SP を結んだ線が PP と交わる足点 L より垂直に下ろした線である。h、i、j も同様に求める。

❺ 肘掛けを描く。

ソファーの背の描き方と同様に肘掛けを描く。

32

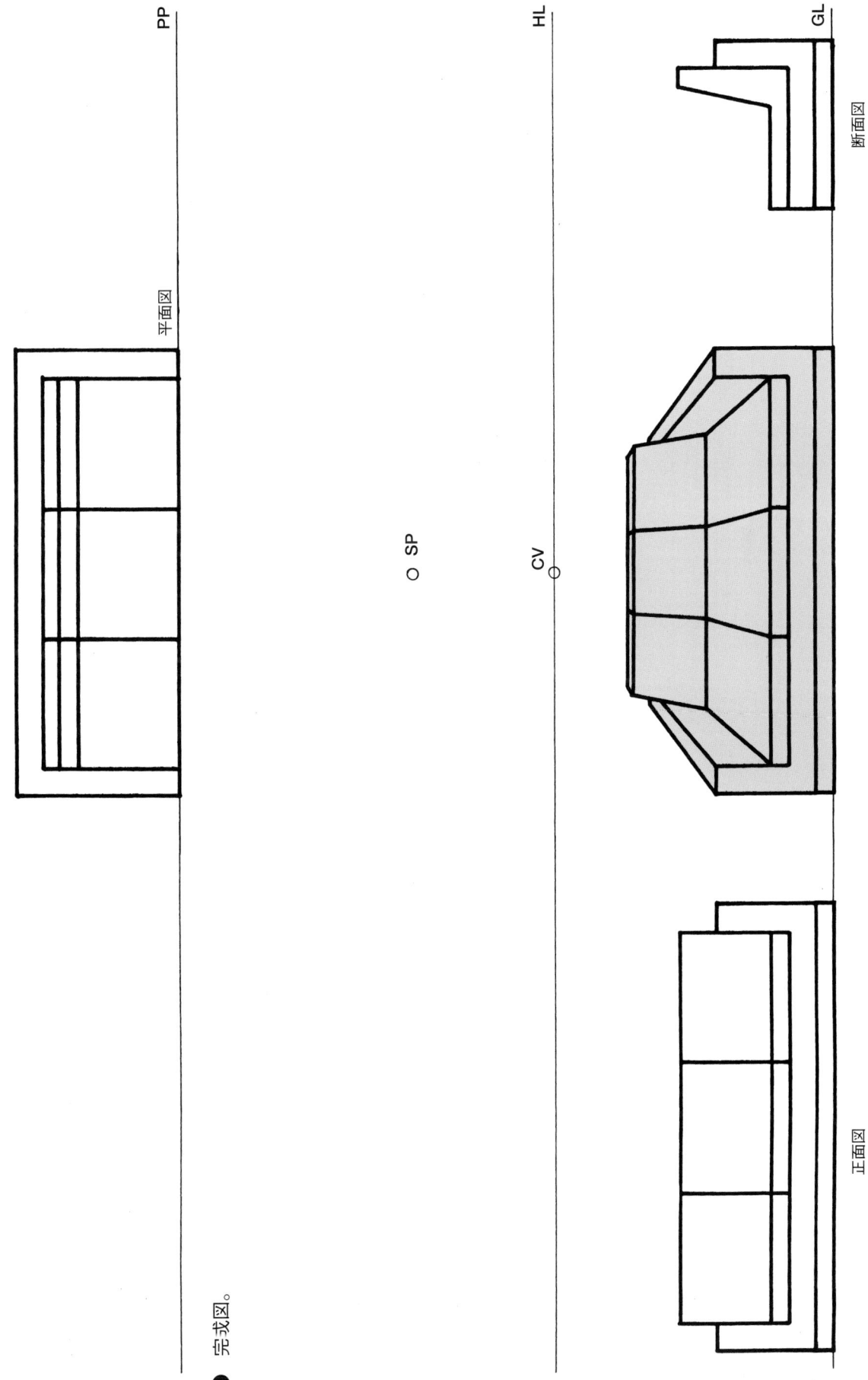

❻ 完成図。

第2章 まず足線法をマスターしよう 33

2-b 居間を1消点で描く

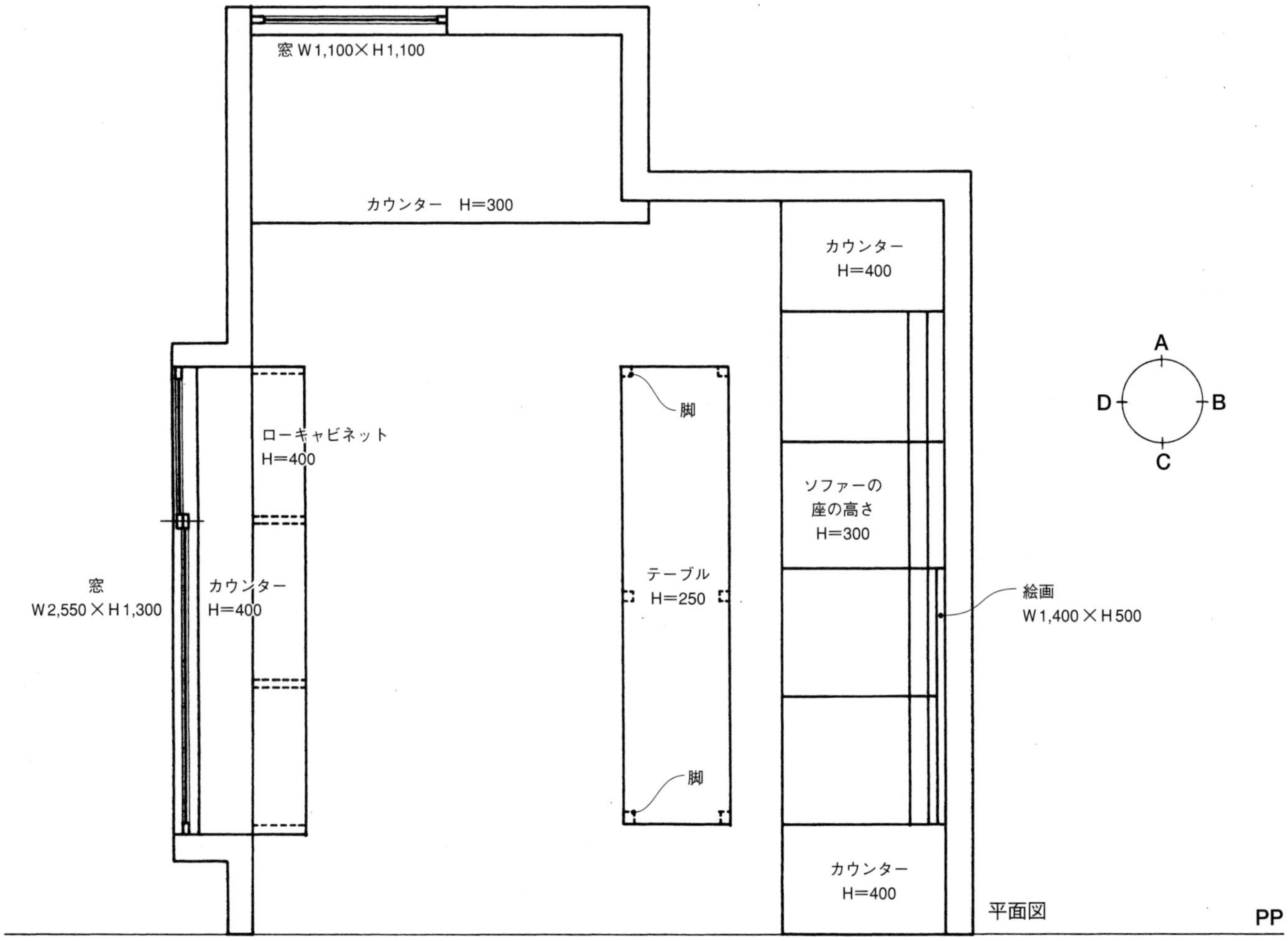

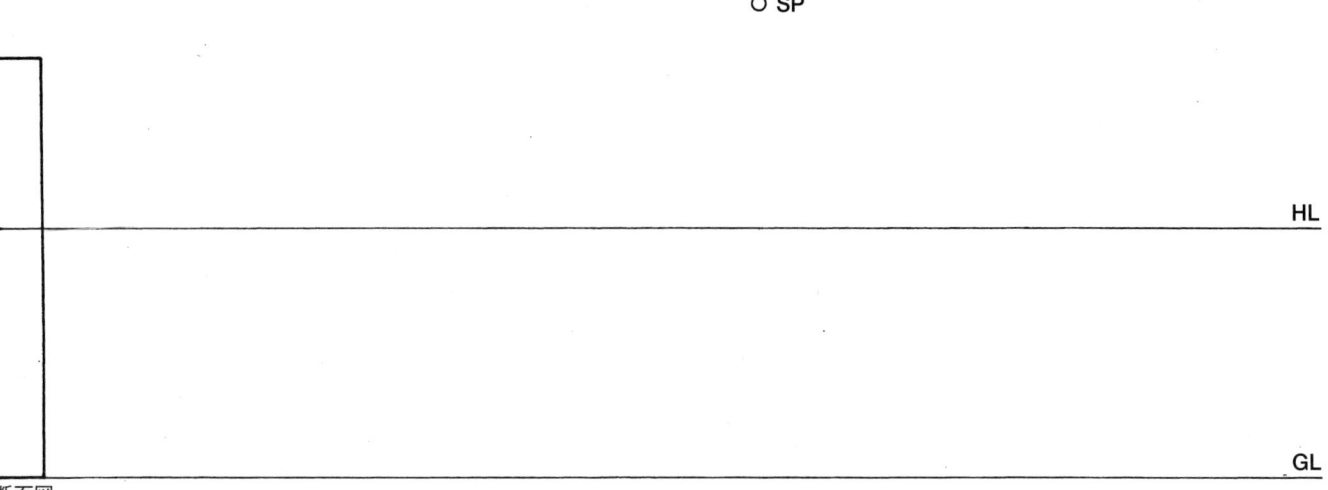

❶ PP、HL、GL を引き、SP をとる。

A 展開図（1/50）

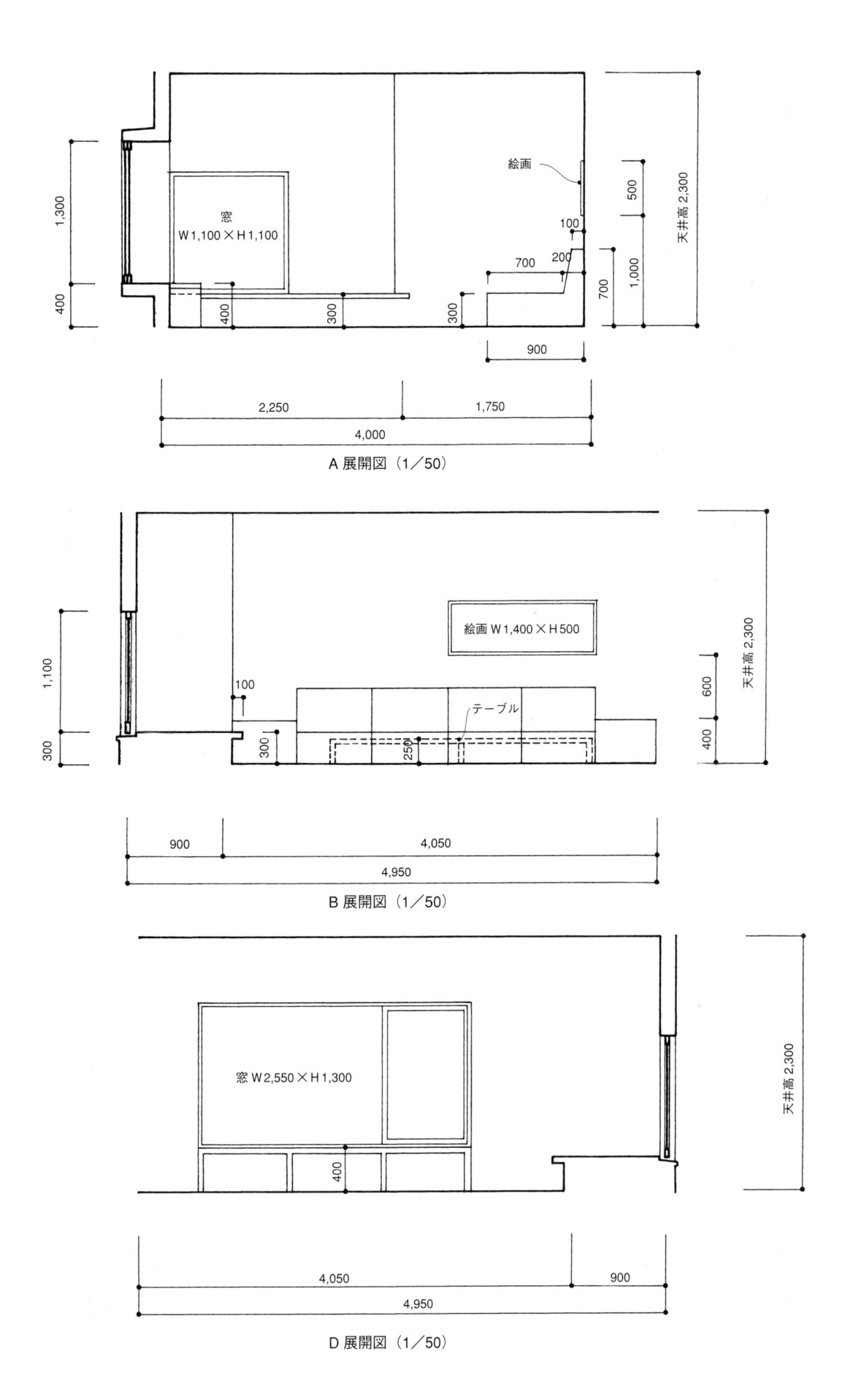

窓 W1,100×H1,100
絵画
天井高 2,300

B 展開図（1/50）

絵画 W1,400×H500
テーブル
天井高 2,300

D 展開図（1/50）

窓 W2,550×H1,300
天井高 2,300

平面図　　　　　　　　PP

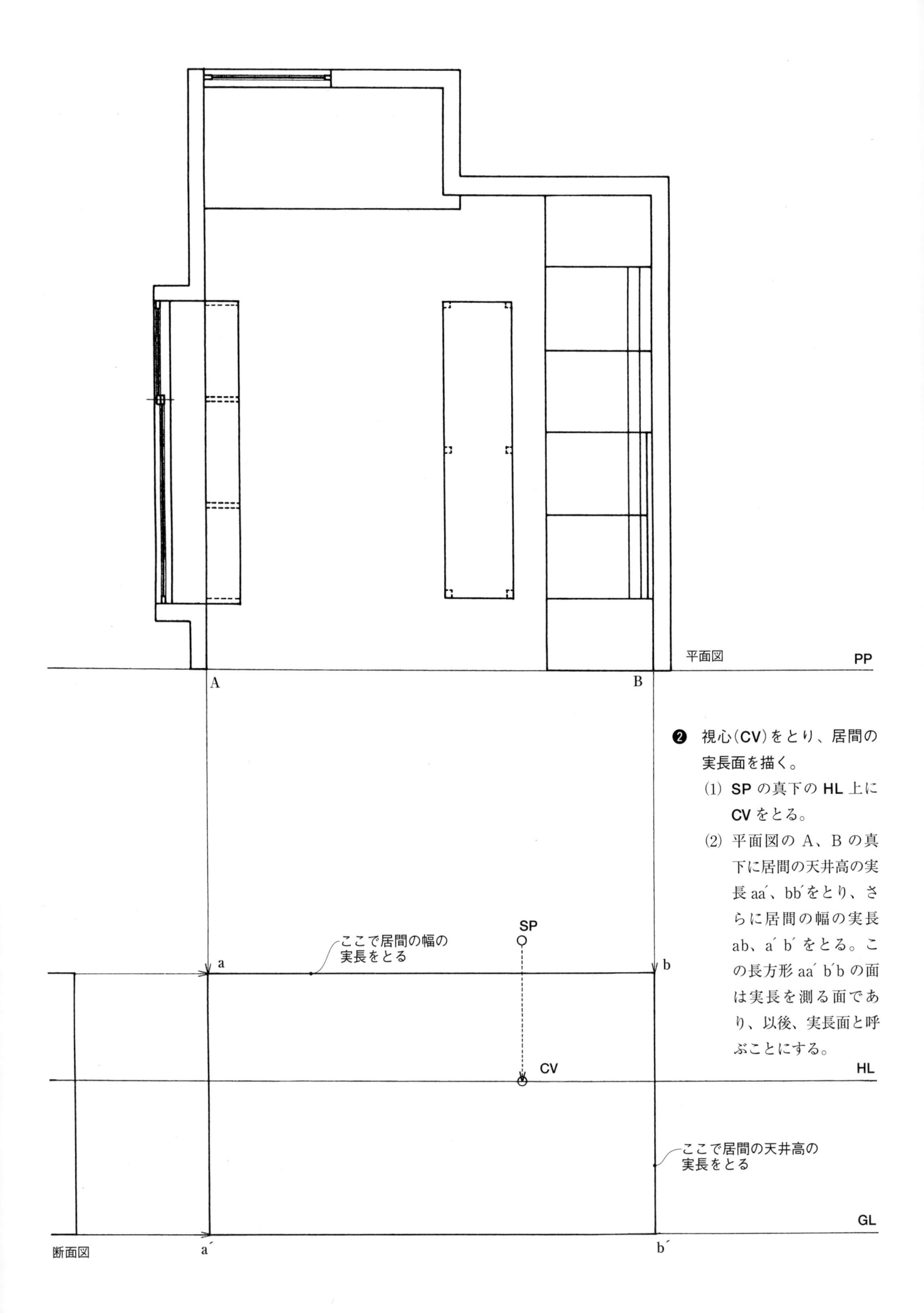

❷ 視心(CV)をとり、居間の実長面を描く。
  (1) SP の真下の HL 上に CV をとる。
  (2) 平面図の A、B の真下に居間の天井高の実長 aa′、bb′ をとり、さらに居間の幅の実長 ab、a′b′ をとる。この長方形 aa′b′b の面は実長を測る面であり、以後、実長面と呼ぶことにする。

ここで居間の幅の実長をとる

ここで居間の天井高の実長をとる

断面図

2-b 居間を1消点で描く

平面図 PP

❸ 壁面を描く。
(1) 透視図のa、a´、b、b´とCVを結ぶパースラインを引く。
(2) 平面図のC、D、E、FとSPを結ぶ足線を引き、PPと交わる足点C_1、D_1、E_1、F_1より垂線を下ろし、パースラインとの交点c、c´、d、d´、e、e´、f、f´を求めて、室内の奥行きを描く。

断面図

第2章 まず足線法をマスターしよう

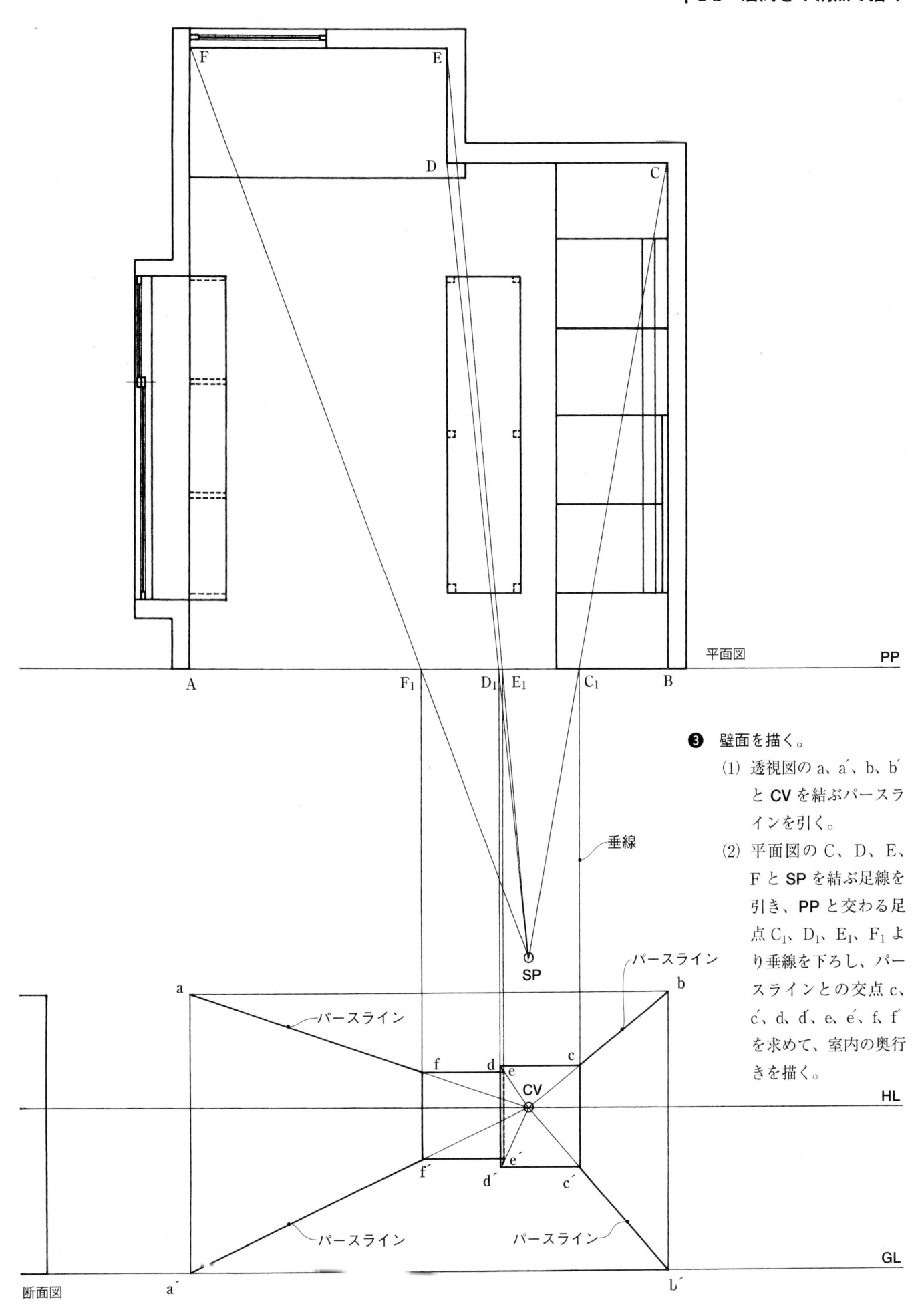

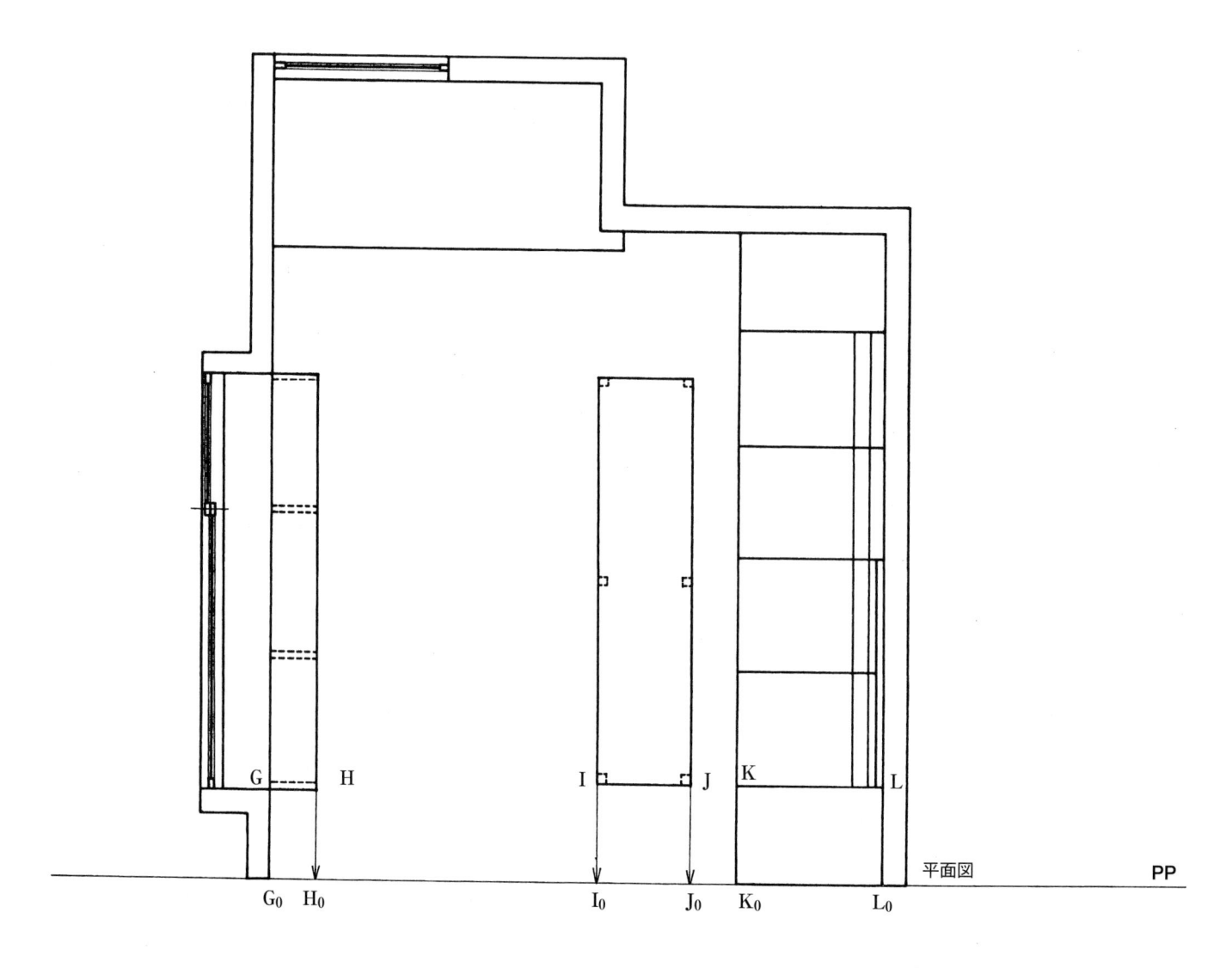

❹ 家具の実形を描く。
平面図で **PP** より奥にあるキャビネット、テーブル、ソファーについては、透視図の実長面(❷-(2)で説明)でそれらの家具の実形を描く。実形は、平面図の各点(G_0～L_0)の高さの実長を 34 ページ、35 ページの平面図、展開図の寸法から読みとって描く。

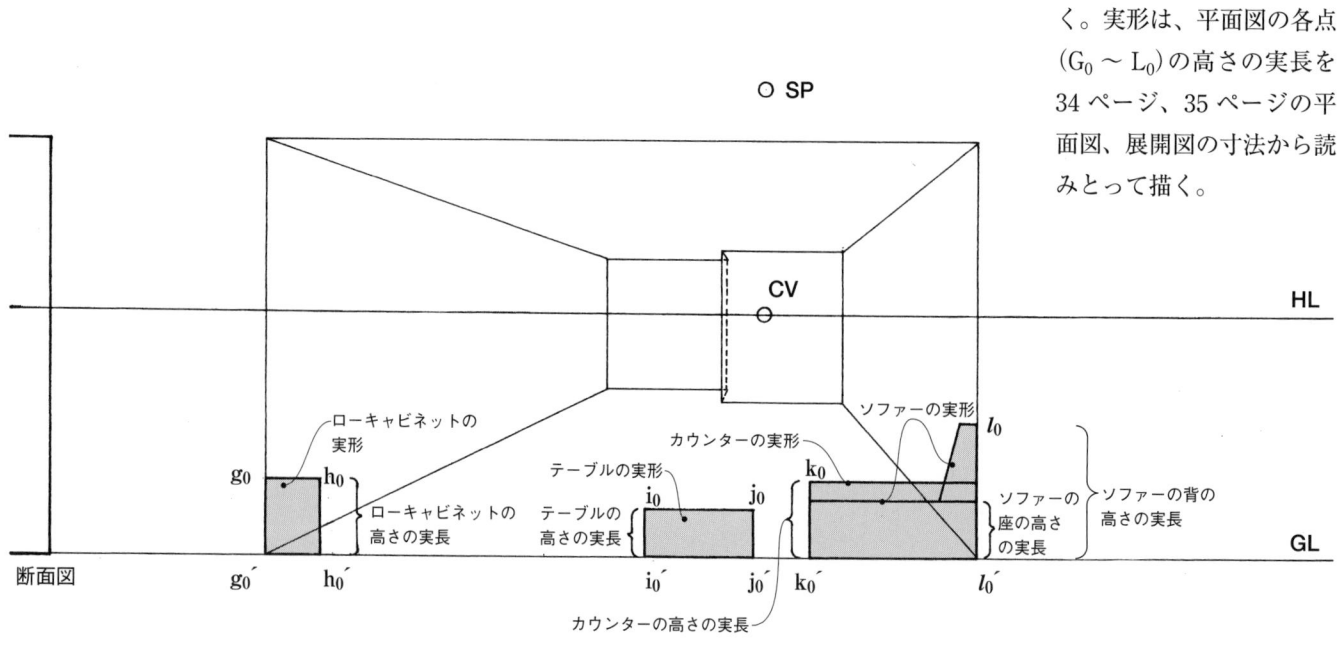

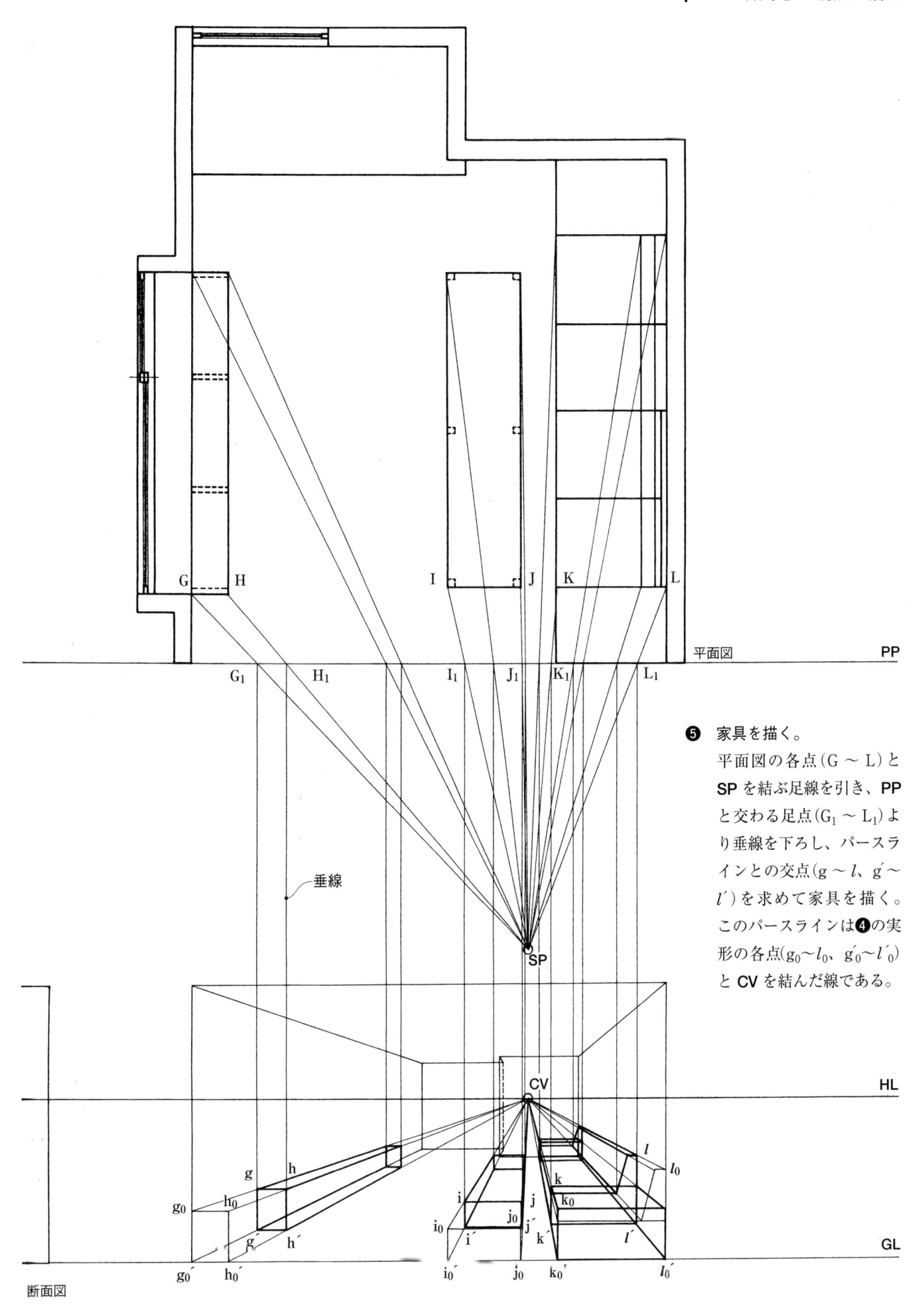

2-b 居間を1消点で描く

❺ 家具を描く。

平面図の各点（G～L）とSPを結ぶ足線を引き、PPと交わる足点（G_1～L_1）より垂線を下ろし、パースラインとの交点（g～l、g'～l'）を求めて家具を描く。このパースラインは❹の実形の各点（g_0～l_0、g'_0～l'_0）とCVを結んだ線である。

平面図　PP

垂線

断面図

第2章　まず足線法をマスターしよう

平面図　PP

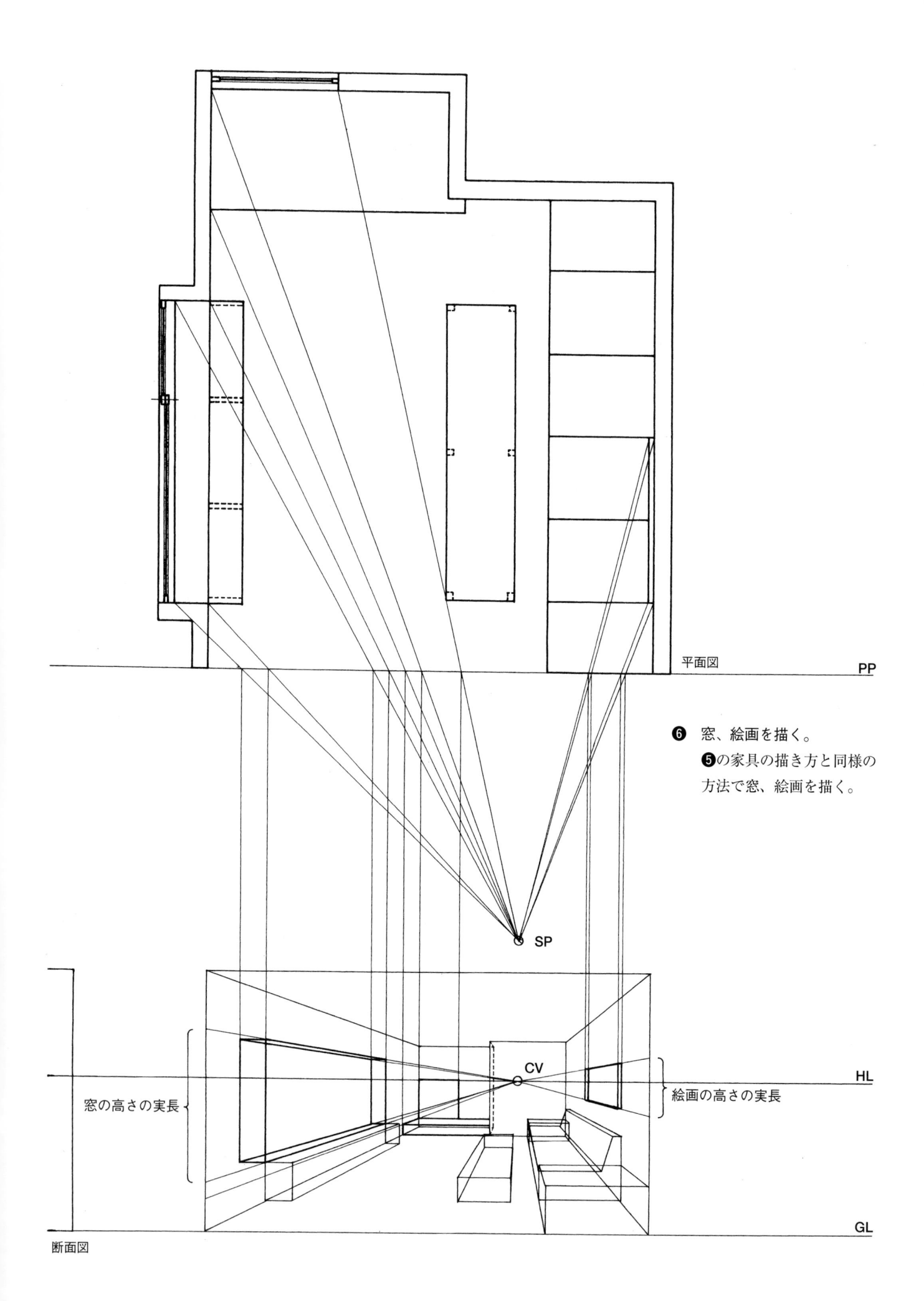

❻ 窓、絵画を描く。
❺の家具の描き方と同様の方法で窓、絵画を描く。

SP

CV

HL

窓の高さの実長　　絵画の高さの実長

GL

断面図

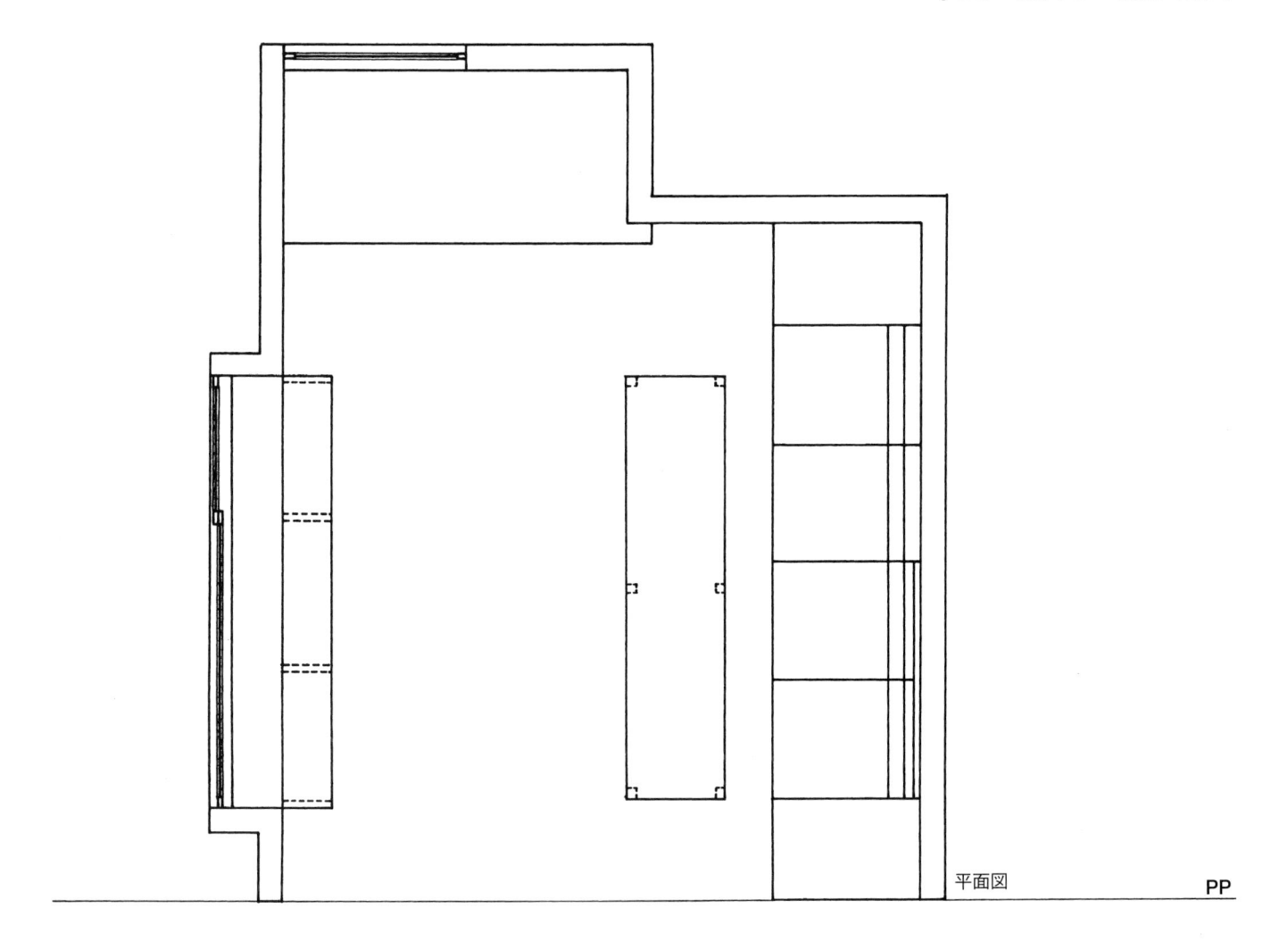

2-b 居間を1消点で描く

平面図　PP

❼ 完成図。

テーブルの脚、キャビネットの脚、ソファーの割り付け、窓枠、額縁などの細かい部分を描く。窓枠、額縁などの細かい部分は図法によらずデッサンで描いてもよい。

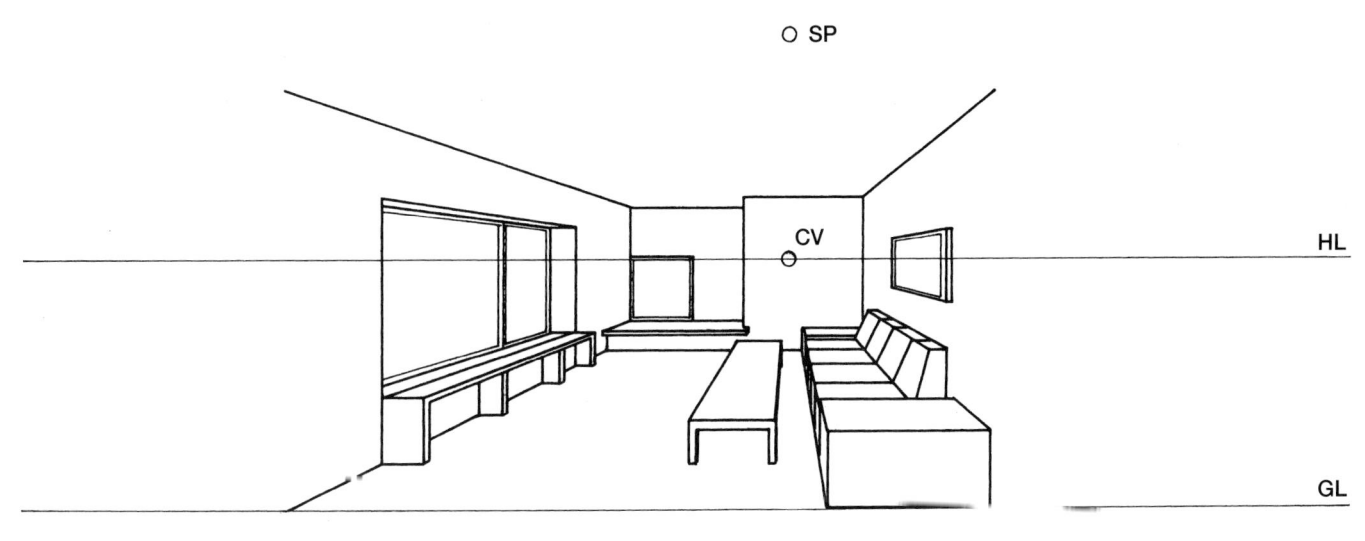

○ SP

CV

HL

GL

第2章　まず足線法をマスターしよう　41

2-c 住宅のファサードを1消点で描く

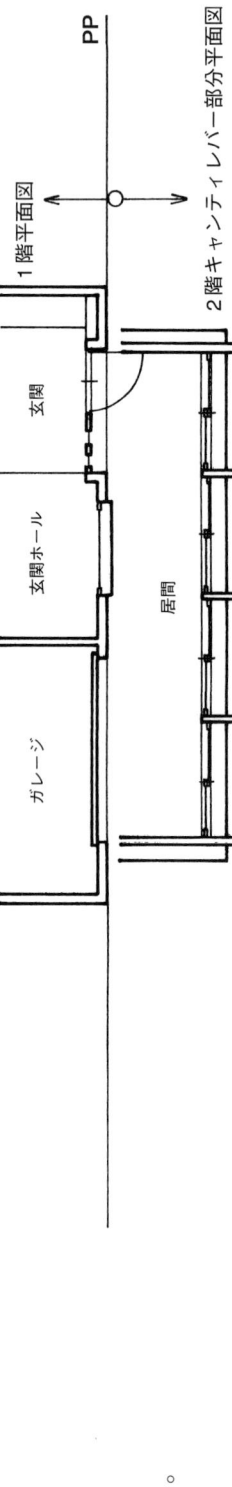

❶ PP、HL、GL を引き、SP をとる。
PP の位置は平面図の1階外壁面に設ける。

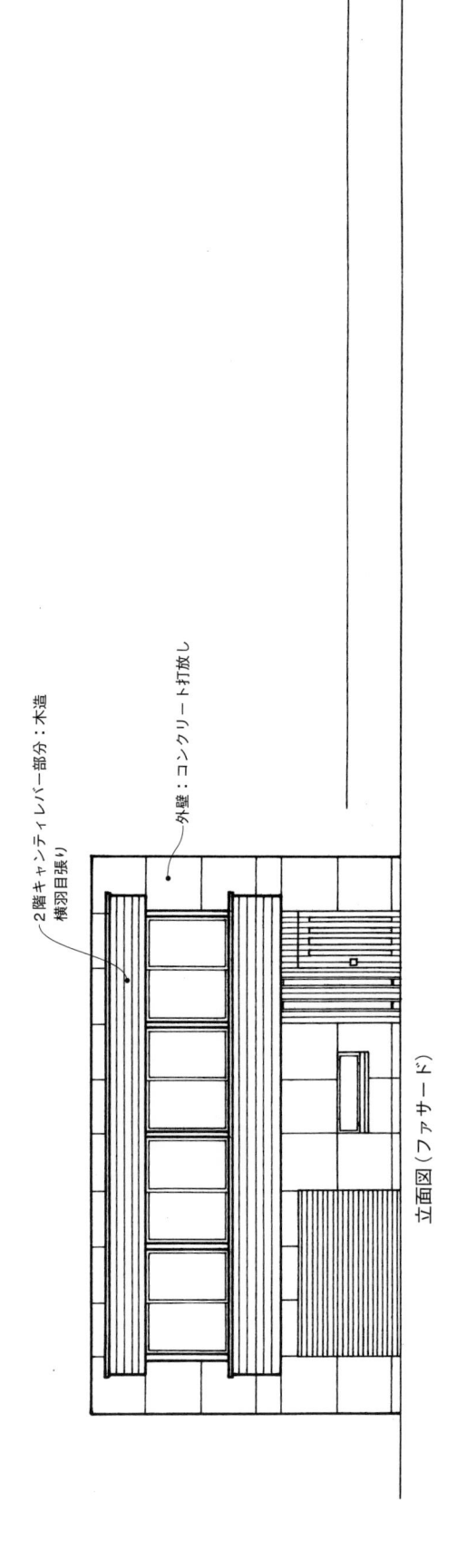

1階平面図

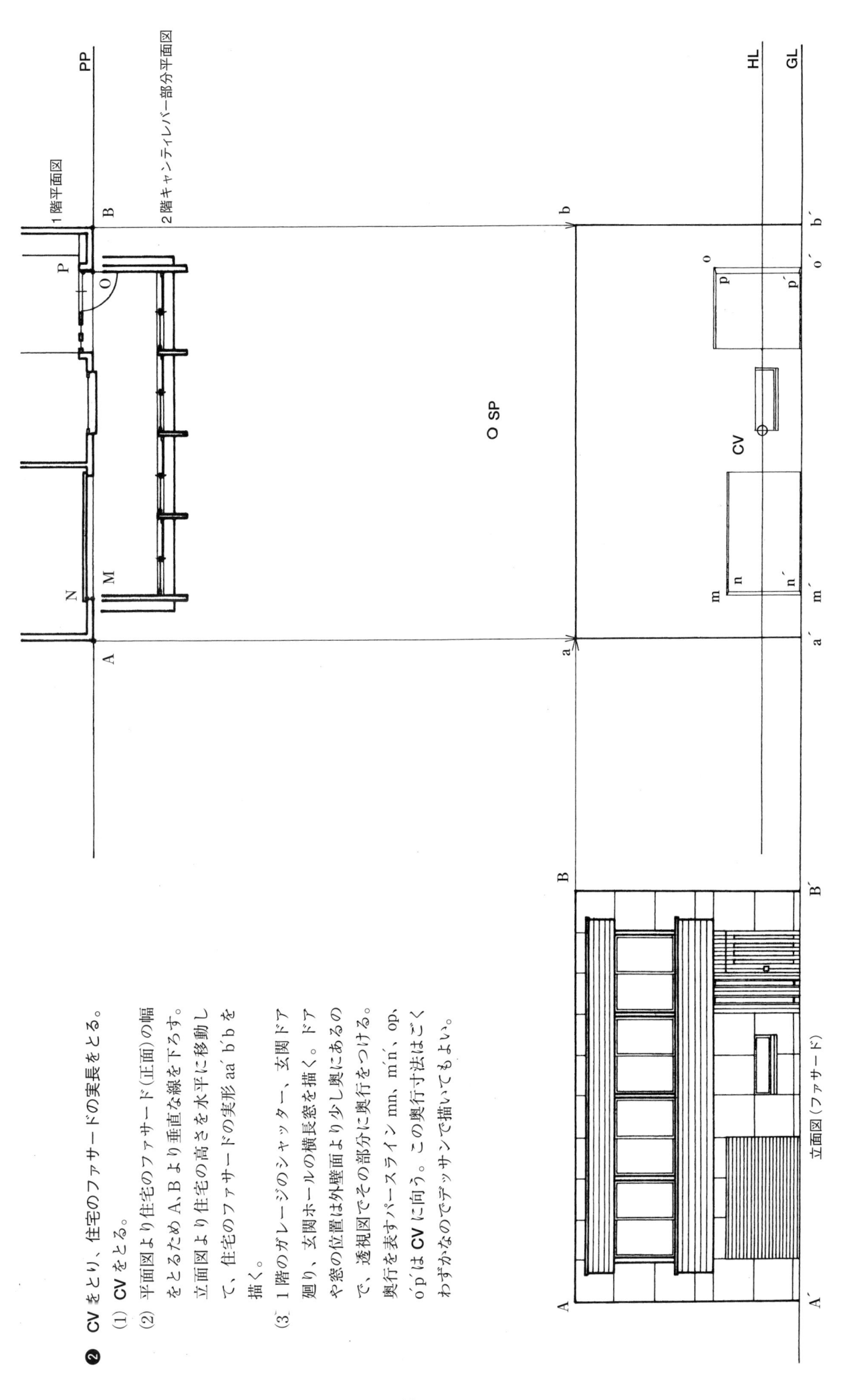

2階キャンティレバー部分平面図

立面図（ファサード）

❷ CV をとり、住宅のファサードの実長をとる。
(1) CV をとる。
(2) 平面図より住宅のファサード（正面）の幅をとるため A, B より垂直な線を下ろす。立面図より住宅の高さを水平に移動して、住宅のファサードの実形 aa'b'b を描く。
(3) 1階のガレージのシャッター、玄関ドア廻り、玄関ホールの横長窓を描く。ドアや窓の位置は外壁面より少し奥にあるので、透視図でその部分に奥行をつける。奥行を表すパースライン mn, m'n', op, o'p' は CV に向う。この奥行寸法はごくわずかなのでデッサンで描いてもよい。

第2章 まず足線法をマスターしよう　43

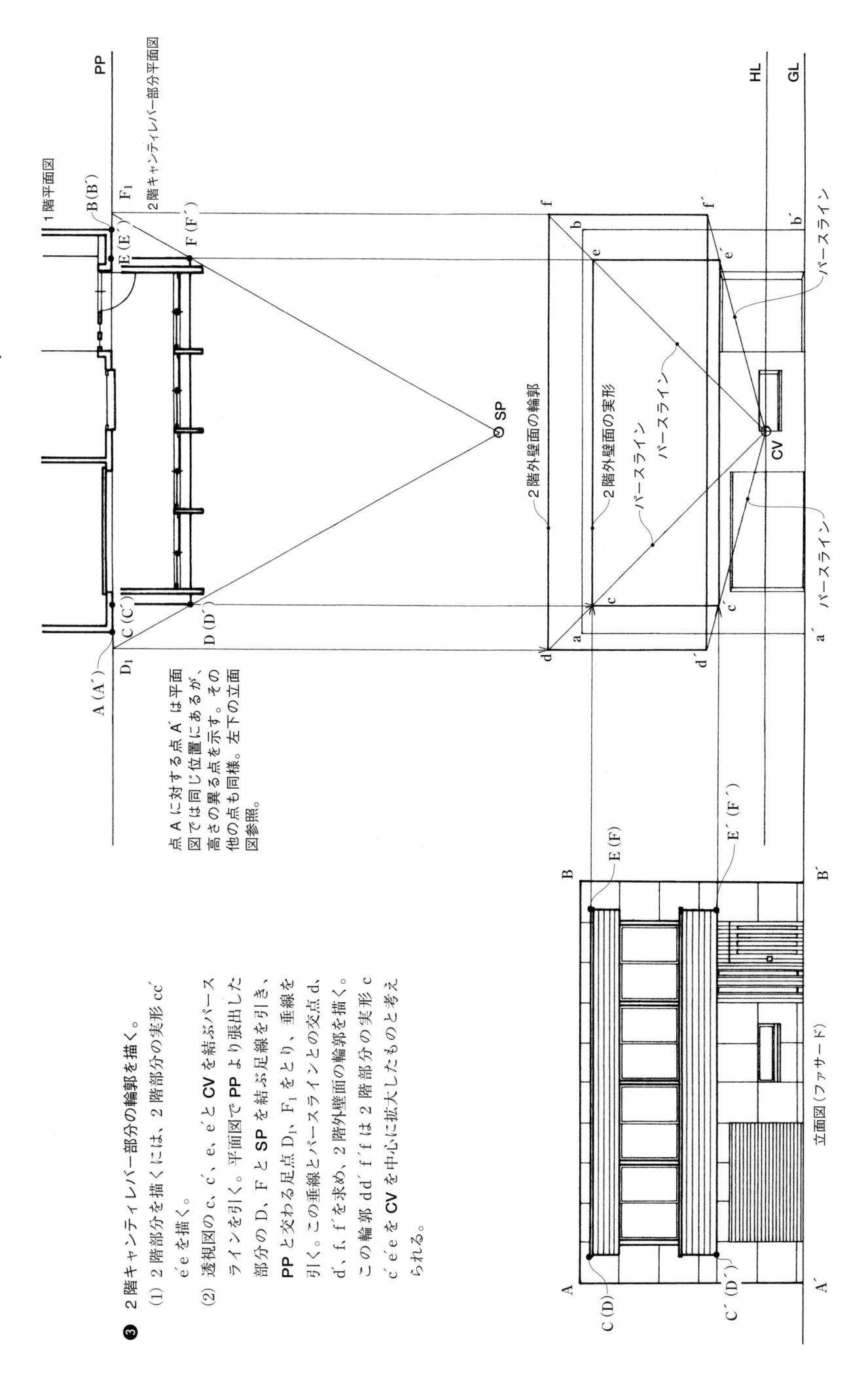

2-c 住宅のファサードを1消点で描く

1階平面図
2階キャンティレバー部分平面図

点Aに対する点A´は平面図では同じ位置にあるが、高さの異なる点を示す。その他の点も同様。左下の立面図参照。

❸ 2階キャンティレバー部分の輪郭を描く。

(1) 2階部分を描くには、2階部分の実形cc´ e e´を描く。

(2) 透視図のc、c´、e、e´とCVを結ぶパースラインを引く。平面図でPPより張出した部分のD、FとSPを結ぶ足線を引き、PPと交わる足点D₁、F₁をとり、垂線を引く。この垂線と2階外壁面のパースラインとの交点d、d´、f、f´を求め、2階外壁面の輪郭を描く。この輪郭dd´ f f´は2階部分の実形cc´ e´ eをCVを中心に拡大したものと考えられる。

立面図（ファサード）

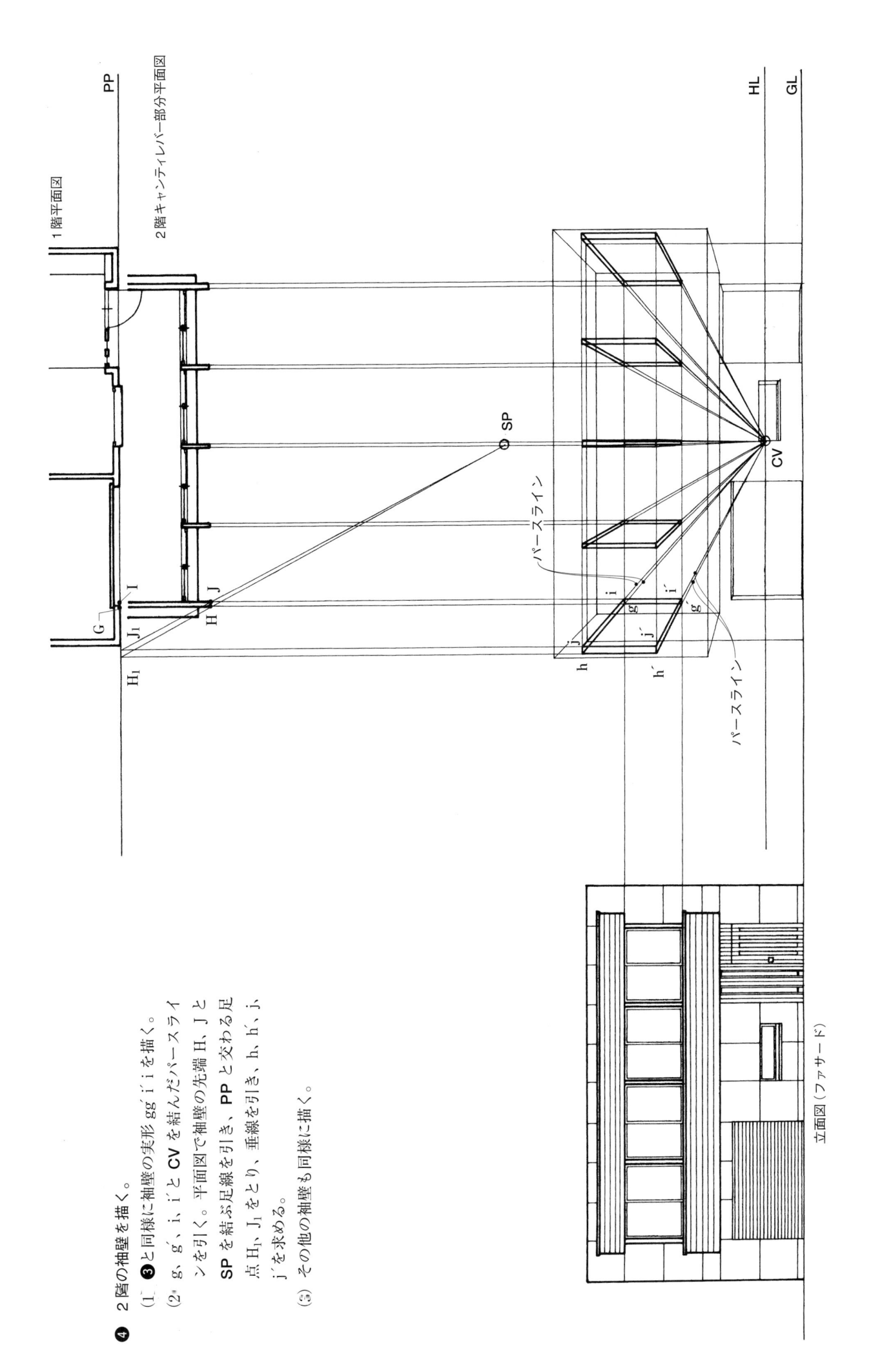

1階平面図
PP
2階キャンティレバー部分平面図

❹ 2階の袖壁を描く。
(1) ❸と同様に袖壁の実形 $gg'i'i$ を描く。
(2) g, g', i, i' と CV を結ぶパースラインを引く。平面図で袖壁の先端 H, J と SP を結ぶ足線を引き、PP と交わる足点 H_1, J_1 をとり、垂線を引き、h, h', j, j' を求める。
(3) その他の袖壁も同様に描く。

立面図（ファサード）

HL
GL

パースライン

CV

第2章　まず足線法をマスターしよう

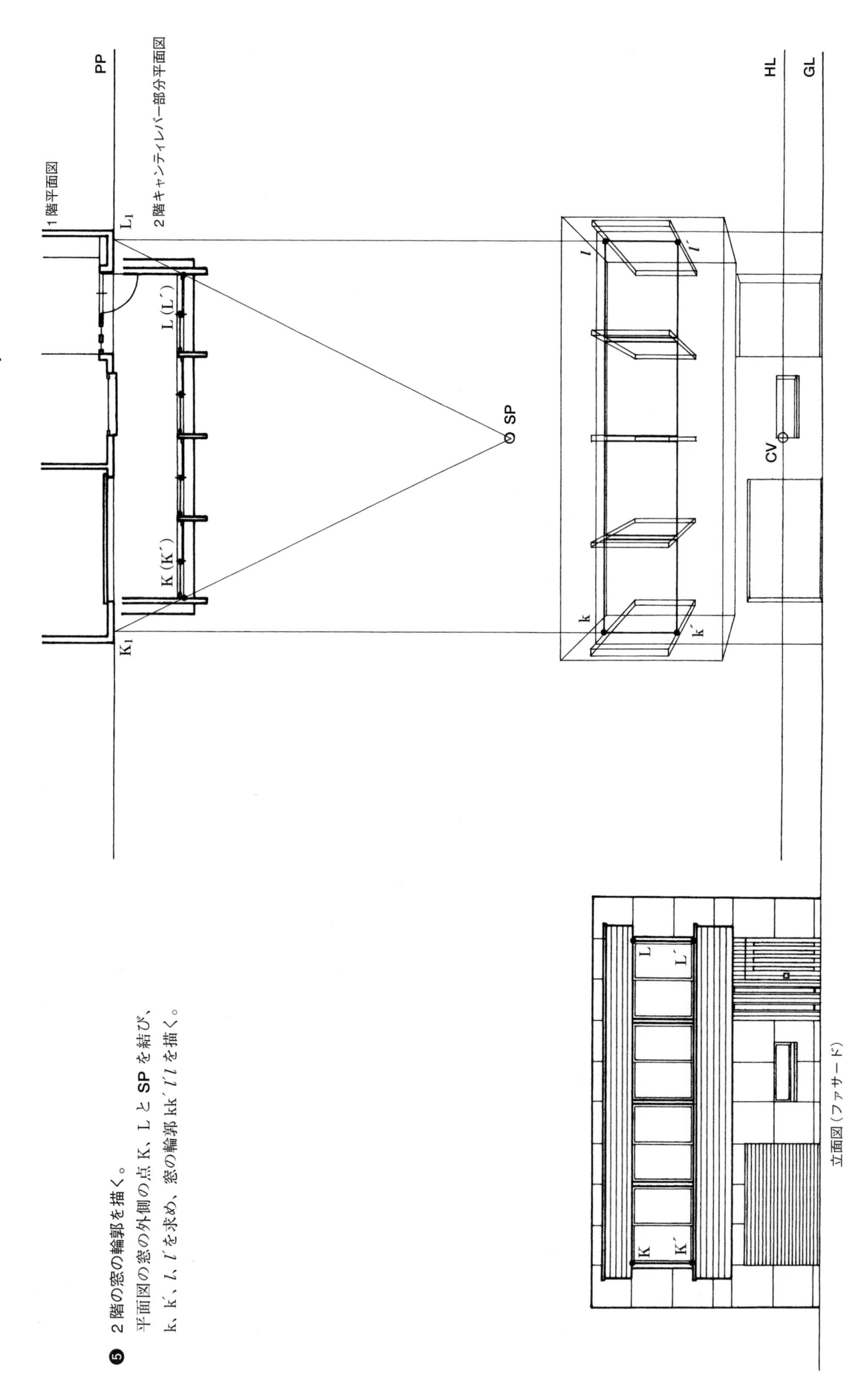

2-c 住宅のファサードを1消点で描く

1階平面図
PP
2階キャンディレバー部分平面図

HL
GL

❺ 2階の窓の輪郭を描く。

平面図の窓の外側の点 K、L と SP を結び、k、k´、l、l´を求め、窓の輪郭 kk´ll´を描く。

立面図（ファサード）

❻ 2階の窓枠を描く。

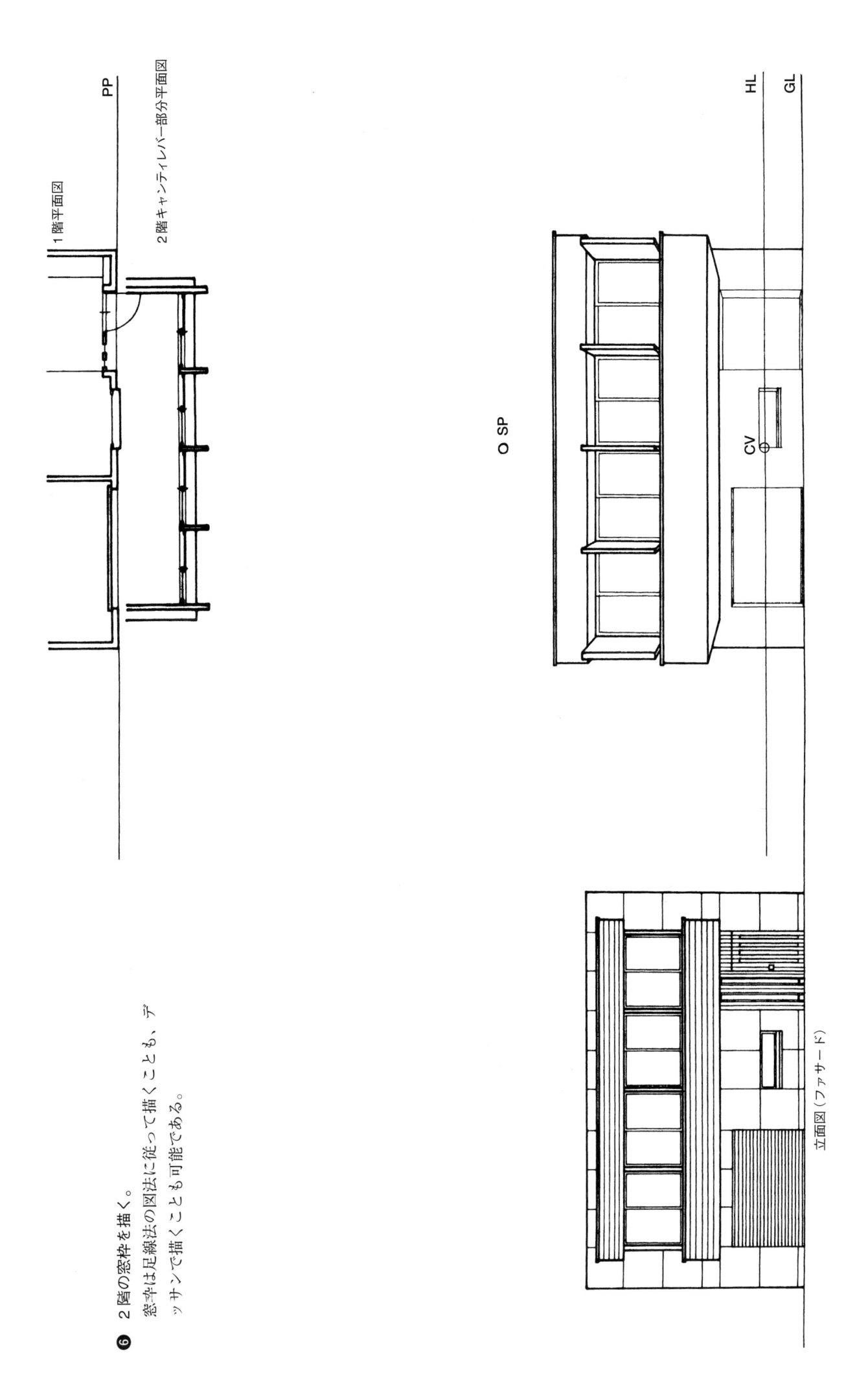

窓枠は足線法の図法に従って描くことも、デッサンで描くことも可能である。

1階平面図
PP
2階キャンティレバー部分平面図

○ SP

立面図（ファサード）
HL
GL

2-c 住宅のファサードを1消点で描く

1階平面図
PP
2階キャンティレバー部分平面図

❼ 完成図。
2階キャンティレバー部分の木のテクスチャー、コンクリートの目地、ガレージのシャッター、玄関廻りの細部を描いて、完成させる。

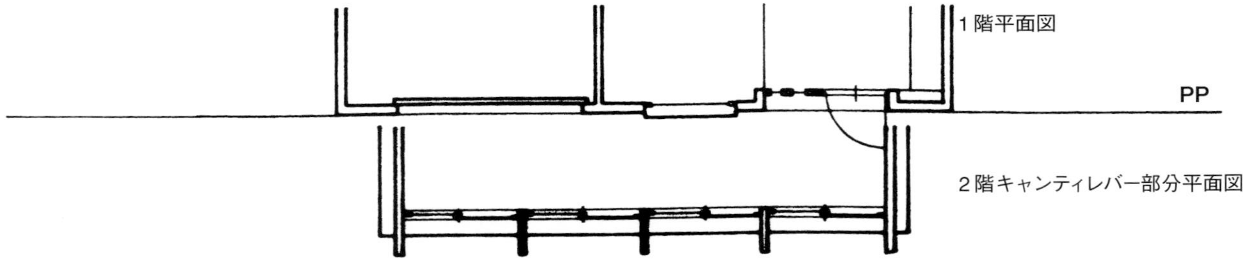

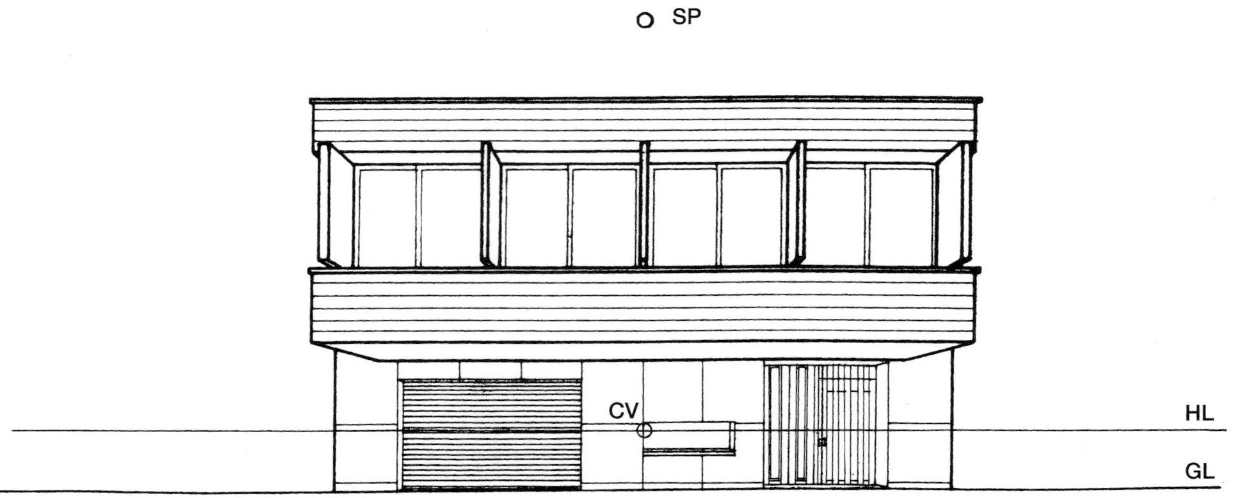

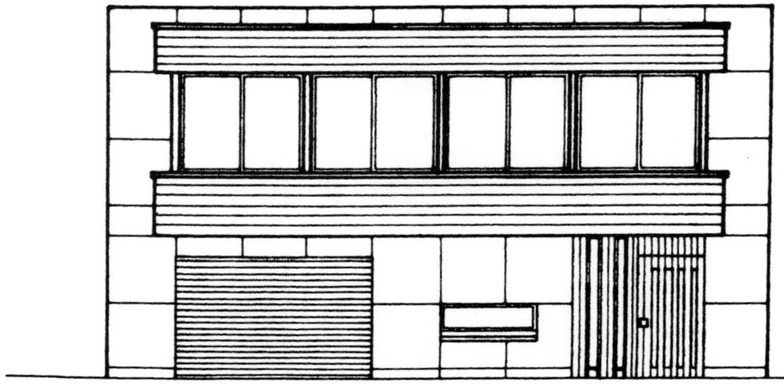

HL
GL
○ SP
CV

立面図（ファサード）

3 2消点で描く

作図プロセスのポイント

❶ **VP₁、VP₂** をとる。
❷ 高さの実長をとる。
❸ パースラインを引く。
❹ 足線法により **SP** と対象物の任意の点 A を結ぶ足線を引き、**PP** 上に足点を求め、垂線を下ろす。
❺ 垂線とパースラインとの交点を求め、各交点をつなぎ、立体の透視図を描く。

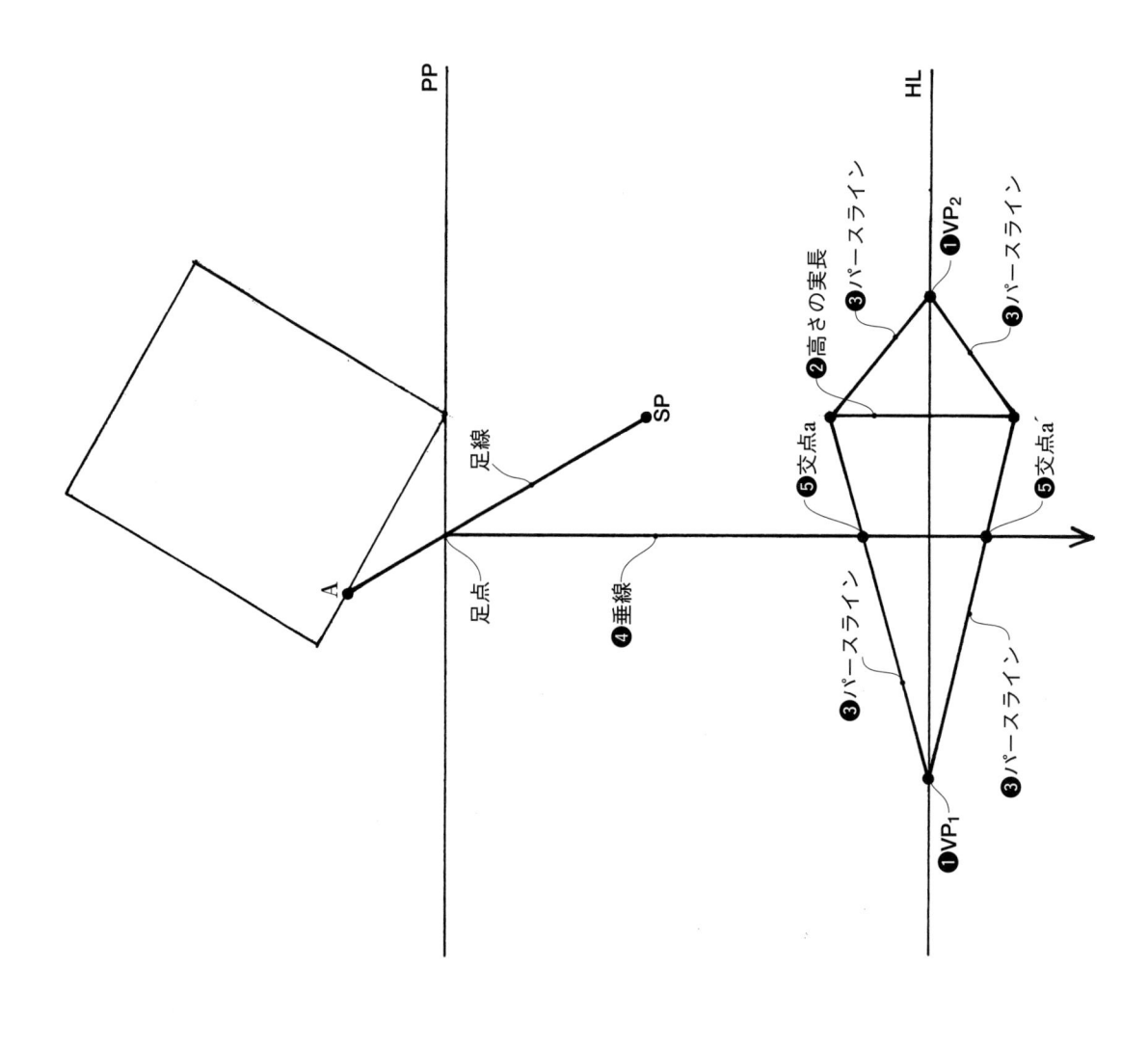

図中ラベル:
- PP、HL
- SP、A、足線、足点、❹垂線
- ❶VP₁、❶VP₂
- ❷高さの実長
- ❸パースライン
- ❺交点a、❺交点a´

3-a 正方形の窓のある住宅を2消点で描く

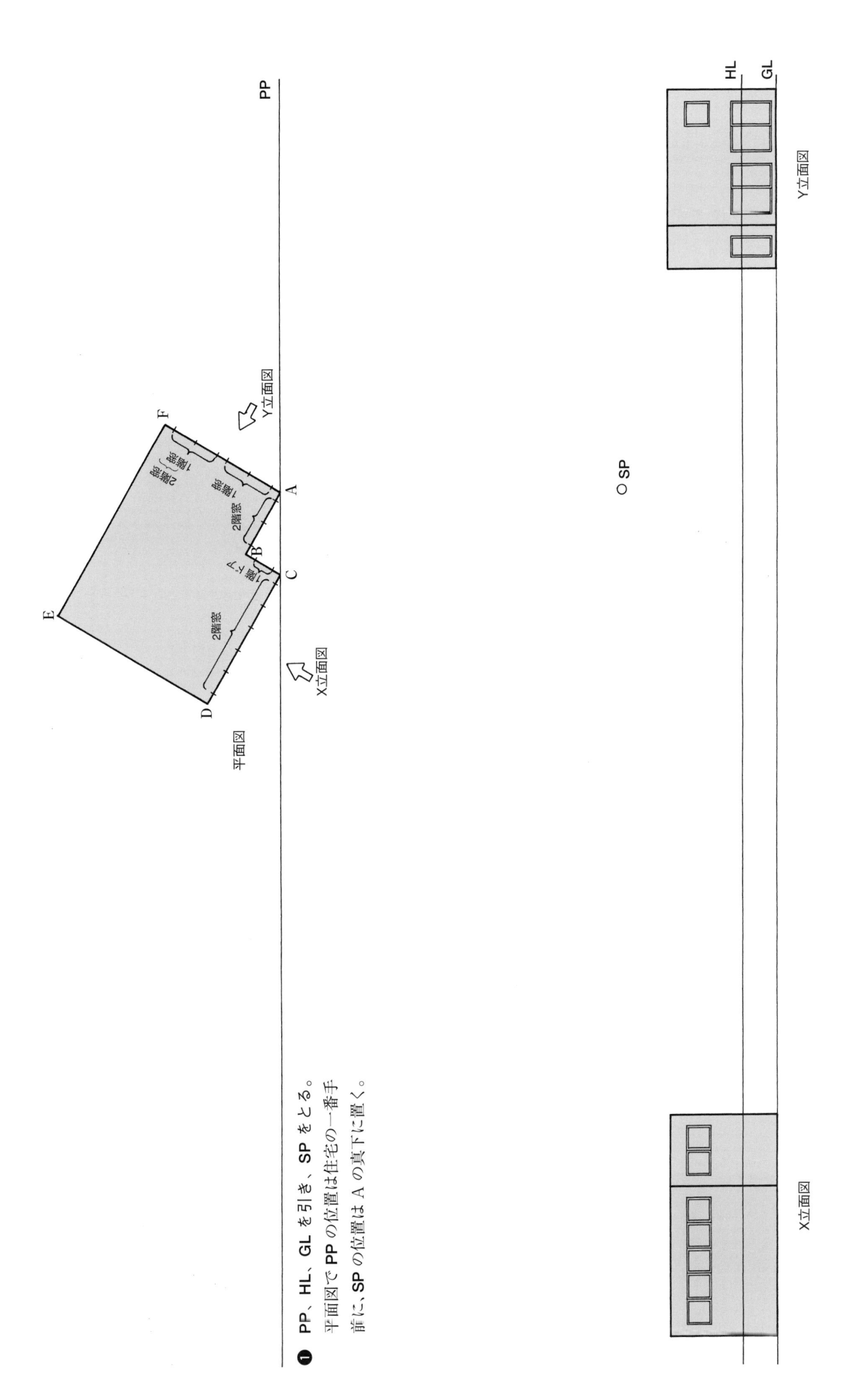

❶ PP、HL、GL を引き、SP をとる。
平面図で PP の位置は住宅の一番手前に、SP の位置は A の真下に置く。

第2章 まず足線法をマスターしよう

3-a　正方形の窓のある住宅を2消点で描く

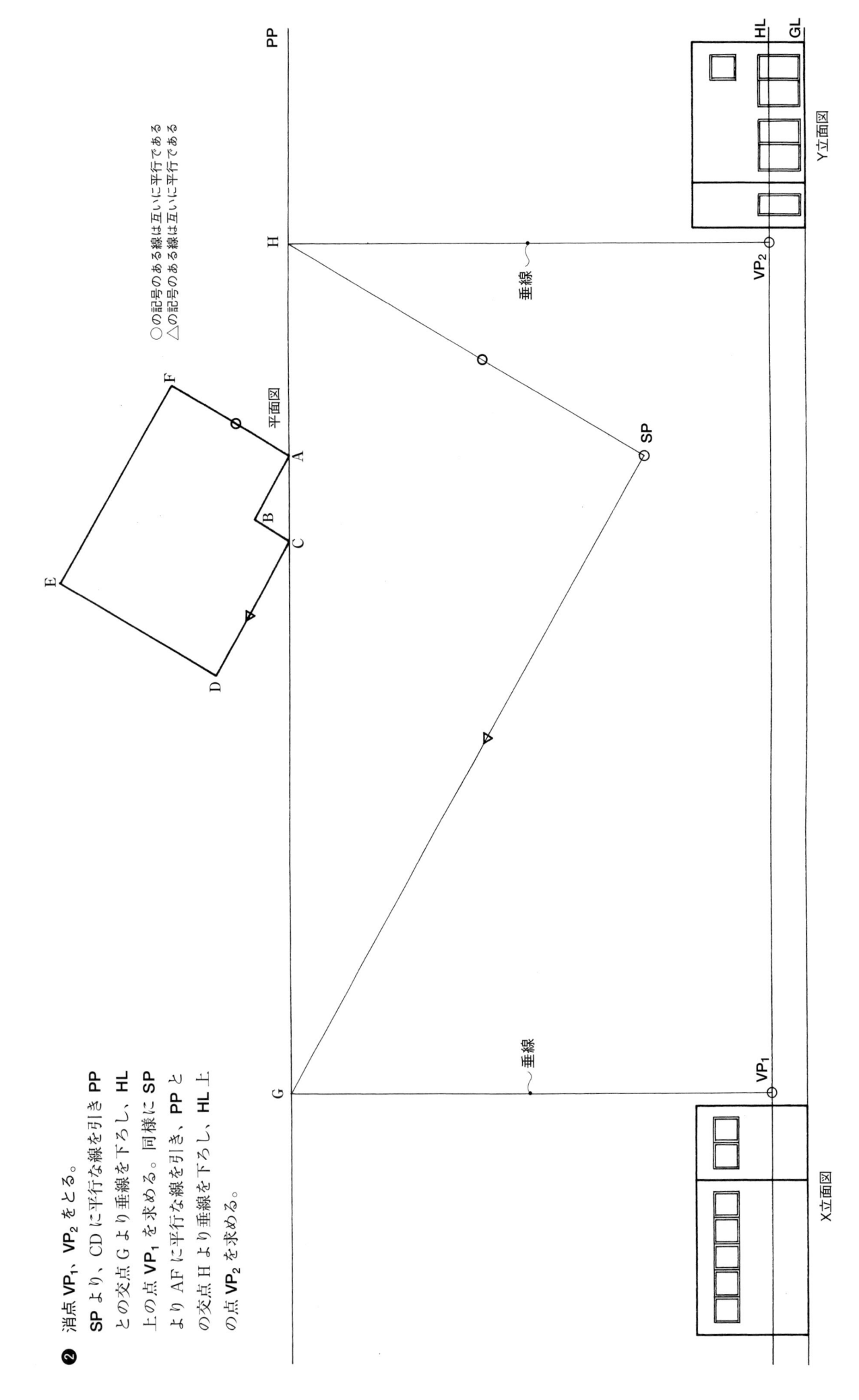

❷ 消点 VP₁、VP₂ をとる。

SP より、CD に平行な線を引き PP との交点 G より垂線を下ろし、HL 上の点 VP₁ を求める。同様に SP より AF に平行な線を引き、PP との交点 H より垂線を下ろし、HL 上の点 VP₂ を求める。

○の記号のある線は互いに平行である
△の記号のある線は互いに平行である

平面図

X立面図

Y立面図

❸ 高さの実長をとる。

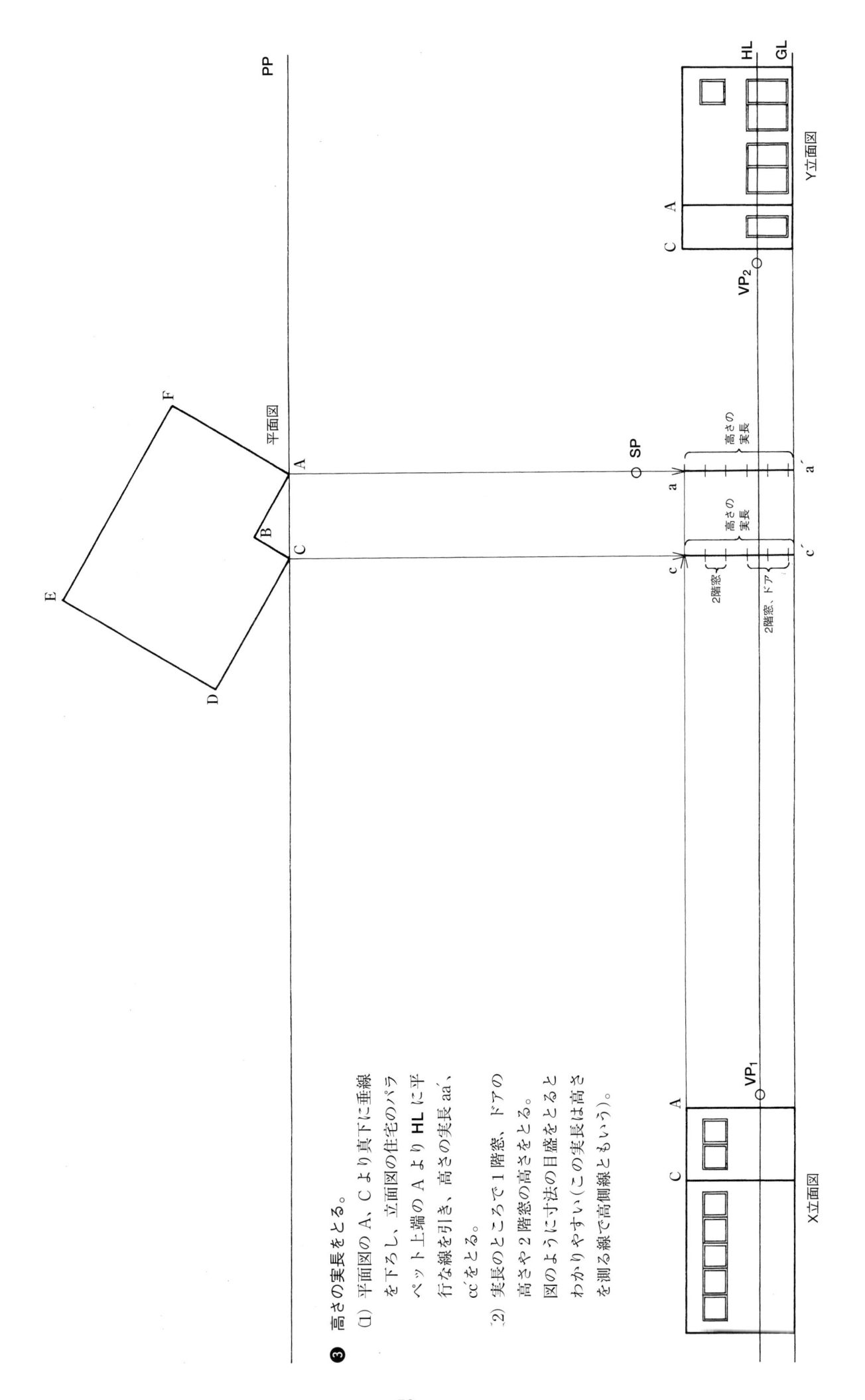

(1) 平面図のA、Cより真下に垂線を下ろし、立面図の住宅のパラペット上端のAより HL に平行な線を引き、高さの実長 aa′、cc′ をとる。

(2) 実長のところで1階窓、ドアの高さや2階窓の高さをとる。図のように寸法の目盛をとると、わかりやすい（この実長をとる測る線で高側線ともいう）。

3-a 正方形の窓のある住宅を2消点で描く

平面図

❹ パースラインを引く。
a、a´とVP₁およびa、a´とVP₂を結ぶパースラインを引く。同様にc、c´とVP₁およびc、c´とVP₂を結ぶパースラインを引く。

X立面図

Y立面図

<ポイント解説>

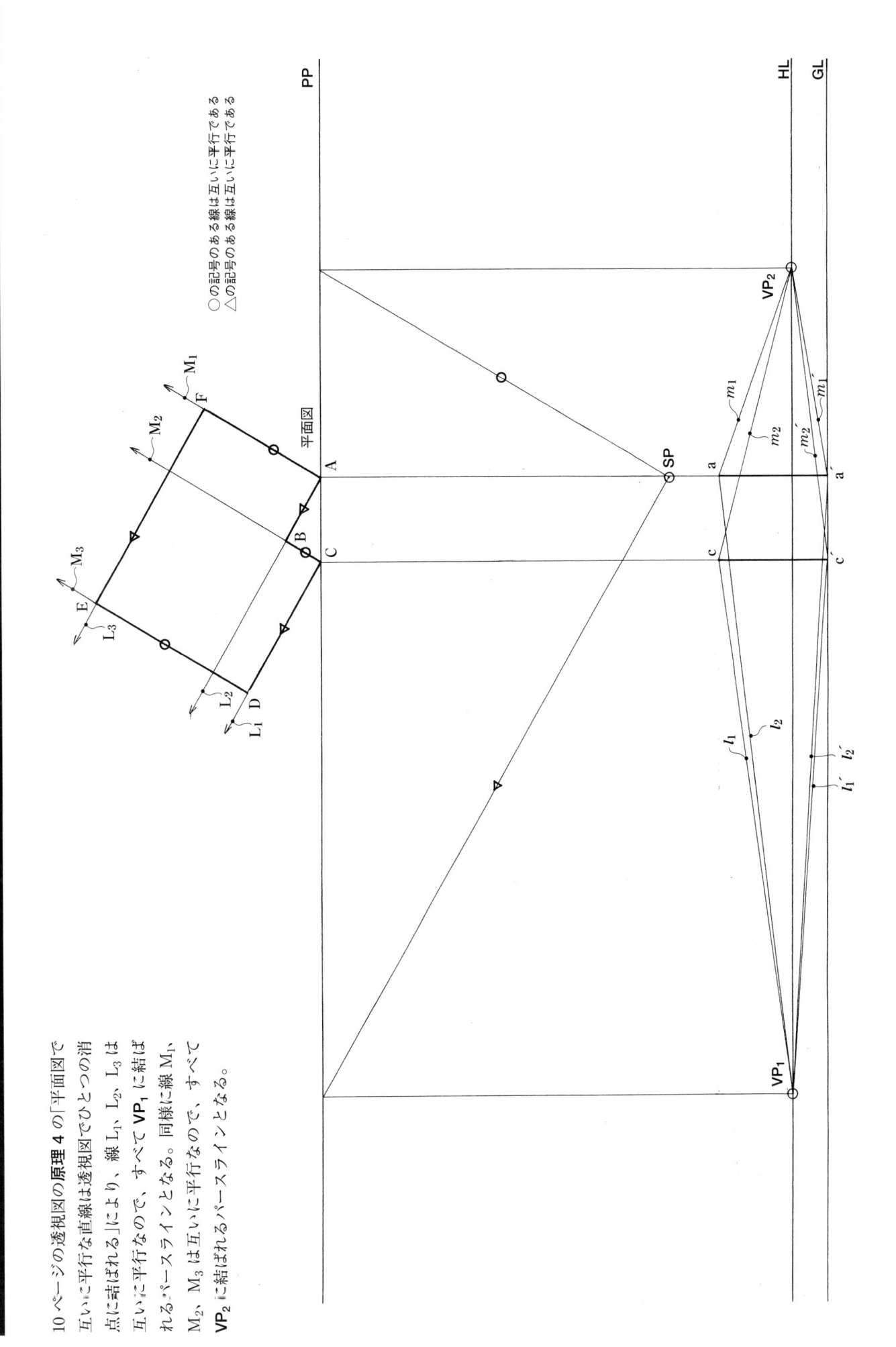

10ページの透視図の原理4の下面図で互いに平行な直線は透視図でひとつの消点に結ばれるにより、線 L_1、L_2、L_3 は互いに平行なので、すべて VP_1 に結ばれるパースラインとなる。同様に線 M_1、M_2、M_3 は互いに平行なので、すべて VP_2 に結ばれるパースラインとなる。

○の記号のある線は互いに平行である
△の記号のある線は互いに平行である

第2章 まず足線法をマスターしよう

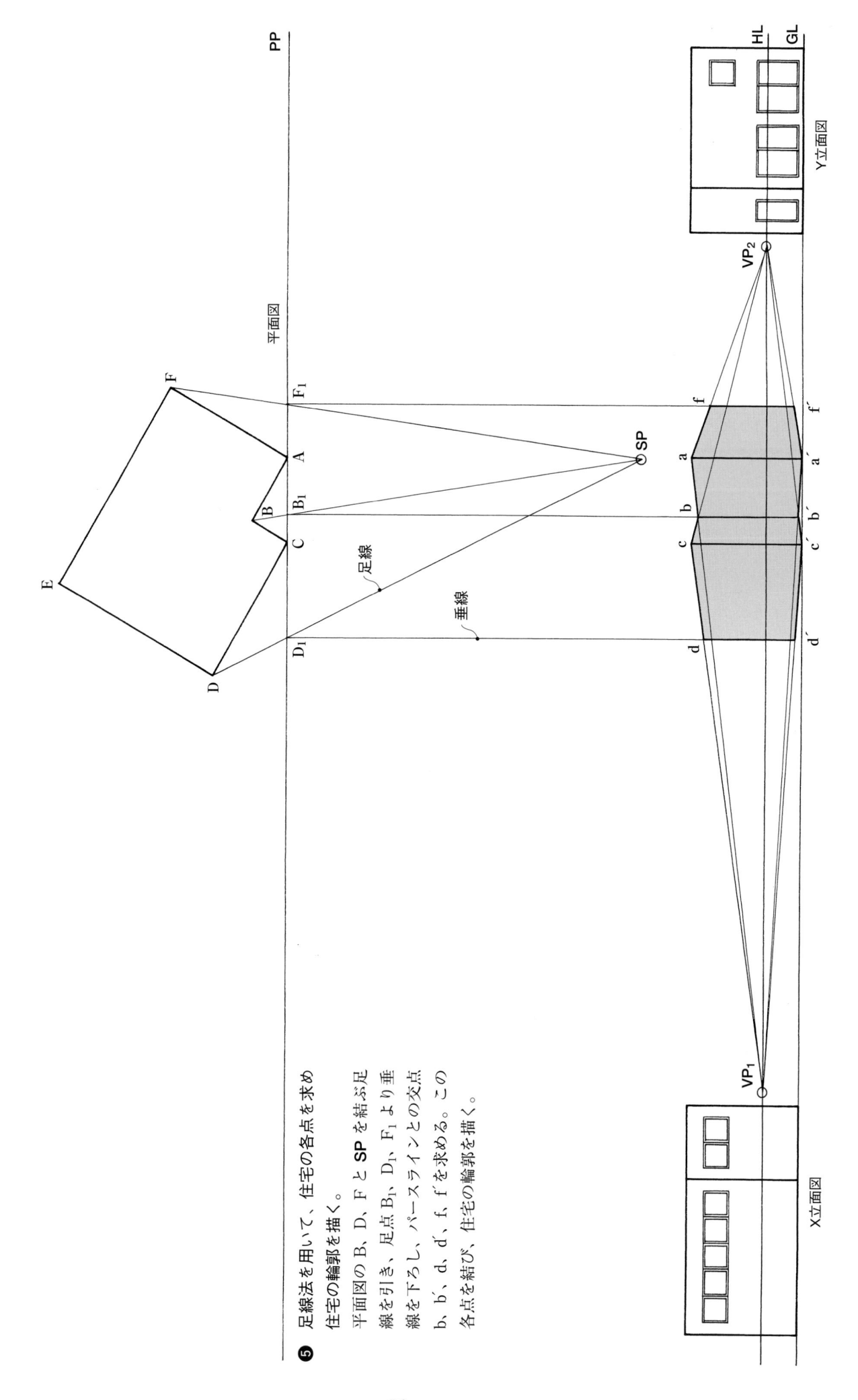

3-a 正方形の窓のある住宅を2消点で描く

PP

平面図

足線

垂線

Y立面図

VP₂

HL
GL

SP

VP₁

X立面図

❺ 足線法を用いて、住宅の各点を求め住宅の輪郭を描く。

平面図のB, D, FとSPを結ぶ足線を引き、足点B₁, D₁, F₁より垂線を下ろし、パースラインとの交点b, b', d, d', f, f'を求める。この各点を結び、住宅の輪郭を描く。

❻ 住宅の窓、ドアを描く。

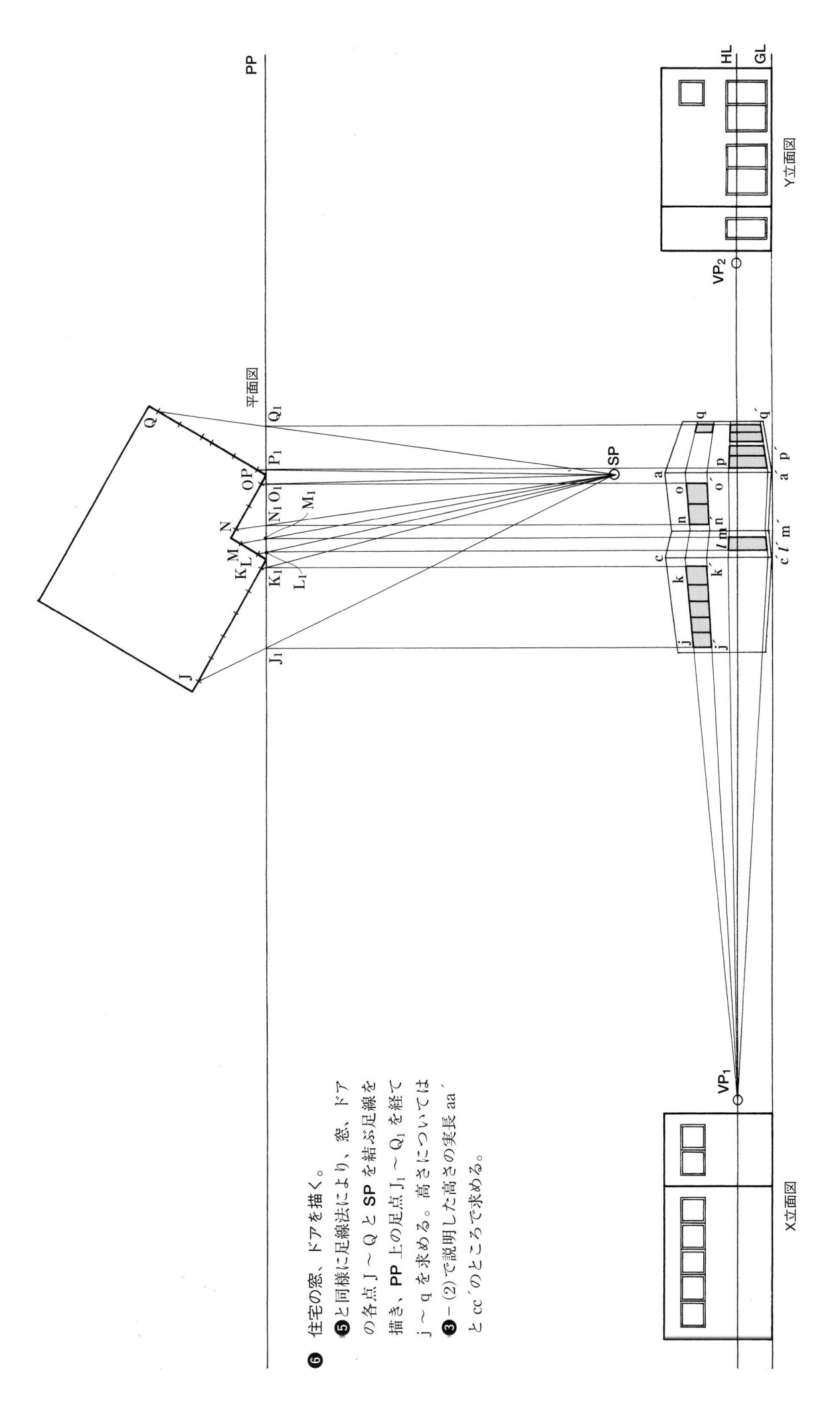

❺と同様に足線法により、窓、ドアの各点J〜QとSPを結ぶ足線を描き、PP上の足点J_1〜Q_1を経てj〜qを求める。高さについては❸-(2)で説明したところで高さの実長aa'とcc'のところで求める。

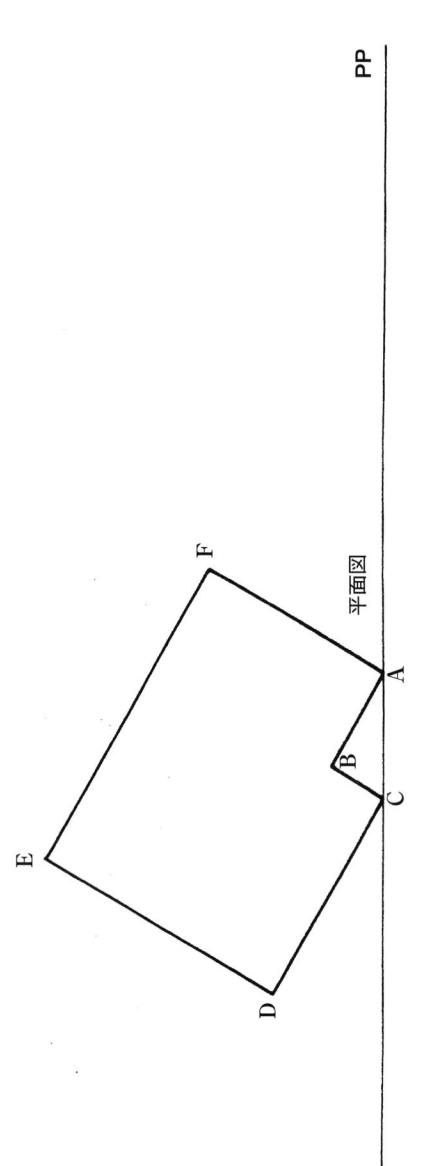

3-a 正方形の窓のある住宅を2消点で描く

平面図

PP

A, B, C, D, E, F

❼ 窓枠を描いて完成させる。

X立面図

Y立面図

VP₁ ○SP VP₂

HL
GL

3-b ピロティーのある住宅を 2 消点で描く

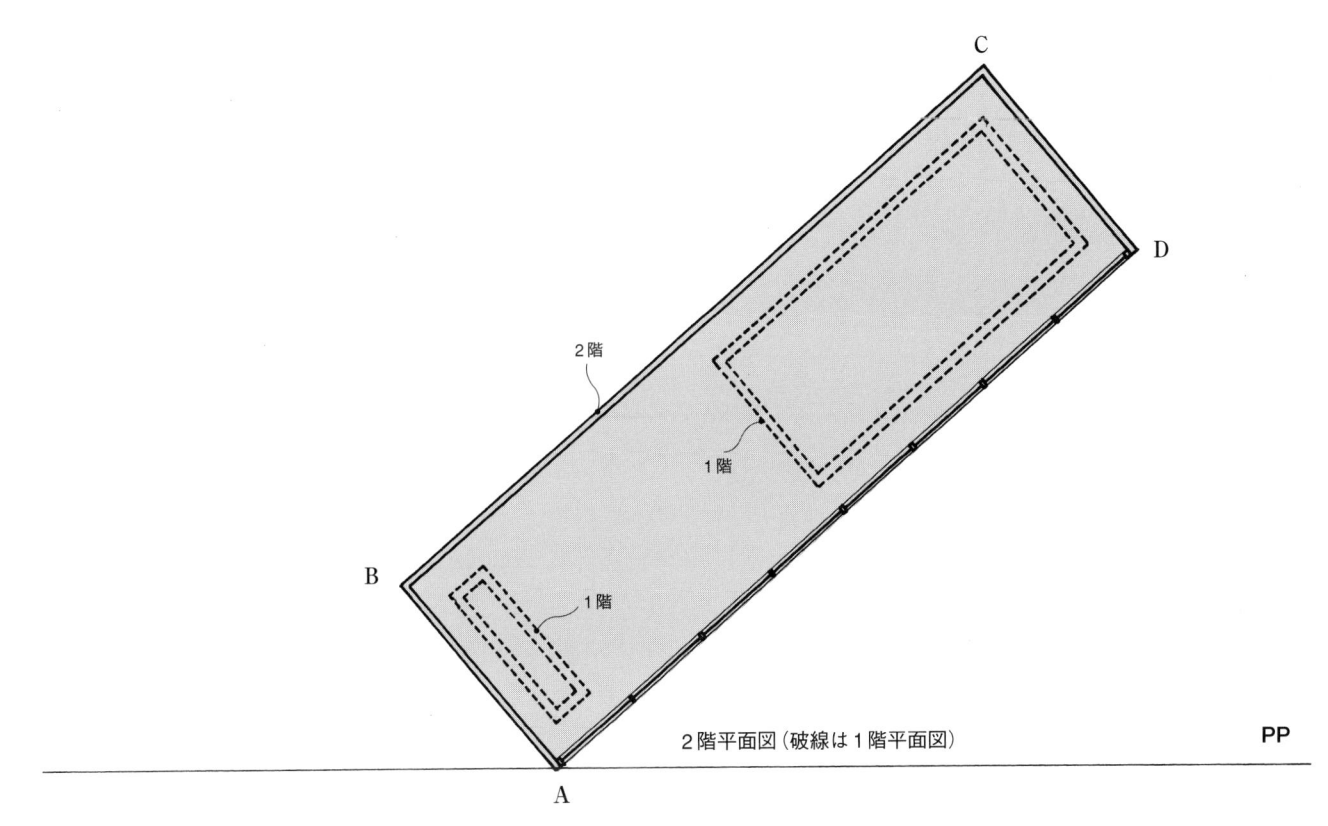

2階平面図（破線は1階平面図）　　PP

A

❶ PP、HL、GL を引き SP をとる。ここでは SP の位置は A の真下に置き、GL 上に HL を設定してある。すなわち地面上から住宅を見上げた透視図を描く。

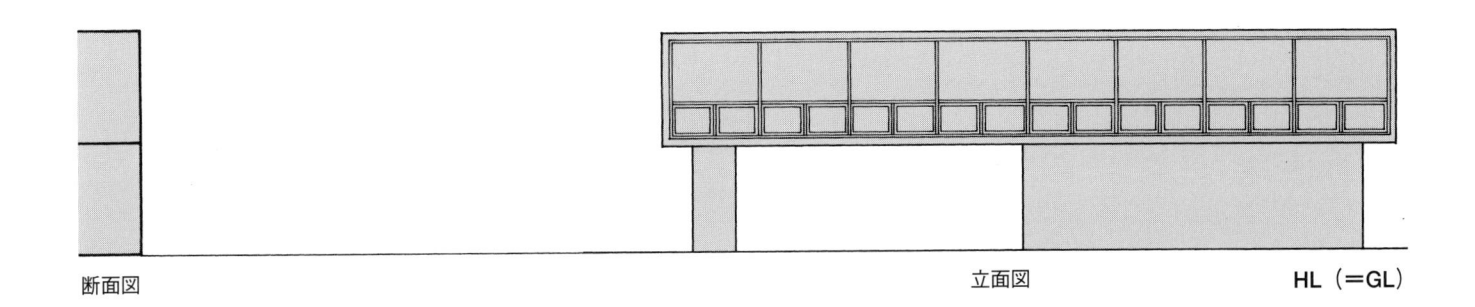

○ SP

断面図　　　　　　　　　　立面図　　　　　　　　HL（＝GL）

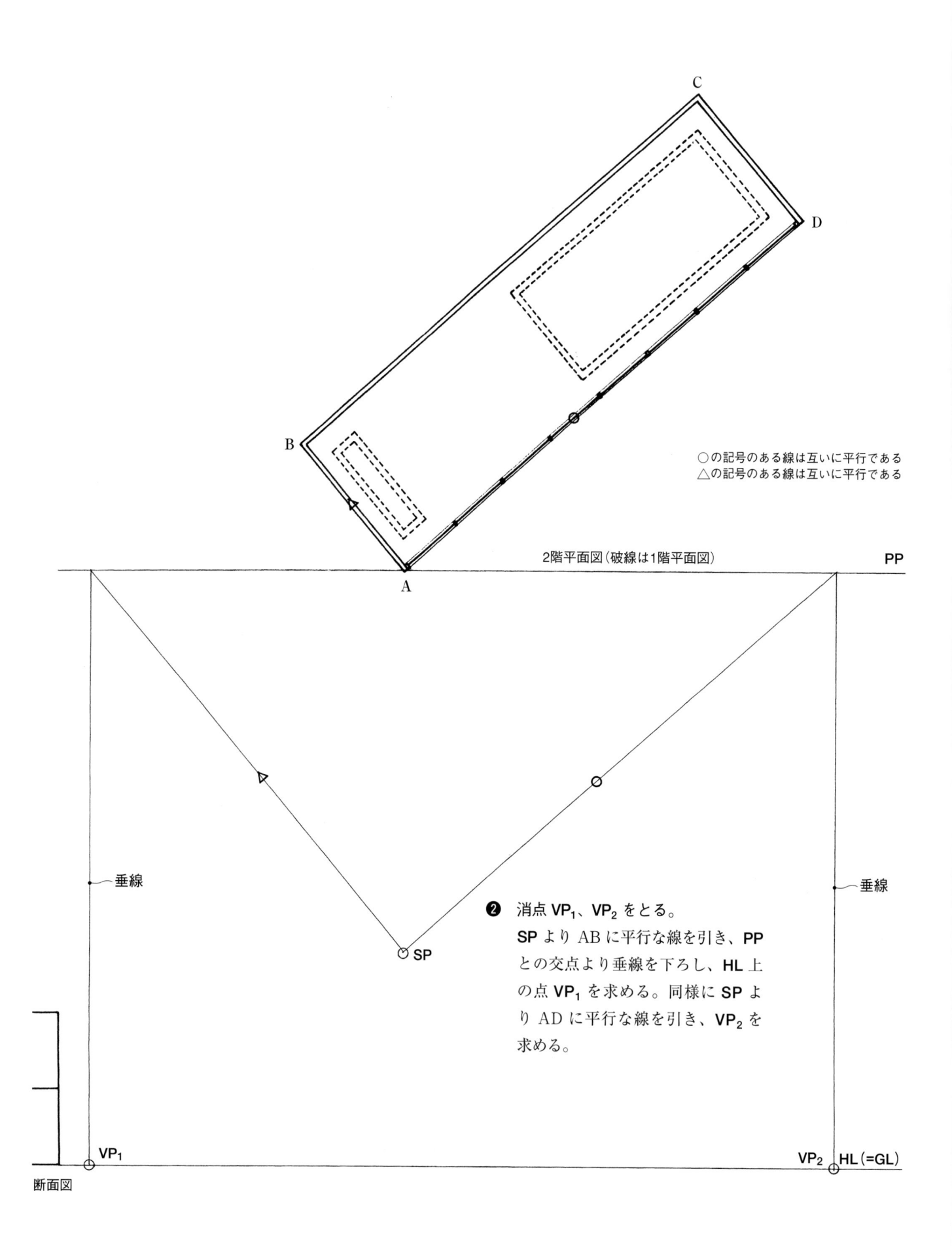

○の記号のある線は互いに平行である
△の記号のある線は互いに平行である

2階平面図（破線は1階平面図）　　　　　　　　PP

❷ 消点 VP$_1$、VP$_2$ をとる。
SP より AB に平行な線を引き、PP との交点より垂線を下ろし、HL 上の点 VP$_1$ を求める。同様に SP より AD に平行な線を引き、VP$_2$ を求める。

垂線

VP$_1$　　　　　　　　　　　　　　　　VP$_2$　HL（=GL）

断面図

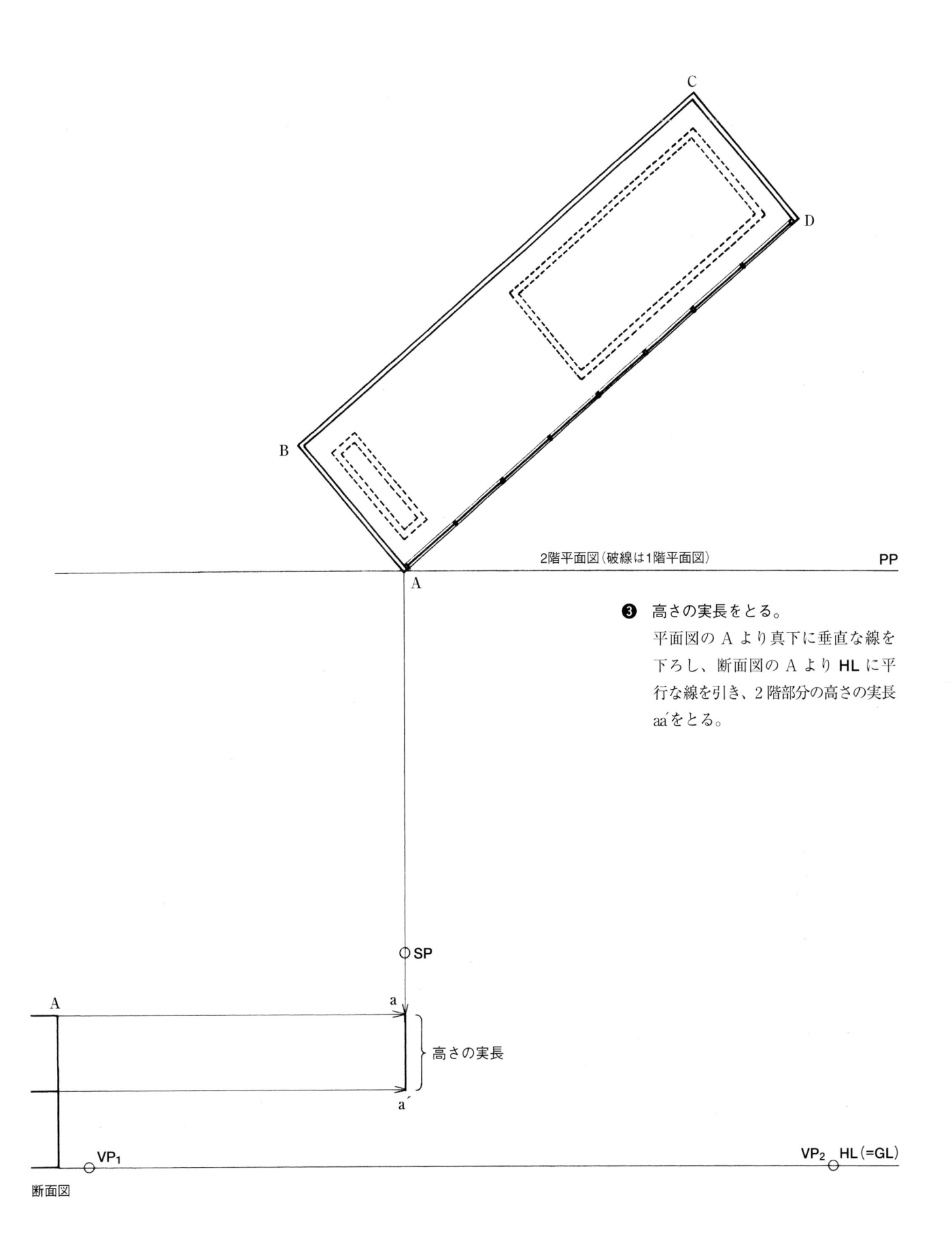

3-b ピロティーのある住宅を2消点で描く

2階平面図（破線は1階平面図）　　　PP

❸ 高さの実長をとる。

平面図のAより真下に垂直な線を下ろし、断面図のAよりHLに平行な線を引き、2階部分の高さの実長aa′をとる。

高さの実長

VP₁　　　　　　　　　　　　　　　　　　VP₂　HL（＝GL）

断面図

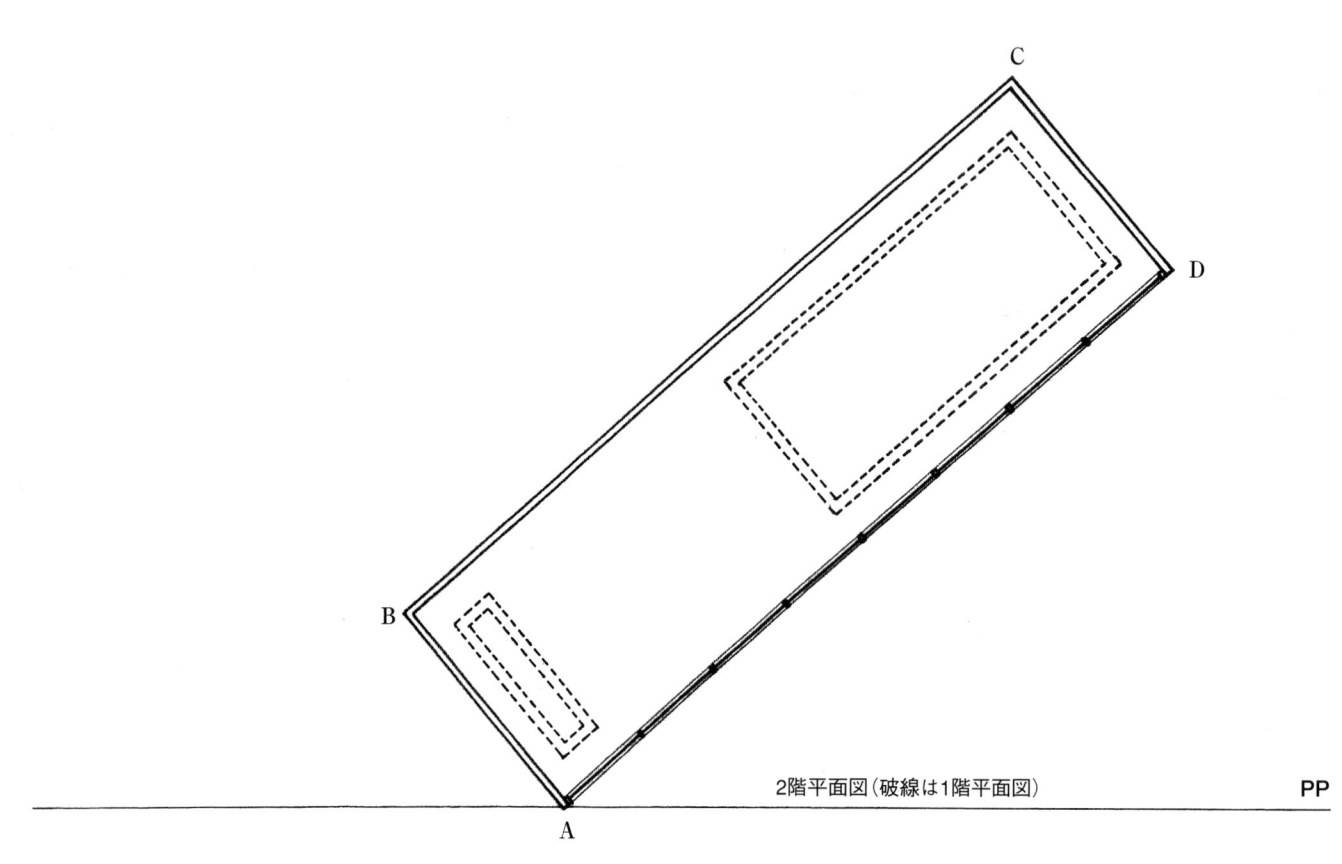

2階平面図（破線は1階平面図）　　　　PP

❹ パースラインを引く。
a、a'とVP₁およびa、a'とVP₂を結ぶパースラインを引く。

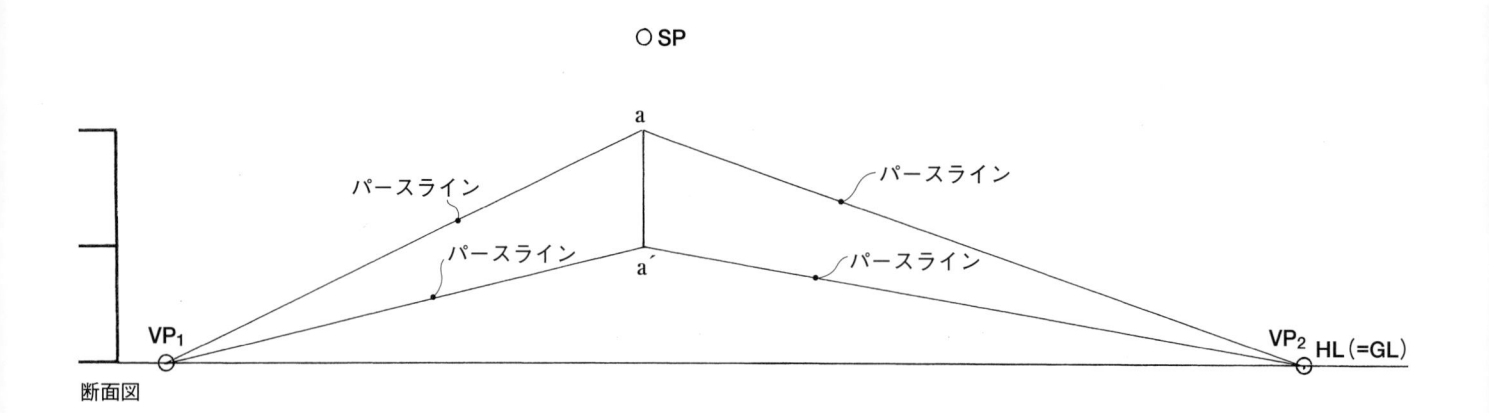

断面図

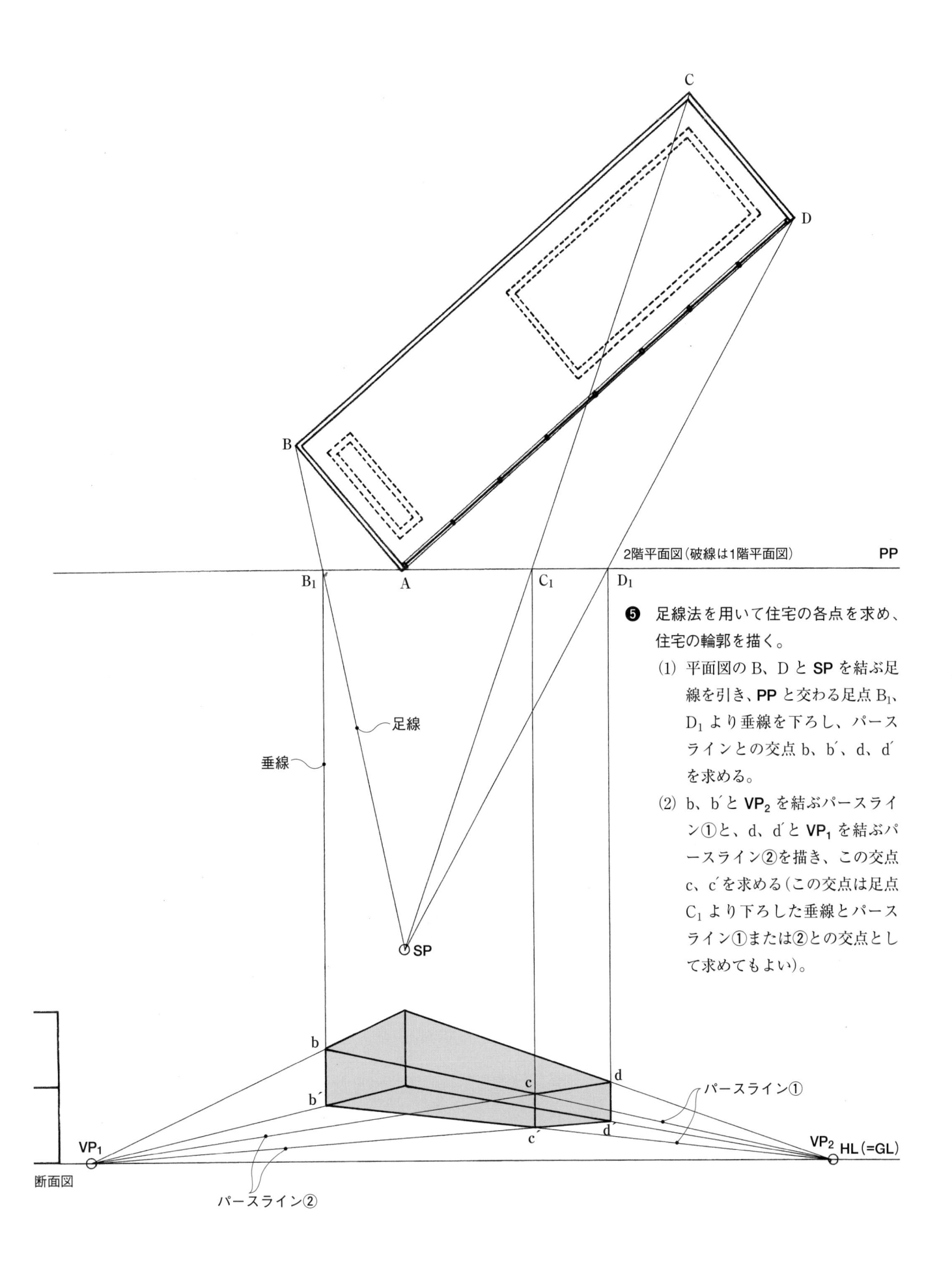

3-b ピロティーのある住宅を2消点で描く

2階平面図(破線は1階平面図)　PP

❺ 足線法を用いて住宅の各点を求め、住宅の輪郭を描く。

(1) 平面図のB、DとSPを結ぶ足線を引き、PPと交わる足点B_1、D_1より垂線を下ろし、パースラインとの交点b、b´、d、d´を求める。

(2) b、b´とVP_2を結ぶパースライン①と、d、d´とVP_1を結ぶパースライン②を描き、この交点c、c´を求める(この交点は足点C_1より下ろした垂線とパースライン①または②との交点として求めてもよい)。

断面図

パースライン①
パースライン②

第2章　まず足線法をマスターしよう

❻ 1階の X 部分を描く。
(1) 1階の平面図で E より AB に向けて垂直な線を延ばし I を求め、同様に F より延ばして J を求める。
(2) ❺と同様に平面図の I、J と SP を結ぶ足線を引き、I_1、J_1 を経て2階の最下端の i、j を求める。
(3) i、j と VP_2 を結ぶパースライン①を引く。

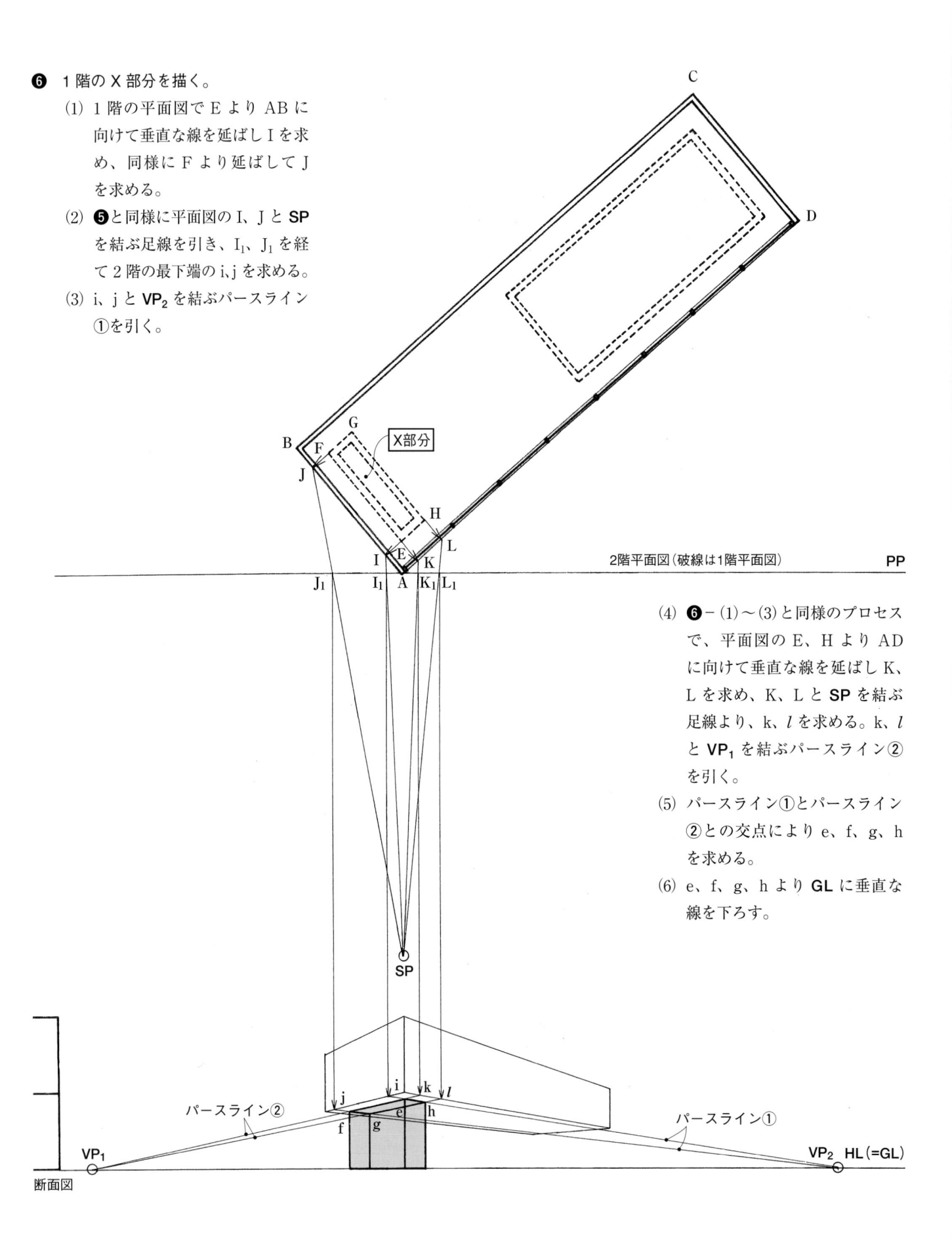

2階平面図（破線は1階平面図）　PP

(4) ❻-(1)〜(3)と同様のプロセスで、平面図の E、H より AD に向けて垂直な線を延ばし K、L を求め、K、L と SP を結ぶ足線より、k、l を求める。k、l と VP_1 を結ぶパースライン②を引く。
(5) パースライン①とパースライン②との交点により e、f、g、h を求める。
(6) e、f、g、h より GL に垂直な線を下ろす。

断面図

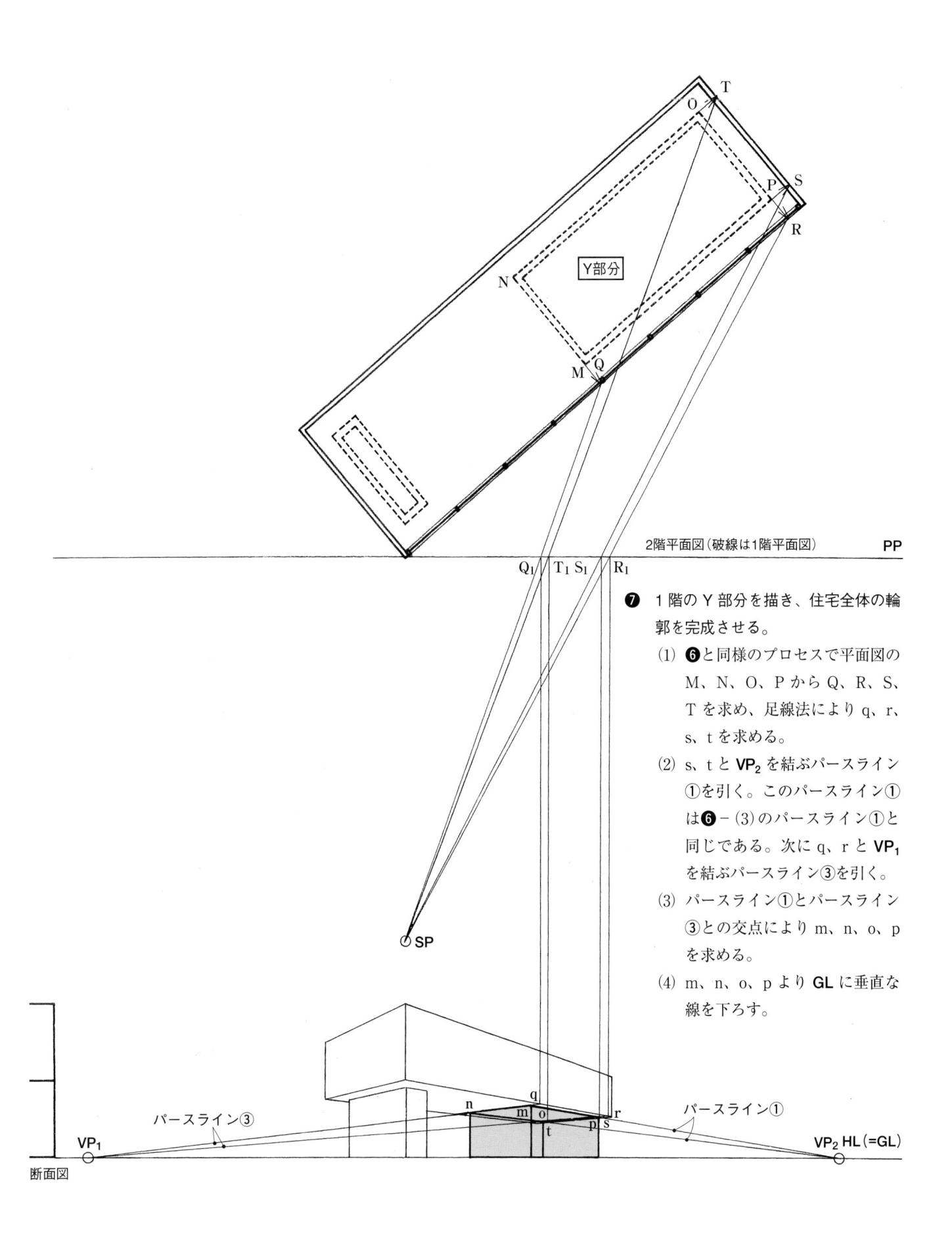

3-b ピロティーのある住宅を2消点で描く

2階平面図（破線は1階平面図）　PP

❼ 1階のY部分を描き、住宅全体の輪郭を完成させる。
  (1) ❻と同様のプロセスで平面図のM、N、O、PからQ、R、S、Tを求め、足線法によりq、r、s、tを求める。
  (2) s、tとVP$_2$を結ぶパースライン①を引く。このパースライン①は❻-(3)のパースライン①と同じである。次にq、rとVP$_1$を結ぶパースライン③を引く。
  (3) パースライン①とパースライン③との交点によりm、n、o、pを求める。
  (4) m、n、o、pよりGLに垂直な線を下ろす。

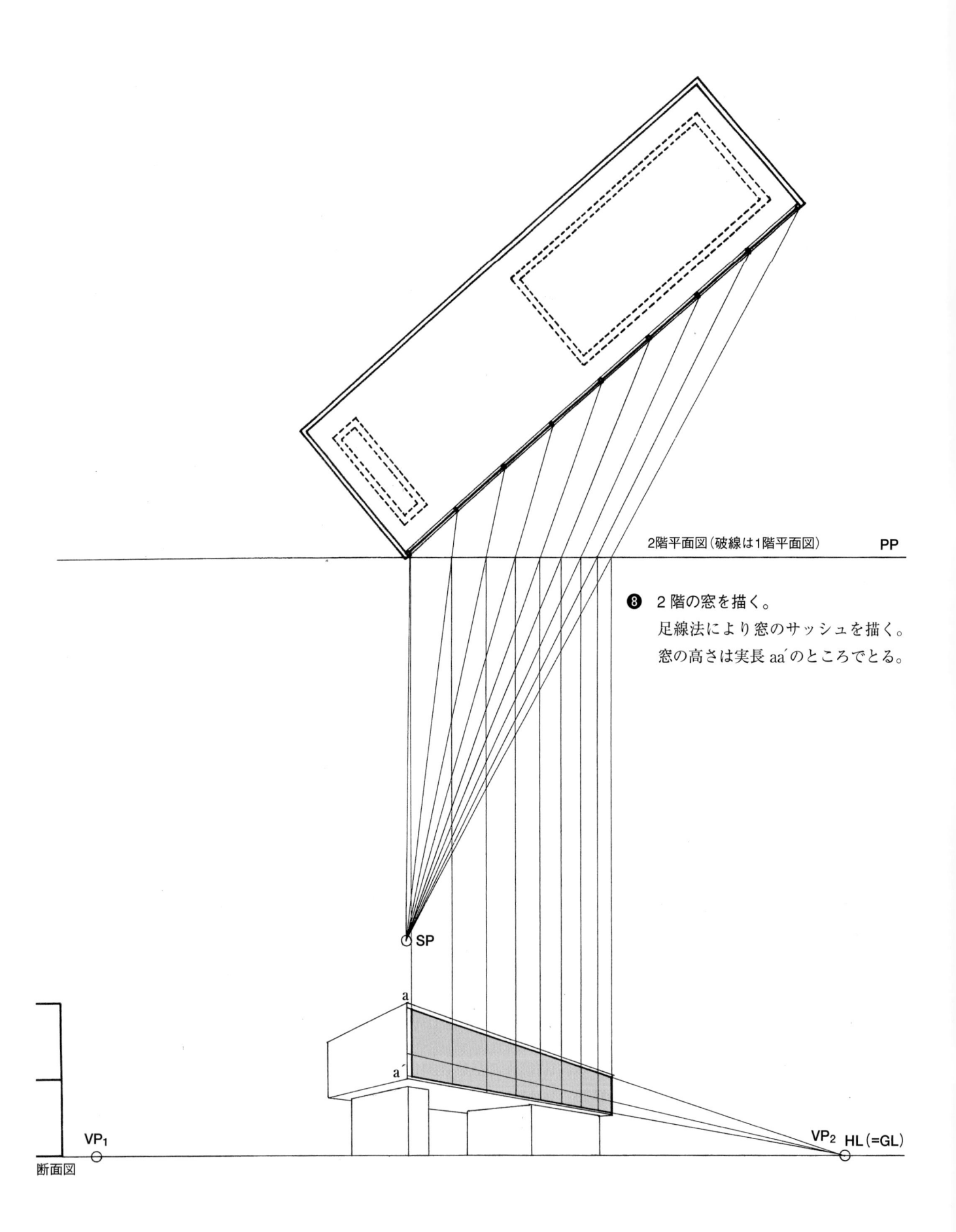

2階平面図（破線は1階平面図）　　PP

❽ 2階の窓を描く。
　足線法により窓のサッシュを描く。
　窓の高さは実長 aa′ のところでとる。

SP

a
a′

VP₁
断面図

VP₂　HL（=GL）

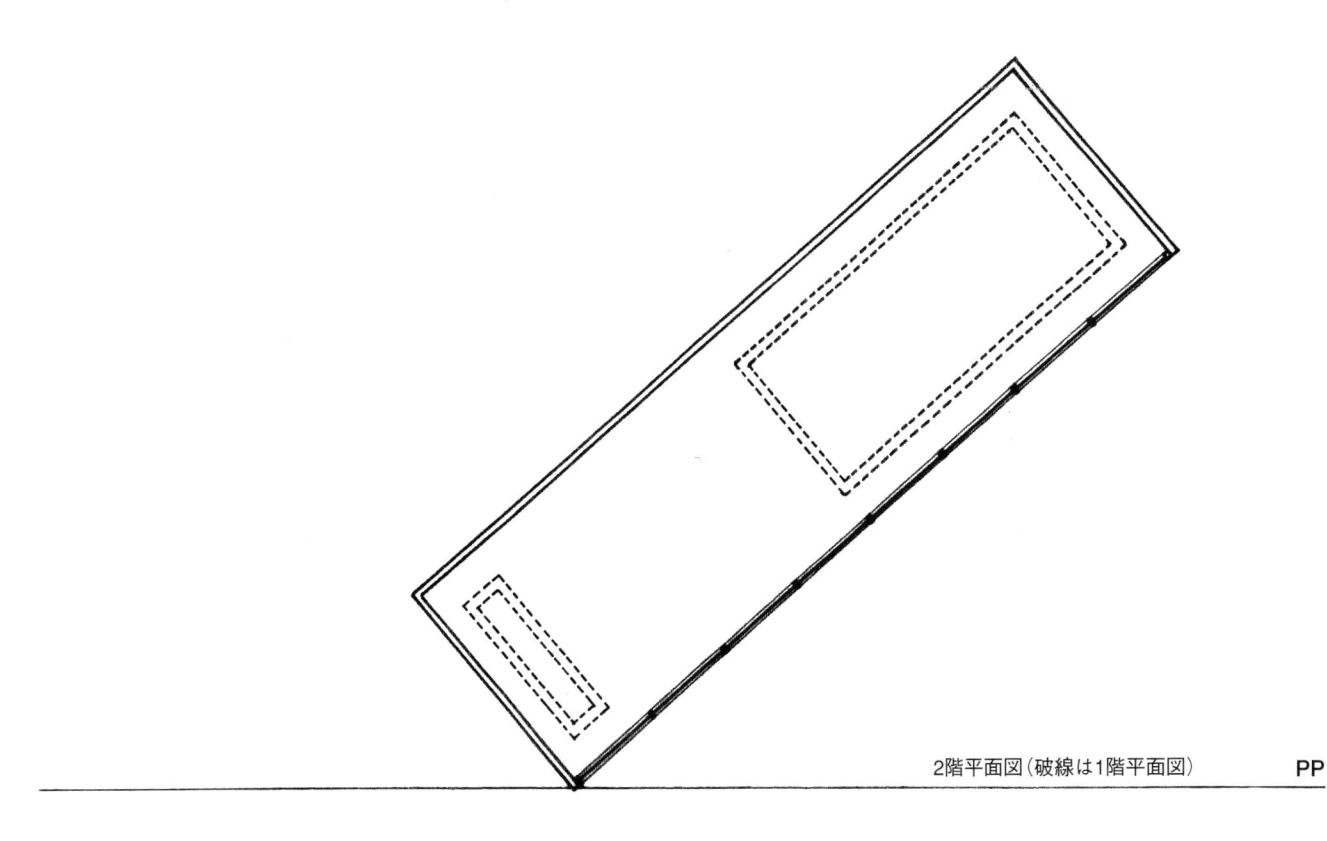

3-b ピロティーのある住宅を2消点で描く

2階平面図（破線は1階平面図）　PP

❾ 窓枠を描いて完成させる。

　足線法またはデッサンにより窓枠を描く。

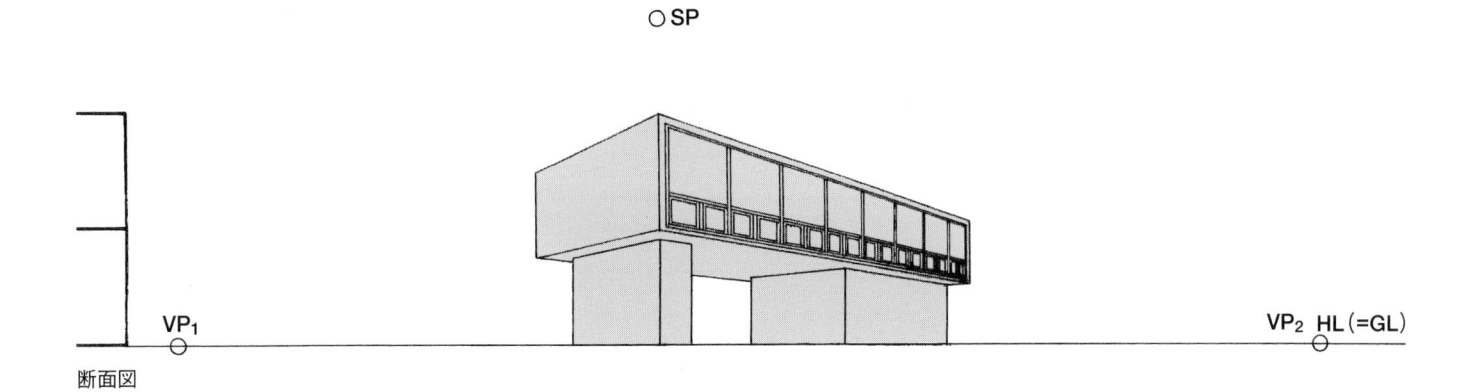

○ SP

VP₁　　　　　　　　　　　　　　　　　　　　　　　VP₂　HL（=GL）

断面図

3-c ダイニングキッチンを2消点で描く

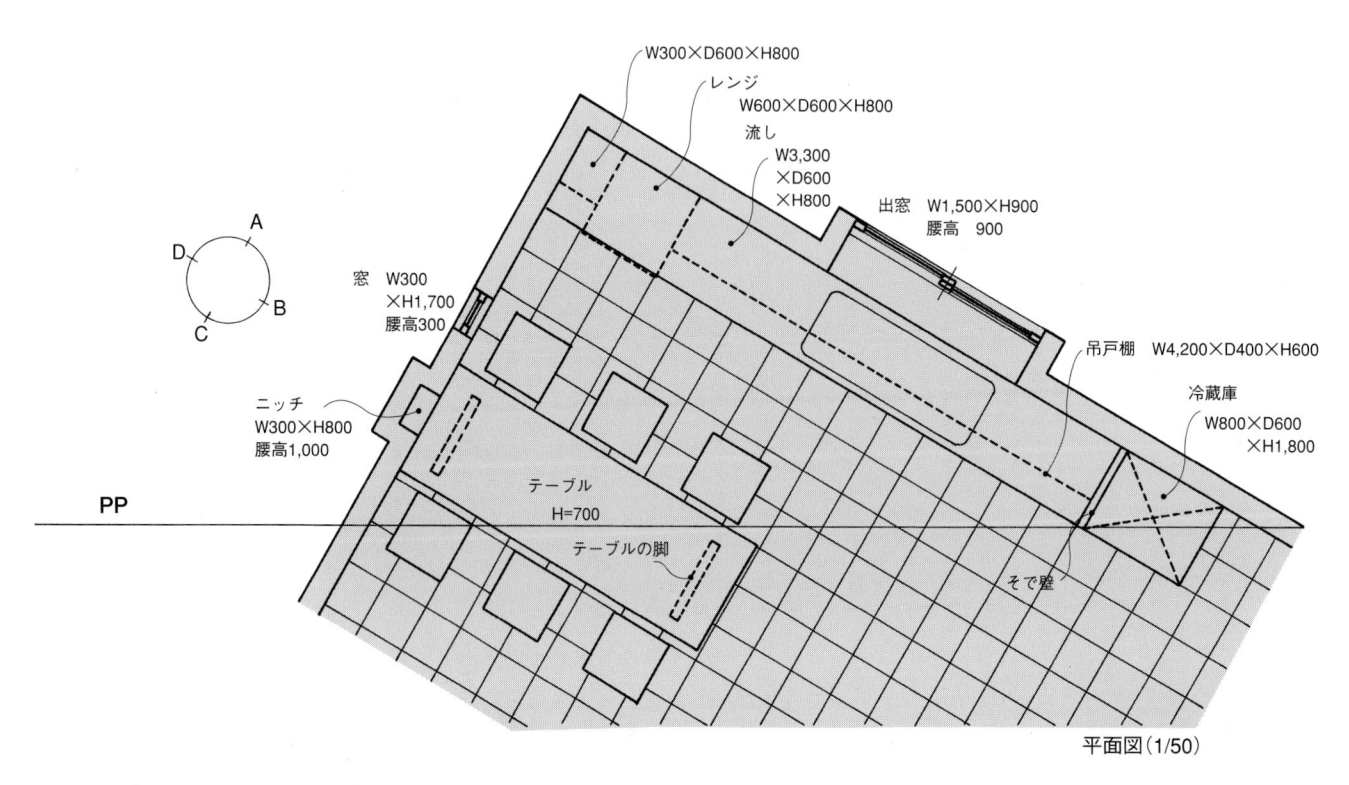

平面図（1/50）

レンジ W300×D600×H800
W600×D600×H800
流し W3,300×D600×H800
出窓 W1,500×H900 腰高 900
窓 W300×H1,700 腰高300
吊戸棚 W4,200×D400×H600
冷蔵庫 W800×D600×H1,800
ニッチ W300×H800 腰高1,000
テーブル H=700
テーブルの脚
そで壁

PP

❶ PP、HL、GL を引き、SP をとる。

○ SP

天井高 2,400

HL

GL

断面図

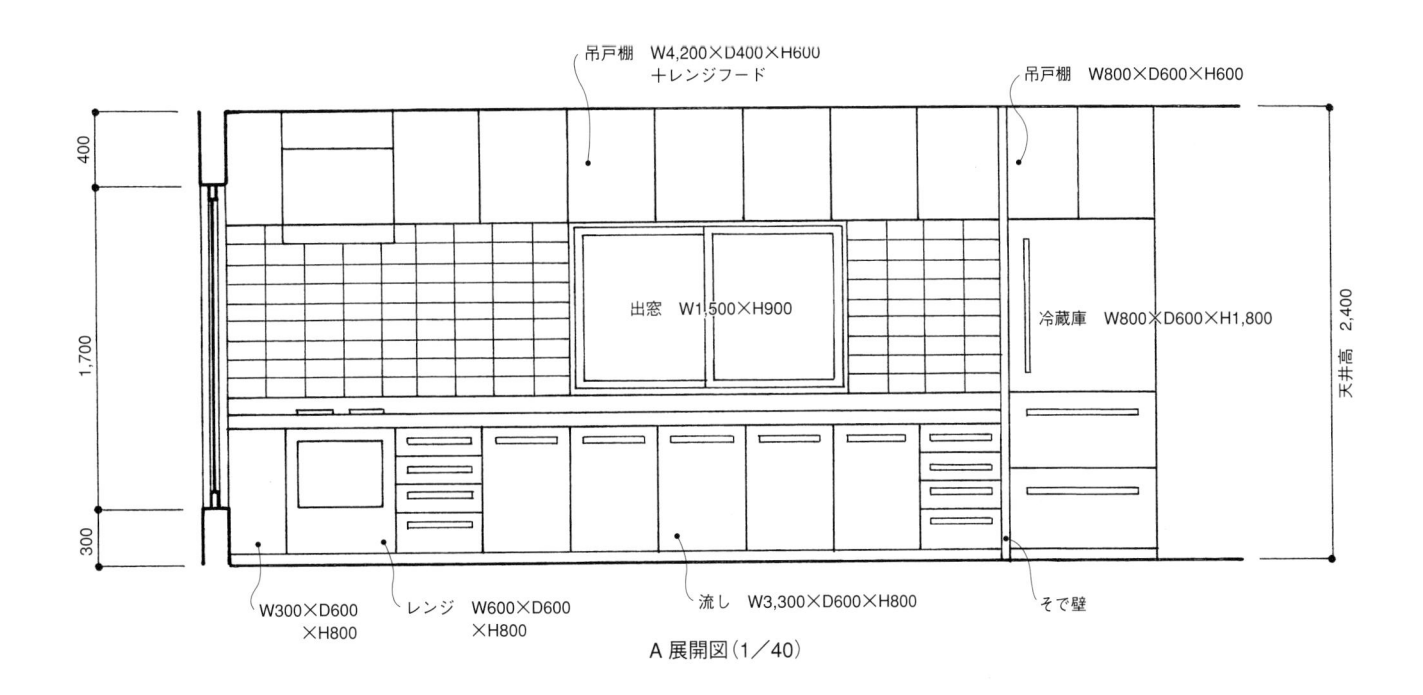

吊戸棚 W4,200×D400×H600
＋レンジフード

吊戸棚 W800×D600×H600

出窓 W1,500×H900

冷蔵庫 W800×D600×H1,800

400
1,700
300

天井高 2,400

W300×D600
×H800

レンジ W600×D600
×H800

流し W3,300×D600×H800

そで壁

A 展開図（1／40）

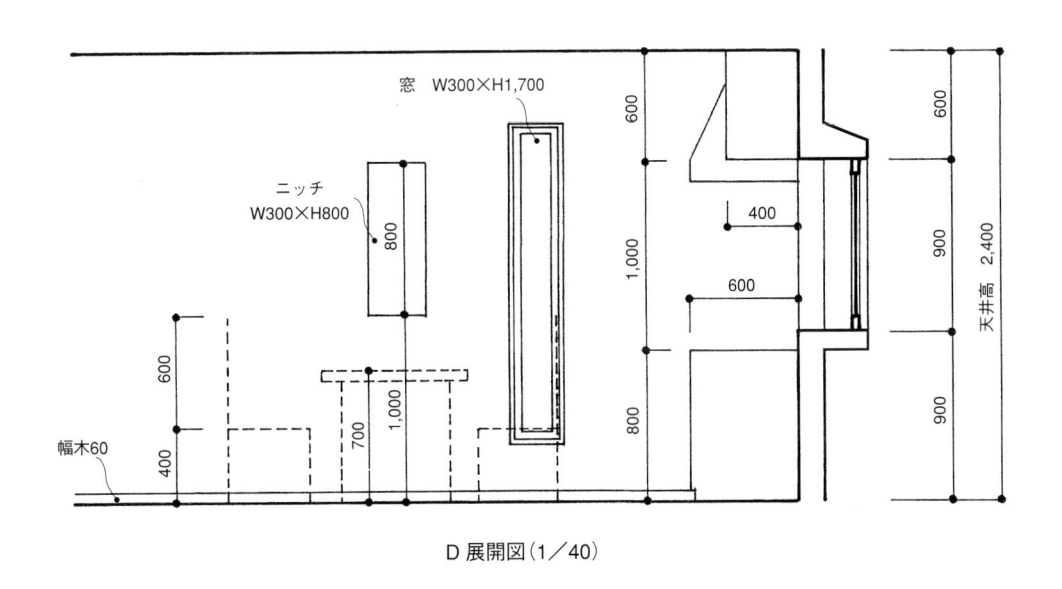

窓 W300×H1,700

ニッチ
W300×H800

幅木60

600
800
400
700
1,000
1,000
800
400
600
600
900
900

天井高 2,400

D 展開図（1／40）

第2章　まず足線法をマスターしよう　69

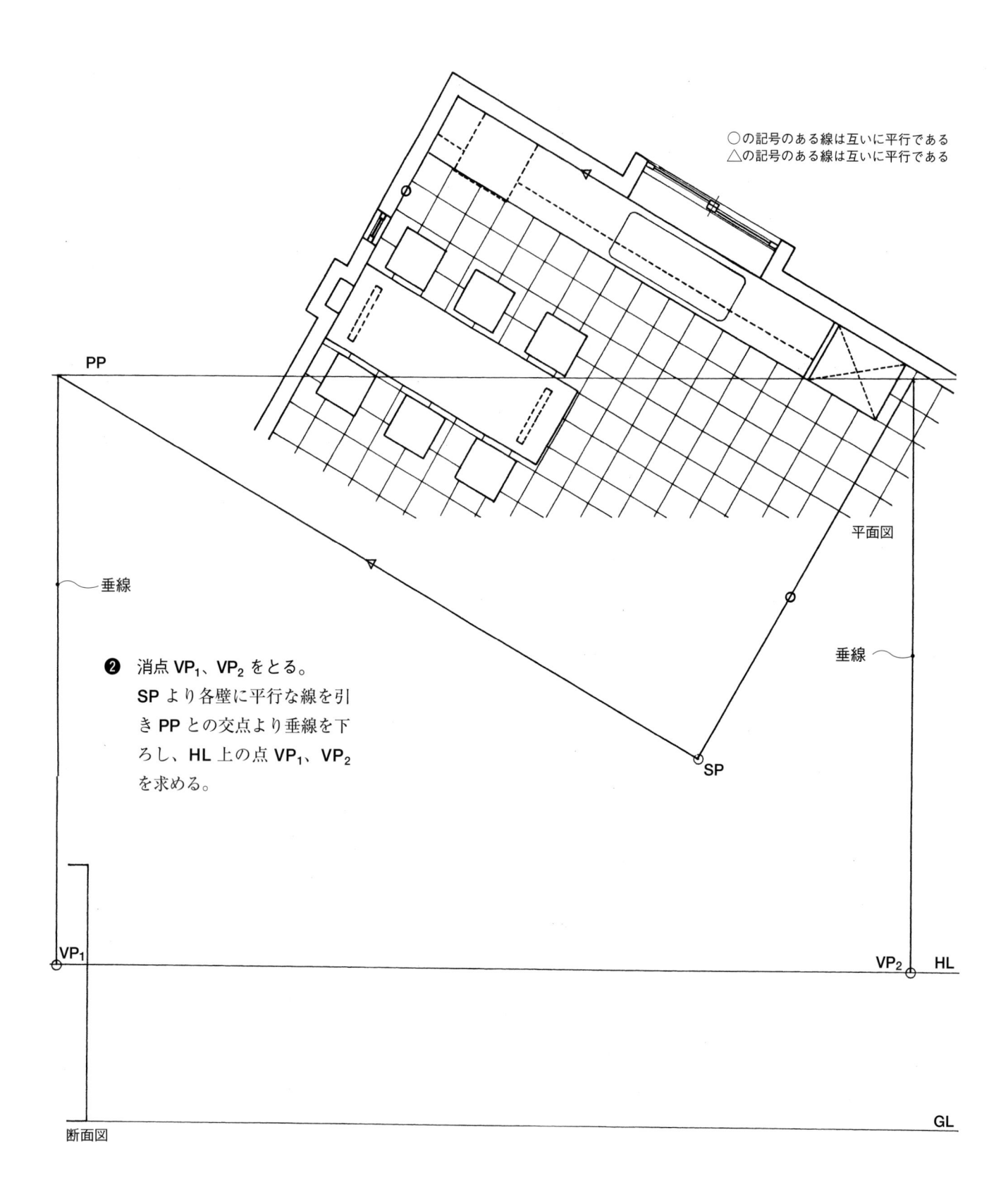

○の記号のある線は互いに平行である
△の記号のある線は互いに平行である

PP

垂線

平面図

垂線

SP

❷ 消点 VP₁、VP₂ をとる。
SP より各壁に平行な線を引き PP との交点より垂線を下ろし、HL 上の点 VP₁、VP₂ を求める。

VP₁　　　　　　　　　　　　　　　VP₂　HL

GL

断面図

3-c ダイニングキッチンを2消点で描く

PP

平面図

❸ ダイニングキッチンの実長面を描く。

平面図のA、Bの真下にダイニングキッチンの天井高の実長aa′、bb′をとり、さらに長さの実長ab、a′b′をとる。

○ SP

ここでダイニングキッチンの長さの実長をとる

VP₁ — — VP₂ — HL

ここでダイニングキッチンの天井高の実長をとる

GL

断面図

第2章 まず足線法をマスターしよう 71

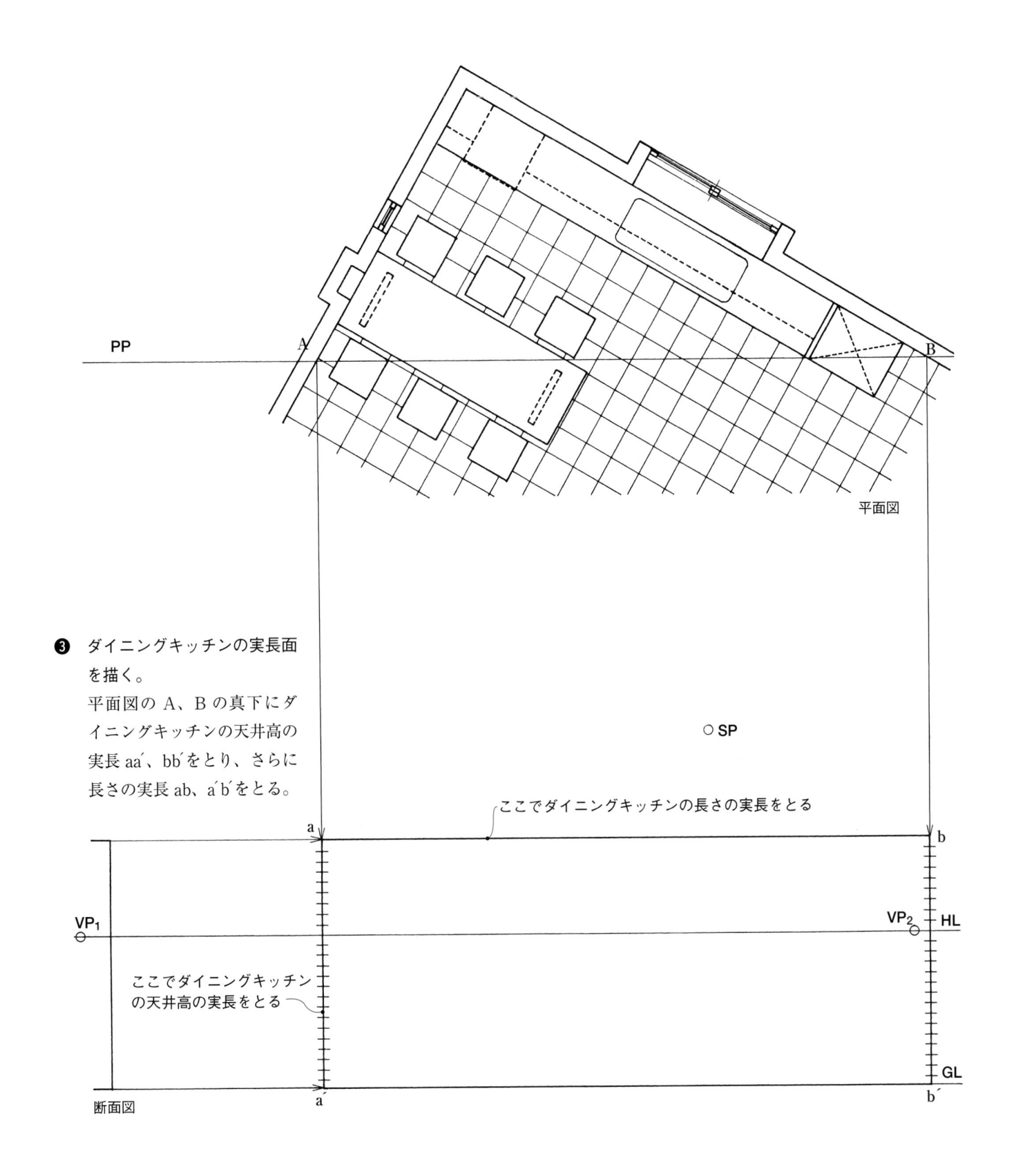

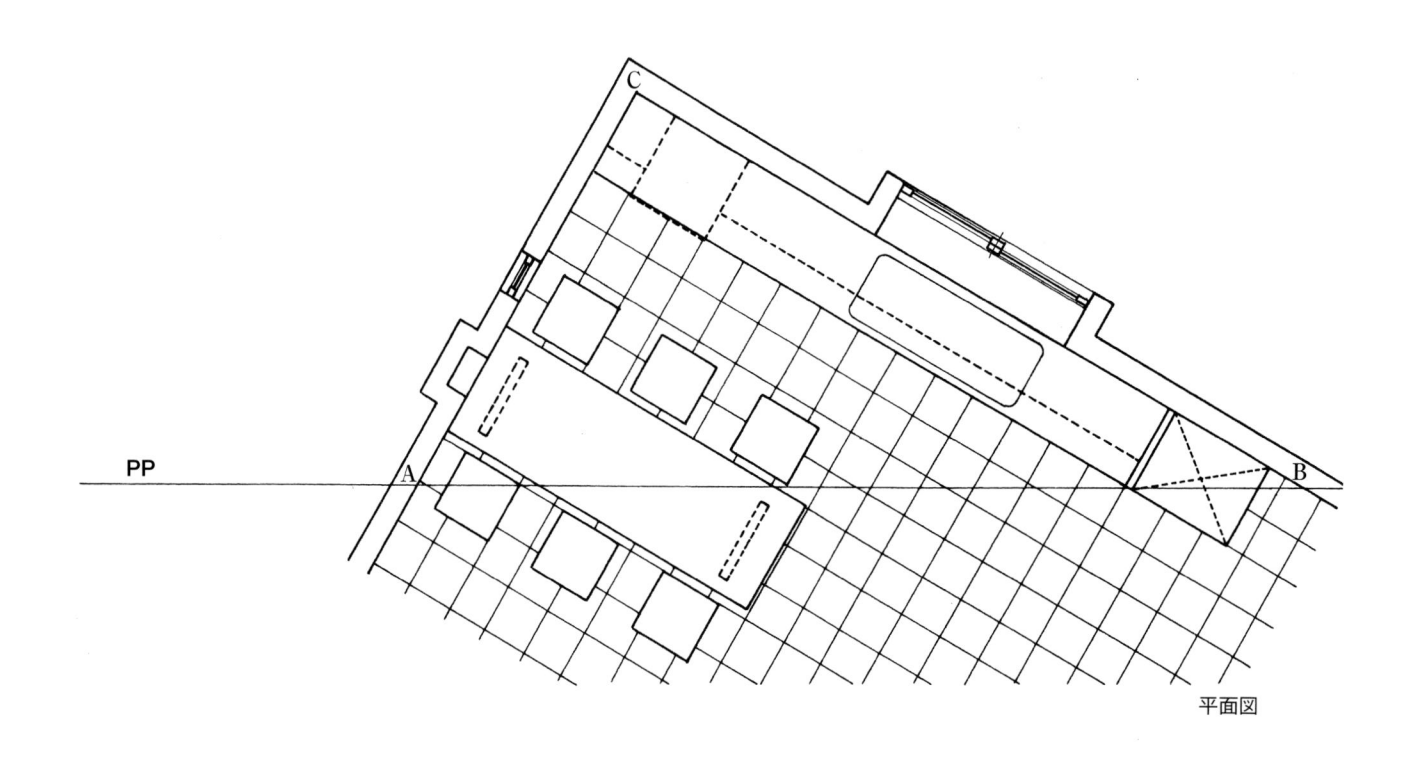

平面図

❹ パースラインを引く。
　a、a´と VP₂ および b、b´と VP₁ を結ぶパースラインを引き、その交点 c、c´を求める（c、c´は平面図の C と SP を結ぶ足線により求めてもよい）。

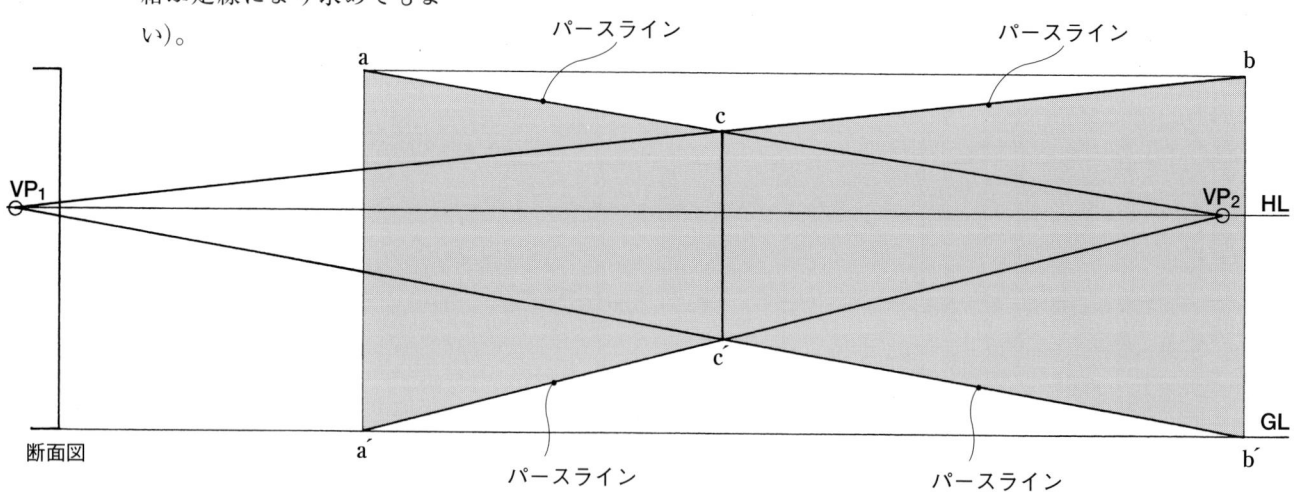

○SP

断面図

3-c ダイニングキッチンを2消点で描く

平面図

❺ 流し、レンジなどの輪郭を描く。
(1) 平面図のEの真下に流しの高さの実長 ee′ をとり、e、e′ と VP₁、VP₂ を結ぶパースラインを引く。
(2) 平面図のD、FとSPを結ぶ足線を引き、足点 D₁、F₁ を経て d、d′、f、f′ を求める。この各点を結び、流し、レンジなどの輪郭を描く。

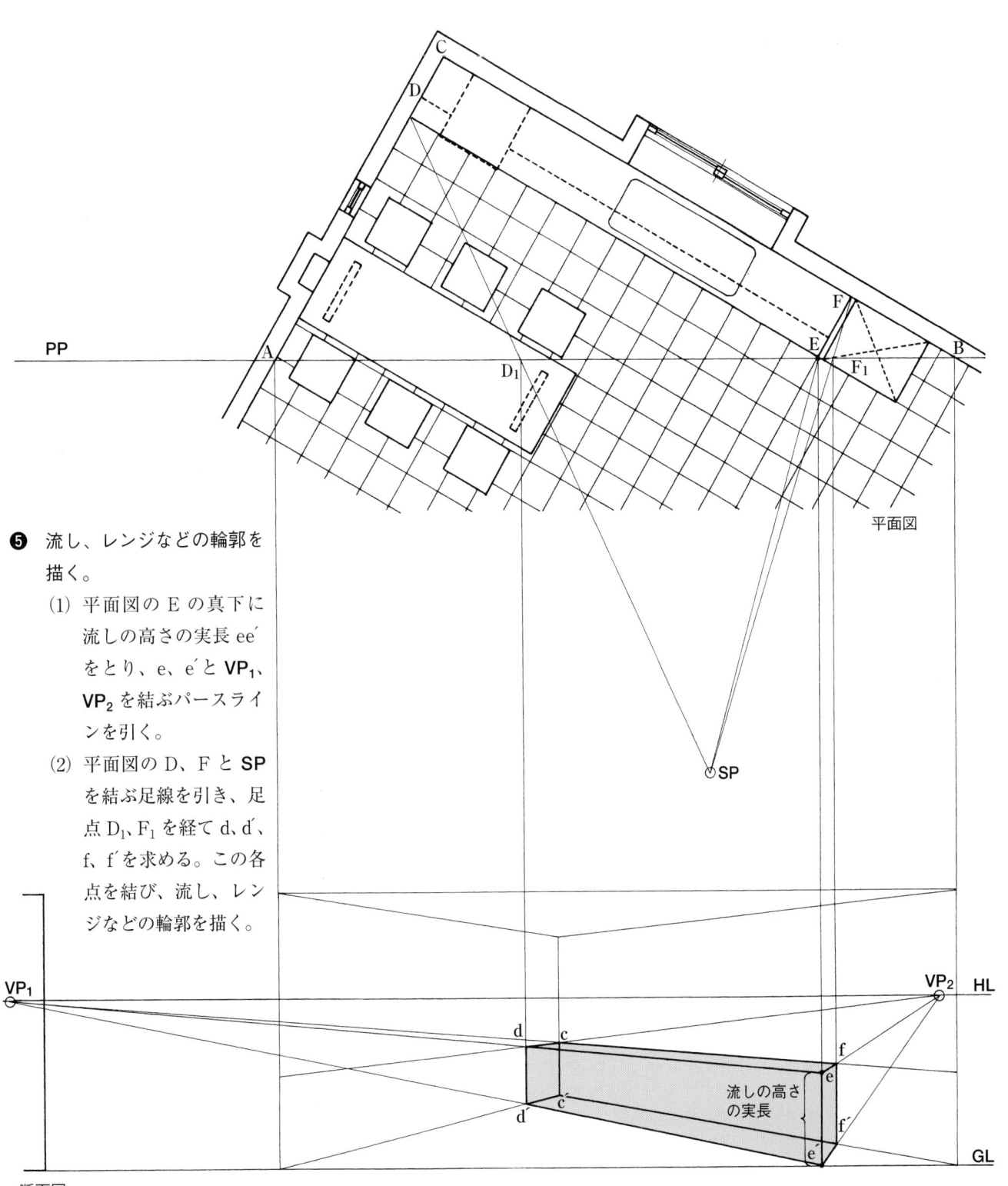

流しの高さの実長

断面図

❻ テーブルの輪郭を描く。
  (1) ❺と同様に平面図 H、K の真下にテーブルの高さの実長 hh′、kk′ をとり、それぞれから **VP₁** にパースラインを引く。
  (2) 平面図の G、I、J、L と **SP** を結ぶ足線を引き、足点 G_1、I_1、J_1、L_1 を経て、g、g′、i、i′、j、j′、l、l′ を求める。この各点を結び、テーブルの輪郭を描く。

平面図

SP

VP₁ HL VP₂

断面図

テーブルの高さの実長

テーブルの高さの実長

GL

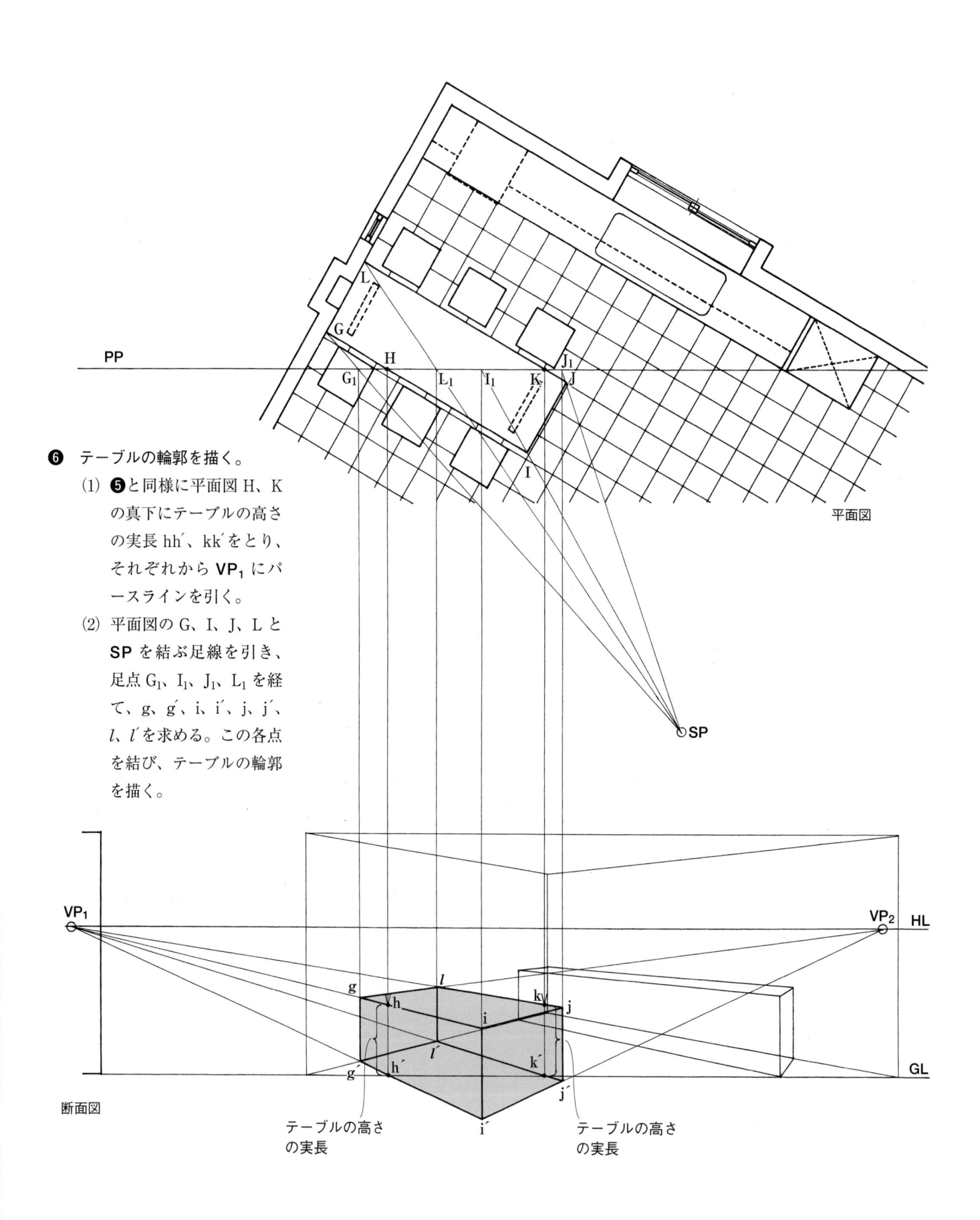

3-c ダイニングキッチンを2消点で描く

❼ 吊戸棚の輪郭を描く。
(1) 平面図のA、Bの真下の実長面で、吊戸棚の高さの実長 aa″、bb″ をとる。
(2) a、a″ と VP_2 を結ぶパースライン①を描き、b、b″ と VP_1 を結ぶパースライン②を描く。
(3) 平面図のM、N、F、C と SP を結ぶ足線を引き、足点 M_1、N_1、F_1、C_1 を経て m、m′、n、n′、f″、f‴、c″、c‴ を求める。この交点を結び、吊戸棚の輪郭を描く。

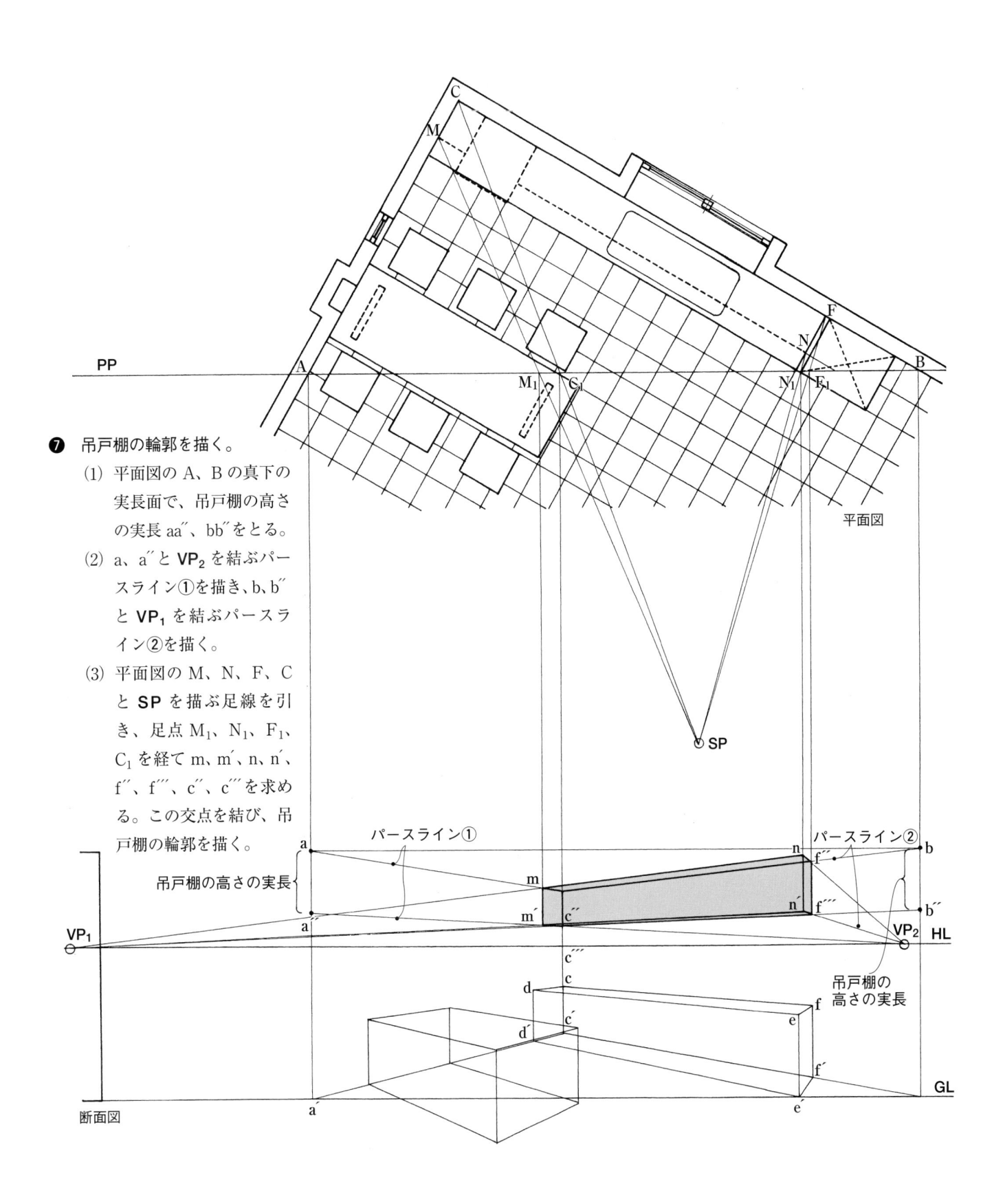

第2章 まず足線法をマスターしよう

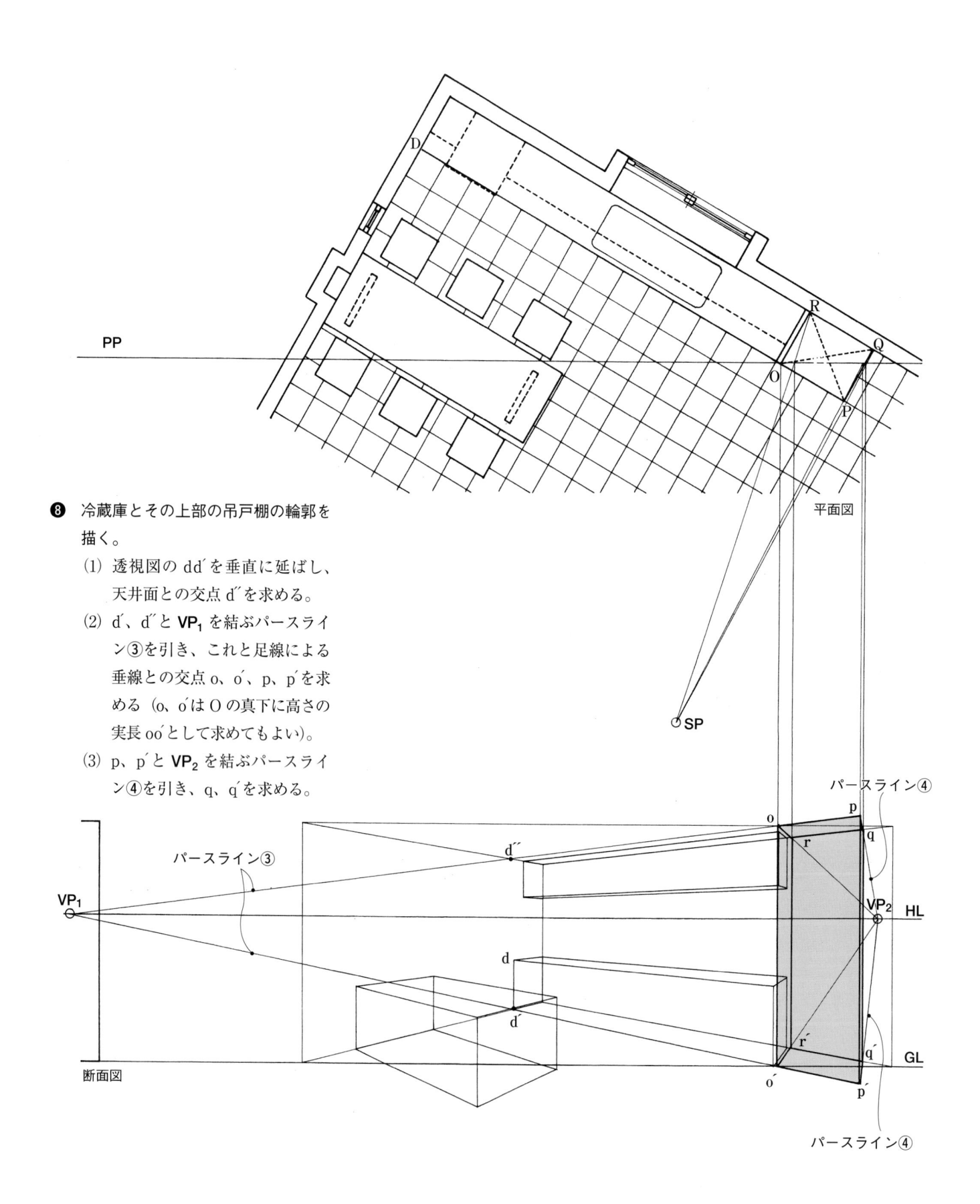

❽ 冷蔵庫とその上部の吊戸棚の輪郭を描く。
(1) 透視図の dd´ を垂直に延ばし、天井面との交点 d″ を求める。
(2) d´、d″ と VP₁ を結ぶパースライン③を引き、これと足線による垂線との交点 o、o´、p、p´ を求める (o、o´ は O の真下に高さの実長 oo´ として求めてもよい)。
(3) p、p´ と VP₂ を結ぶパースライン④を引き、q、q´ を求める。

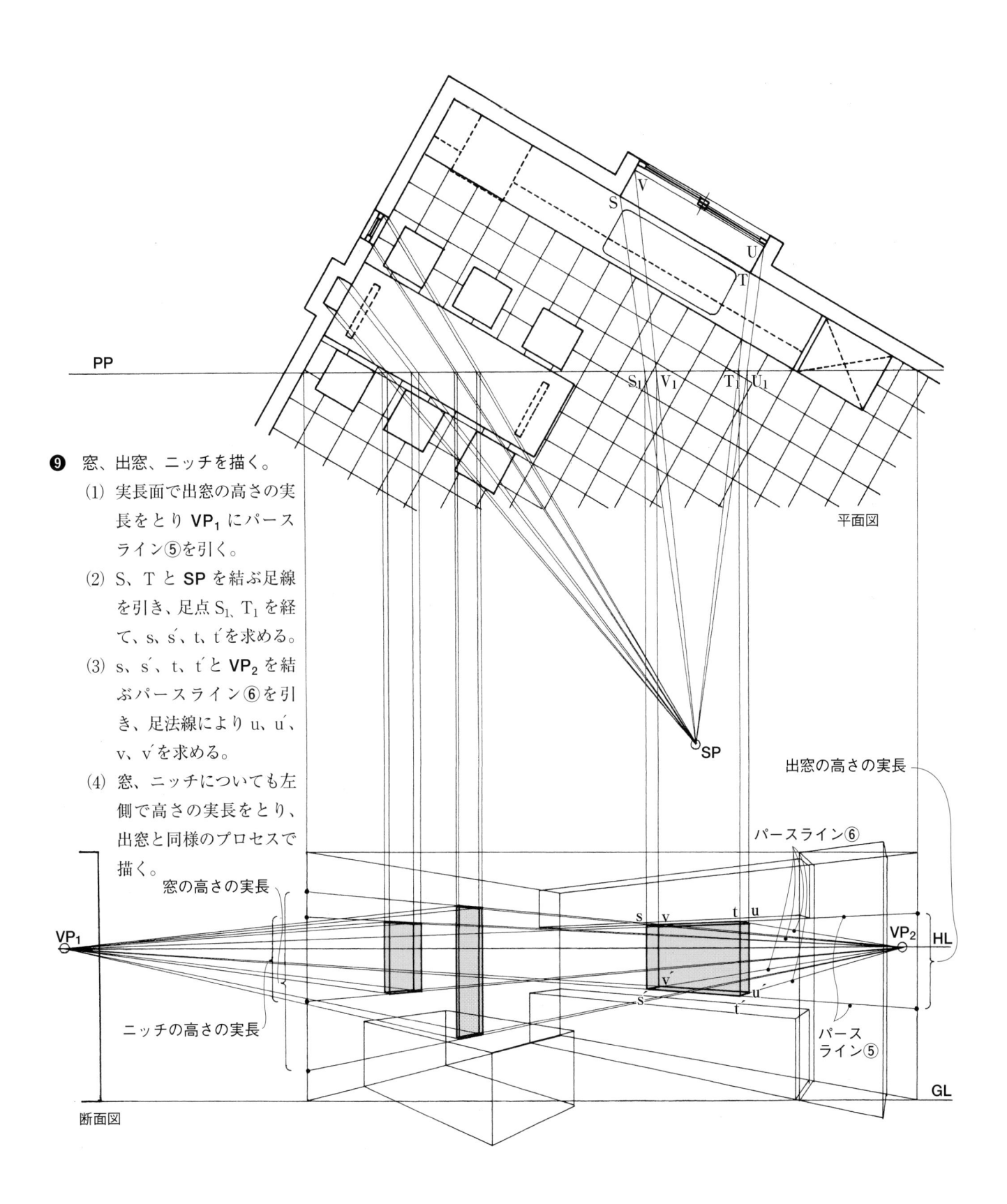

3-c ダイニングキッチンを2消点で描く

❾ 窓、出窓、ニッチを描く。
(1) 実長面で出窓の高さの実長をとり VP_1 にパースライン⑤を引く。
(2) S、T と SP を結ぶ足線を引き、足点 S_1、T_1 を経て、s、s'、t、t' を求める。
(3) s、s'、t、t' と VP_2 を結ぶパースライン⑥を引き、足法線により u、u'、v、v' を求める。
(4) 窓、ニッチについても左側で高さの実長をとり、出窓と同様のプロセスで描く。

平面図

断面図

第2章 まず足線法をマスターしよう

❿ 3脚の椅子全体の輪郭を描き、各椅子の細部を描く。
(1) 平面図Wの真下に椅子の背の高さの実長ww'をとり、ww'とVP_2を結ぶパースラインを引く。
(2) 足線法により(w_1)、(w_1')、w_2、w_2'をとる。
(3) (w_1)、(w_1')、w_2、w_2'とVP_1を結ぶパースラインを引き、延長する。
(4) 足線法により(w_3)、(w_3')、w_4、w_4'をとる。
(5) デッサンにより(w_3)、(w_3')をw_3、w_3'の位置に、(w_1)、(w_1')をw_1、w_1'の位置に視覚補正する。平面図でW_1、W_3のように、対象の点がSPに近く、端にある場合は、図法上正確でも視覚上ゆがんで見えることがあるので、視覚補正を行う。視覚補正はデッサンで行う。
(6) 奥にある3脚の椅子の輪郭も同様の方法で行う。

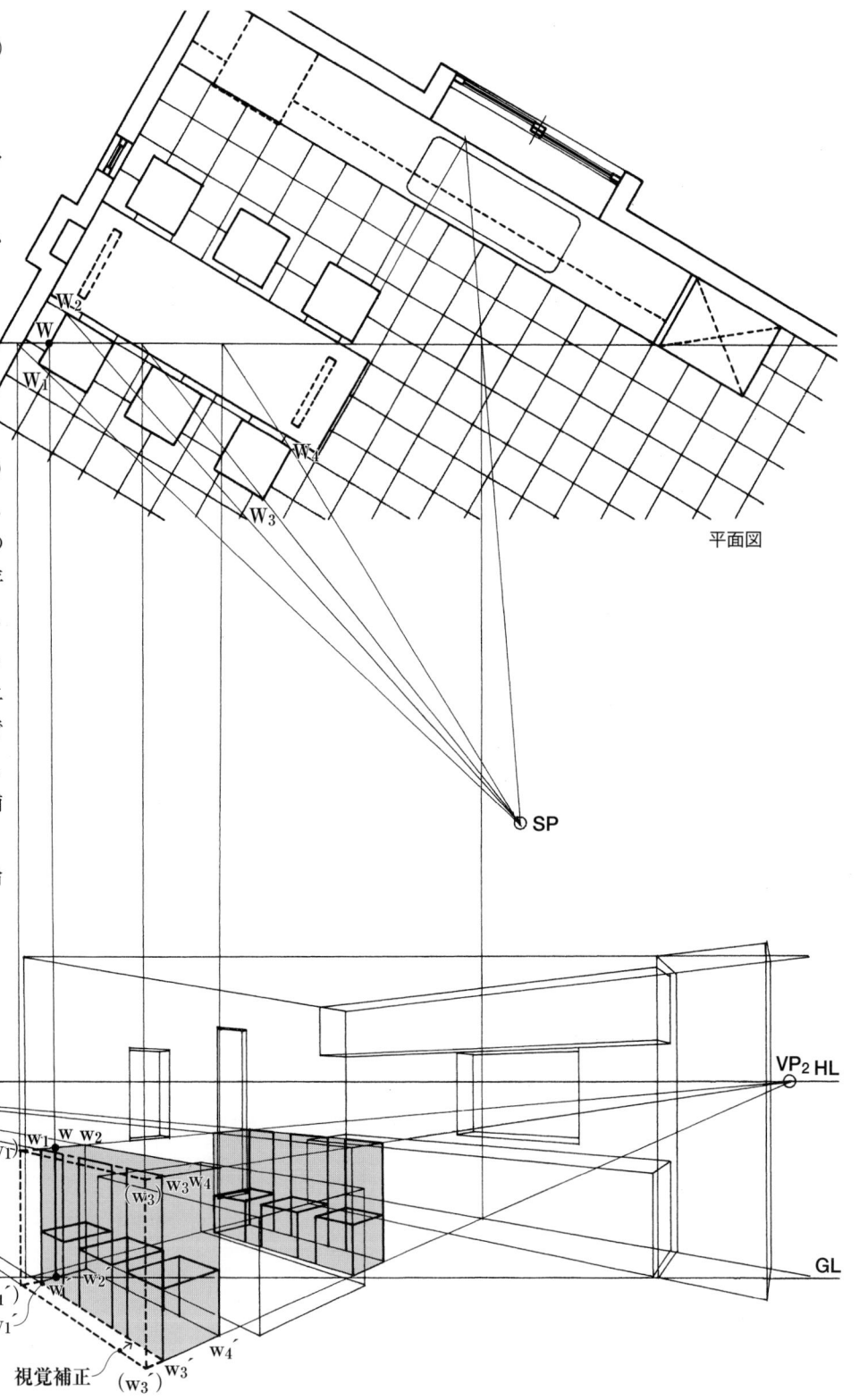

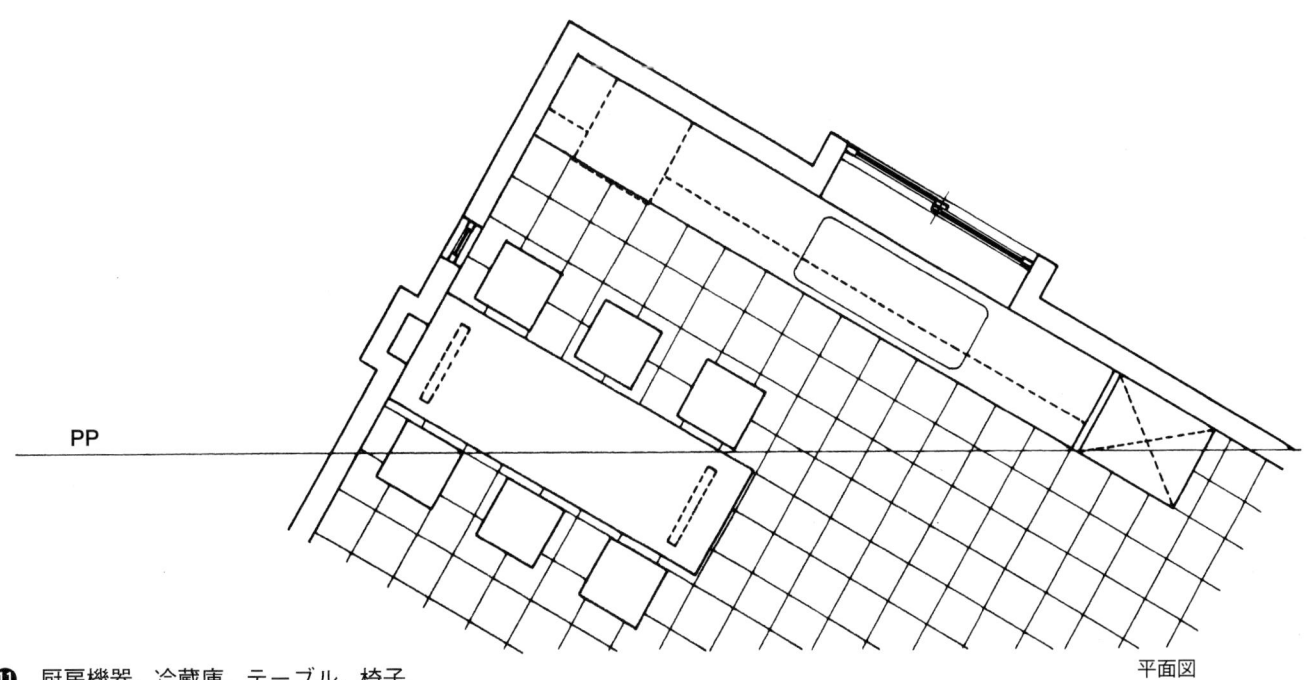

3-c　ダイニングキッチンを 2 消点で描く

平面図

PP

❶ 厨房機器、冷蔵庫、テーブル、椅子、
窓の細部を描く。
展開図をもとにして、足線法または
デッサンにより細部を描く。

○SP

VP₁　　　　　　　　　　　　　　　　　　　　　　　　　VP₂　HL

GL

第 2 章　まず足線法をマスターしよう　79

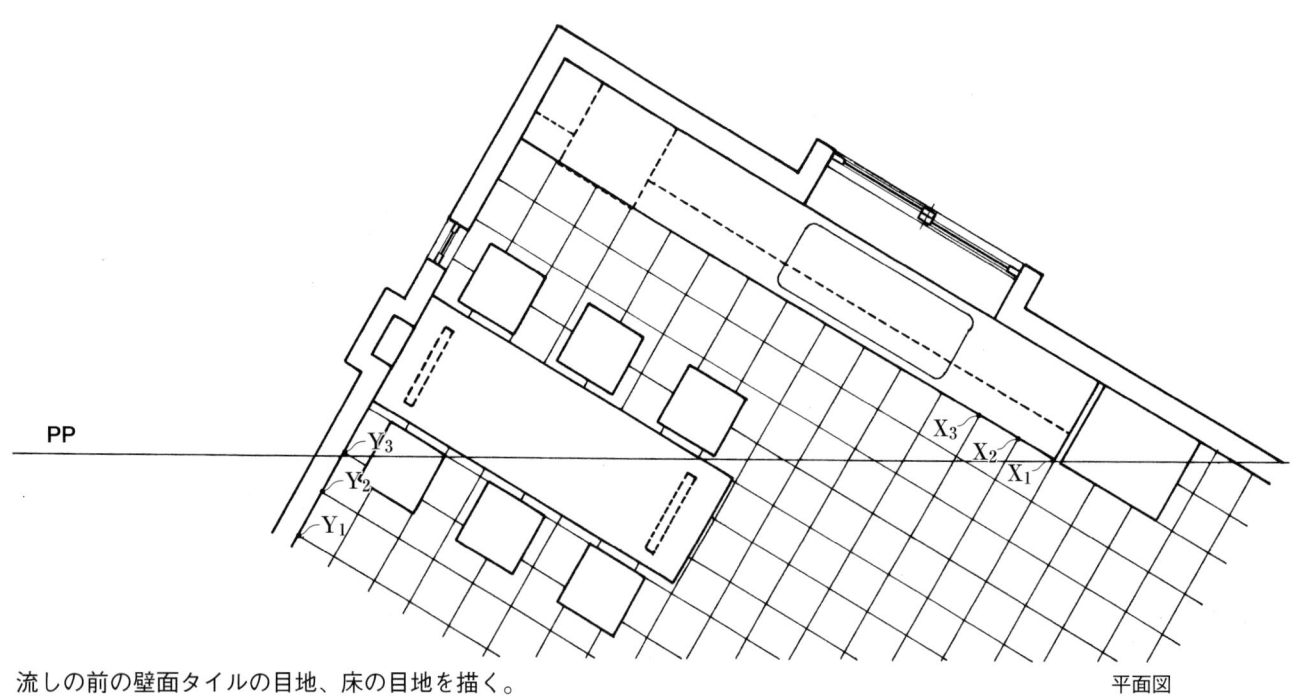

平面図

⓬ 流しの前の壁面タイルの目地、床の目地を描く。
  (1) 壁面タイルは、❾の窓、出窓、ニッチの描き方と同様に行う。タイルの高さは10cmなので71ページの❸のようにaa′、bb′に、その縮尺において10cmに相当する目盛をとると描きやすい。
  (2) 床のタイルは厨房機器と床がぶつかるところ（たとえば $X_1 \sim X_3$ など）あるいは壁と床がぶつかるところ（たとえば $Y_1 \sim Y_3$ など）を足線法により求めて、パースラインを描く。ただし平面図で手前の3脚の椅子に近いところの床のタイル目地は透視図において、78ページの❿－(5)と同様に視覚補正を行なう。

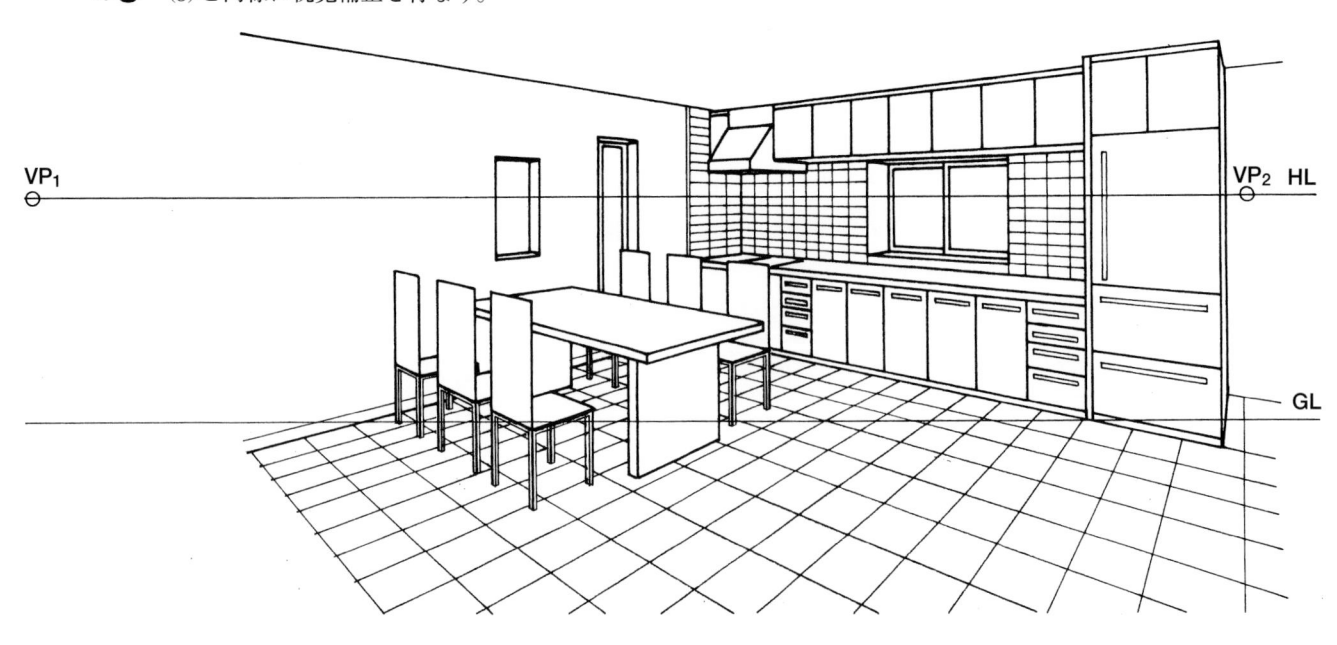

3-d 研修所を片方の消点で描く

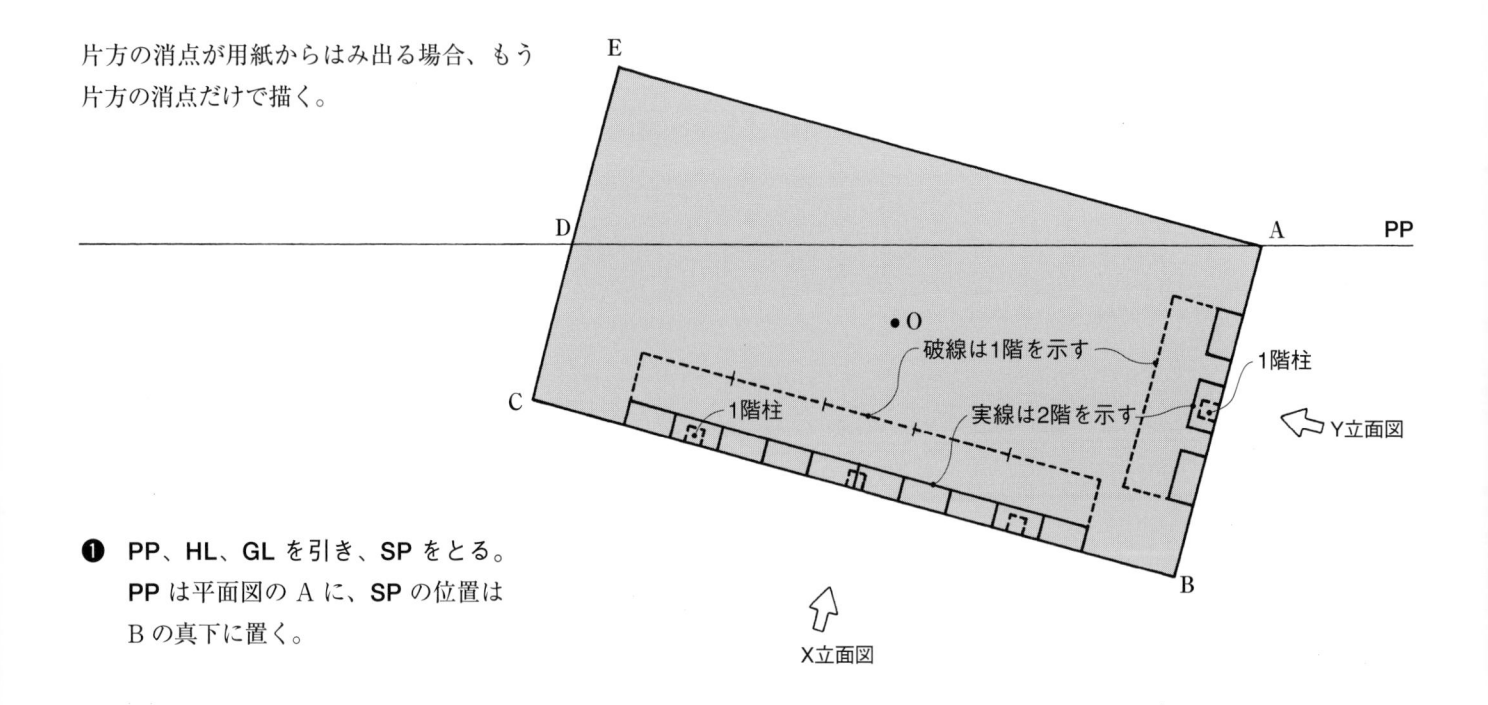

片方の消点が用紙からはみ出る場合、もう片方の消点だけで描く。

❶ PP、HL、GL を引き、SP をとる。
PP は平面図の A に、SP の位置は B の真下に置く。

<ポイント解説>

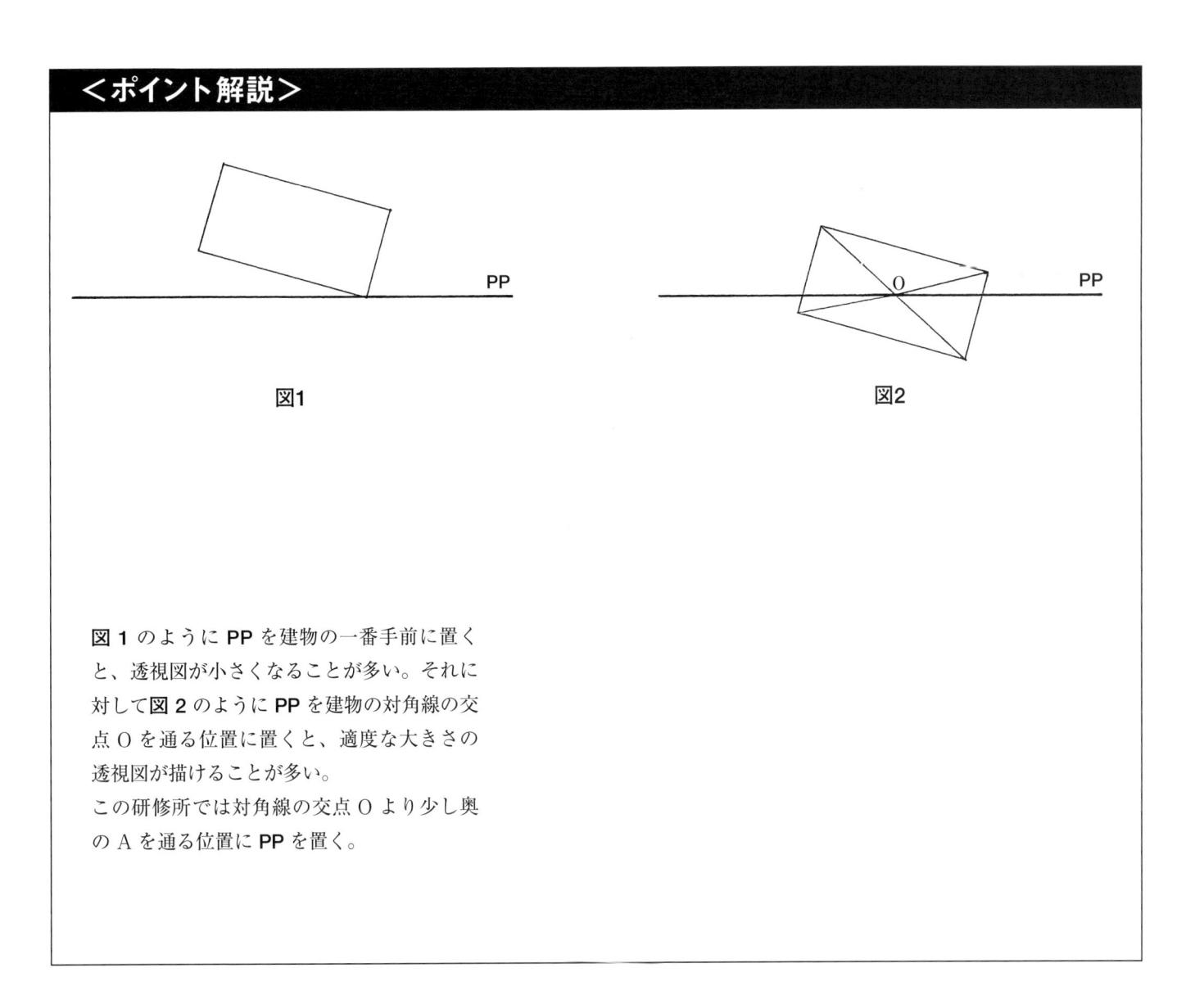

図1

図2

図1のように PP を建物の一番手前に置くと、透視図が小さくなることが多い。それに対して**図2**のように PP を建物の対角線の交点 O を通る位置に置くと、適度な大きさの透視図が描けることが多い。
この研修所では対角線の交点 O より少し奥の A を通る位置に PP を置く。

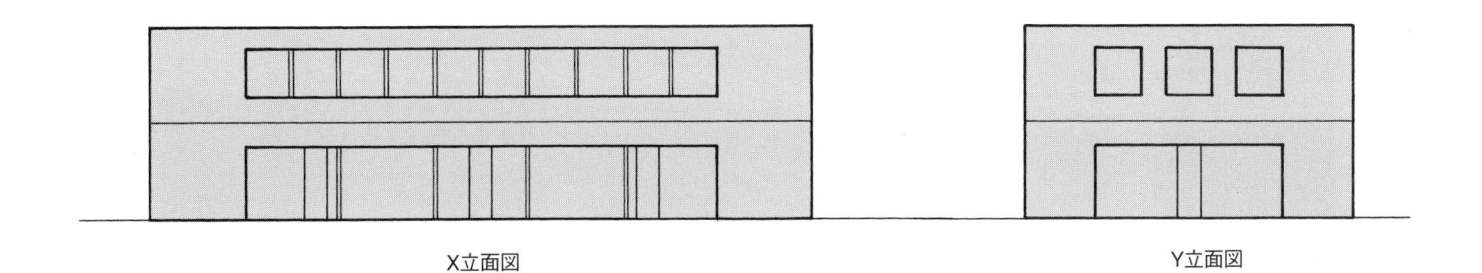

X立面図

Y立面図

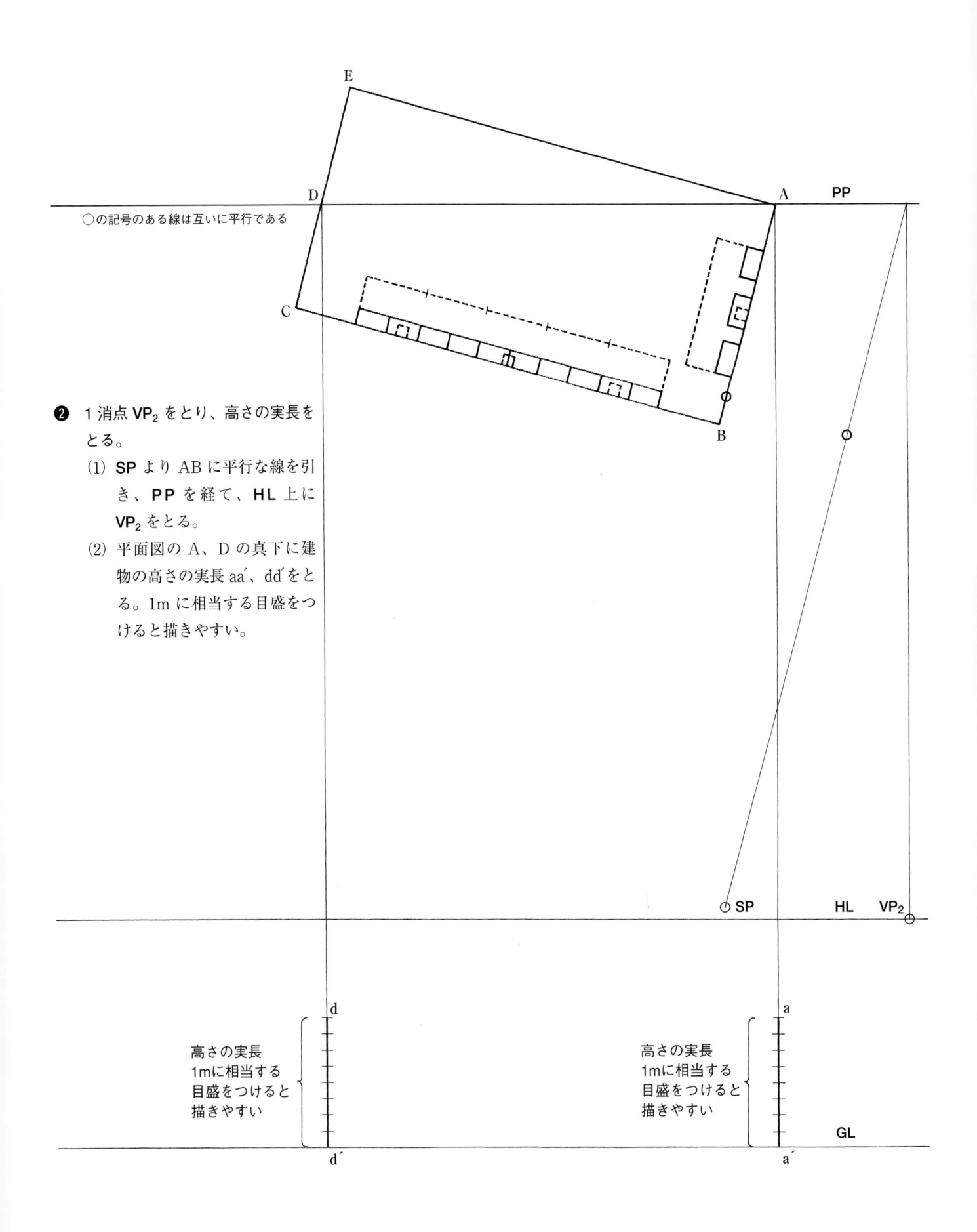

○の記号のある線は互いに平行である

❷ 1 消点 VP$_2$ をとり、高さの実長をとる。
  (1) SP より AB に平行な線を引き、PP を経て、HL 上に VP$_2$ をとる。
  (2) 平面図の A、D の真下に建物の高さの実長 aa′、dd′ をとる。1m に相当する目盛をつけると描きやすい。

SP   HL   VP$_2$

d
高さの実長
1mに相当する
目盛をつけると
描きやすい
d′

a
高さの実長
1mに相当する
目盛をつけると
描きやすい
GL
a′

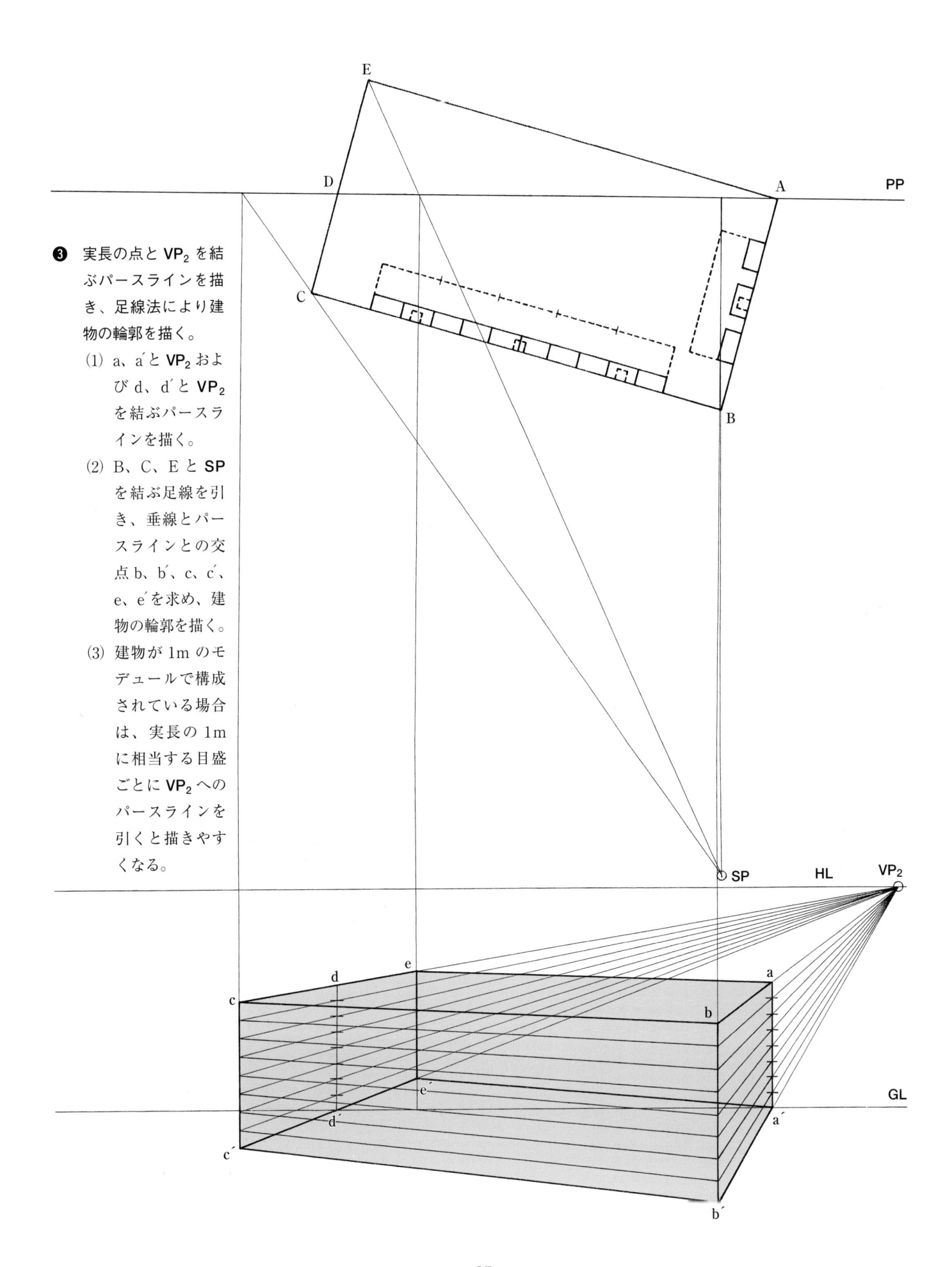

3-d 研修所を片方の消点で描く

❸ 実長の点と VP_2 を結ぶパースラインを描き、足線法により建物の輪郭を描く。

(1) a、a' と VP_2 および d、d' と VP_2 を結ぶパースラインを描く。

(2) B、C、E と SP を結ぶ足線を引き、垂線とパースラインとの交点 b、b'、c、c'、e、e' を求め、建物の輪郭を描く。

(3) 建物が 1m のモデュールで構成されている場合は、実長の 1m に相当する目盛ごとに VP_2 へのパースラインを引くと描きやすくなる。

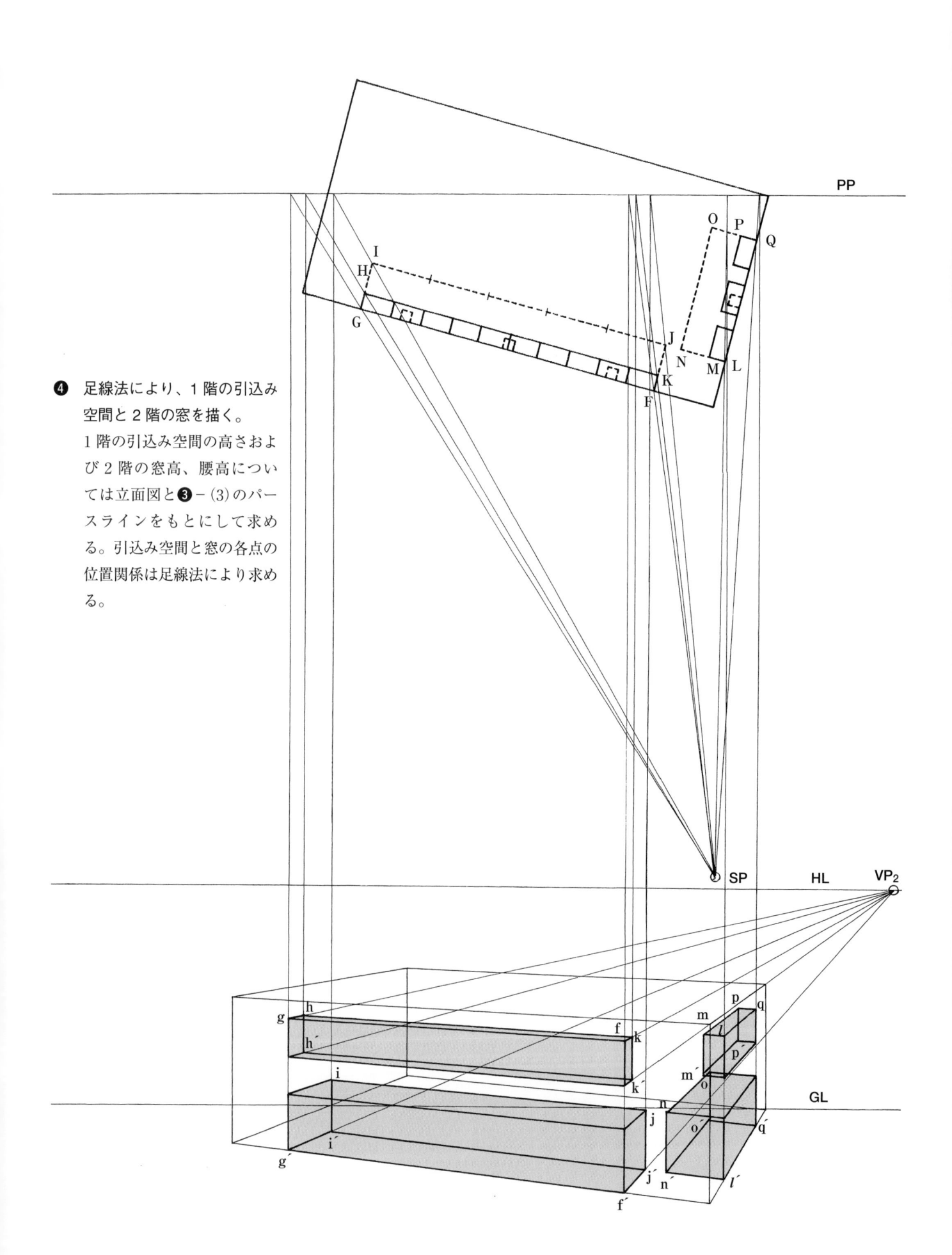

❹ 足線法により、1階の引込み空間と2階の窓を描く。
1階の引込み空間の高さおよび2階の窓高、腰高については立面図と❸-(3)のパースラインをもとにして求める。引込み空間と窓の各点の位置関係は足線法により求める。

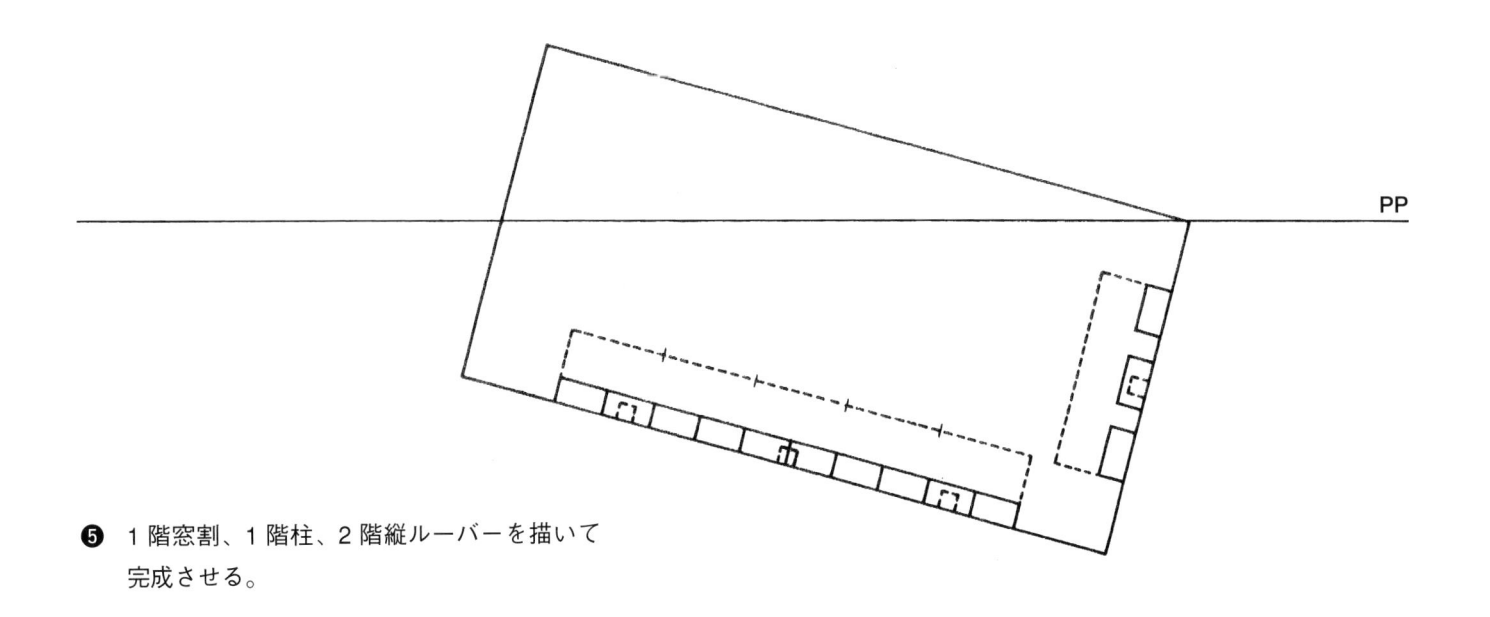

3-d 研修所を片方の消点で描く

❺ 1階窓割、1階柱、2階縦ルーバーを描いて完成させる。

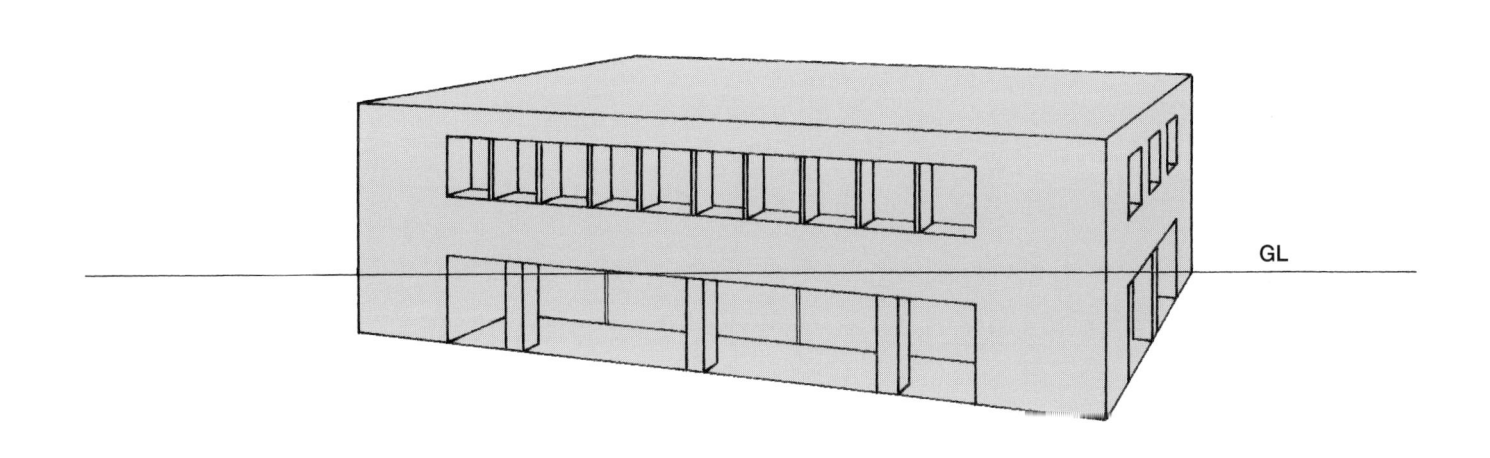

3-e 住宅を[2消点＋分割]で描く

足線法をもとにして、14ページの分割を用いて簡略的に描く。モデュールを基本にしてつくられた建物には分割法が有効である。

実線は2階外壁を示す
破線は1階外壁を示す

平面図

X立面図
Y立面図

2階テラス
2階バルコニー
2階バルコニーフレーム

棟

❶ PP、HL、GL を引き、SP をとる。
平面図で PP の位置は A に、SP の位置は A の真下に置く。
ここでは用紙の大きさの制限により、平面図の部分と透視図の部分が重なり、SP が GL と重なっている。

PP
HL
SP
GL

Y立面図

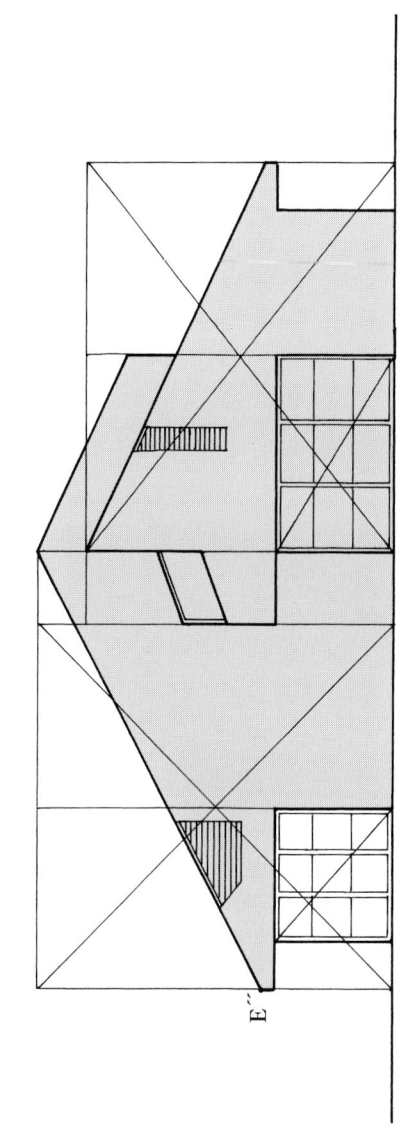

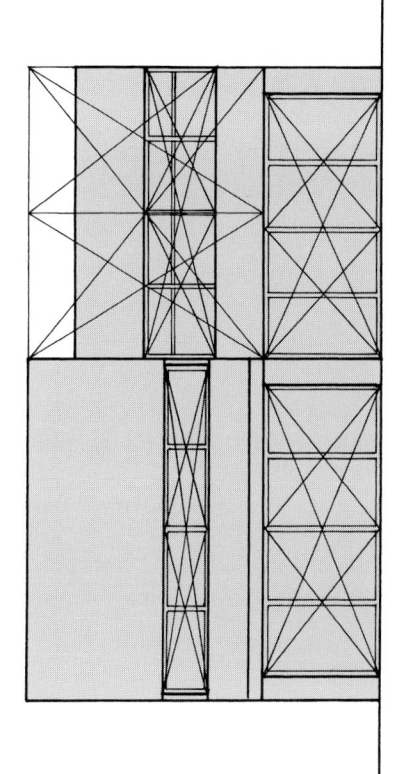

X立面図

3-e 住宅を[2消点+分割]で描く

❷ VP_1、VP_2 をとり、A の高さの実長 aa' をとり、パースラインを引き、足線法により、住宅の各点を含む大きい輪郭を描く。

(1) SP より EG に平行な線を引き、PP を経て HL 上に VP_1 をとる。次に SP より OI に平行な線を引き、PP を経て HL 上に VP_2 をとる。

(2) 低い棟の住宅部分を描くには A の真下に、A の高さの実長 aa' をとる。

(3) a、a' と VP_2 を結ぶパースライン①を引き、B と SP を結び、PP を経た垂線との交点 b、b' をとる。

(4) b、b' と VP_1 を結ぶパースライン②を引き、さらに o、o'にo、さらにi、i'にとる。

(5) 高い棟の住宅の部分は、実長 a''a' をとり、棟の低い住宅部分の作図プロセス ❷-(2)から❷-(4)と同様に行い、住宅の各点を含んだ大きい輪郭を描く。

○の記号のある線は互いに平行である
△の記号のある線は互いに平行である

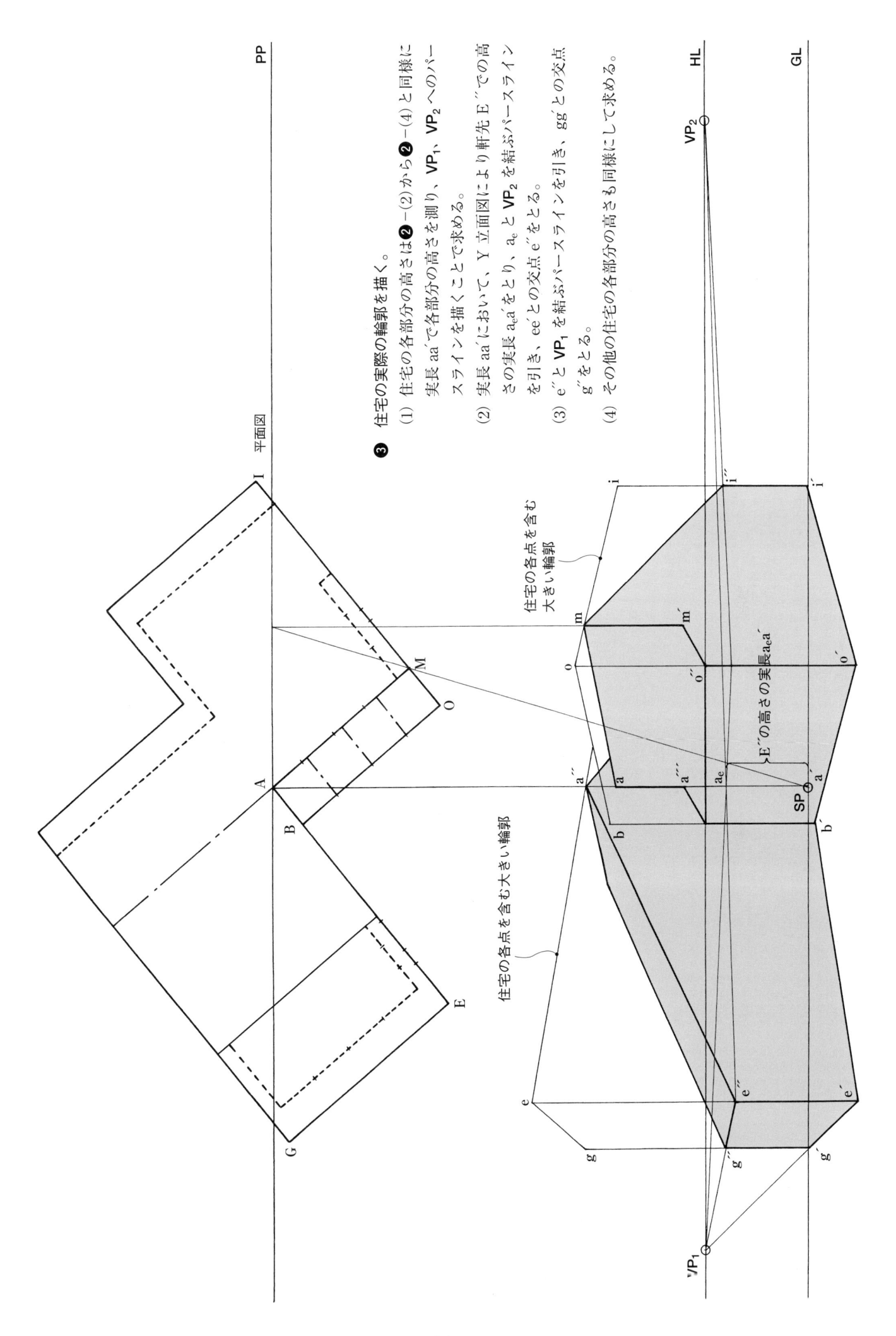

❸ 住宅の実際の輪郭を描く。
(1) 住宅の各部分の高さは❷-(2)から❷-(4)と同様に実長 aa´で各部分の高さを測り、VP_1、VP_2へのパースラインを描くことで求める。
(2) 実長 aa´において、Y 立面図により軒先 E"での高さの実長 a_ea´をとり、a_eとVP_2を結ぶパースラインを引き、ee´との交点 e"をとる。
(3) e"とVP_1を結ぶパースラインを引き、gg´との交点 g"をとる。
(4) その他の住宅の各部分の高さも同様にして求める。

第2章 まず足線法をマスターしよう 91

3-e 住宅を[2消点+分割]で描く

平面図

❹ 分割により住宅の各部分の位置を求める。
(1) 分割により立面図に基づき cc'、kk' を引く。
(2) 立面図に基づき1, 2階窓の割付、2階バルコニーの割付、分割によりフレームを分割により求める。

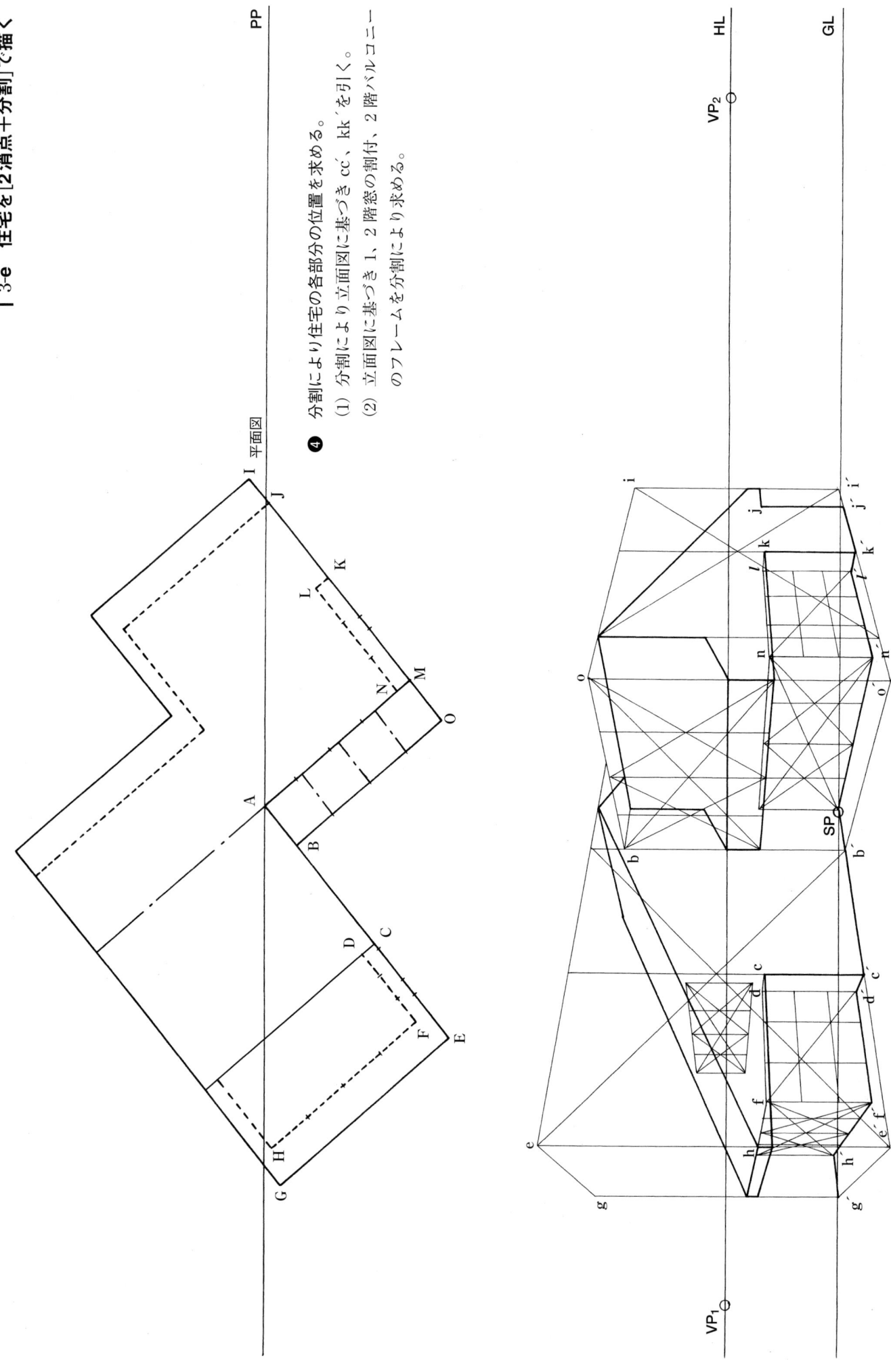

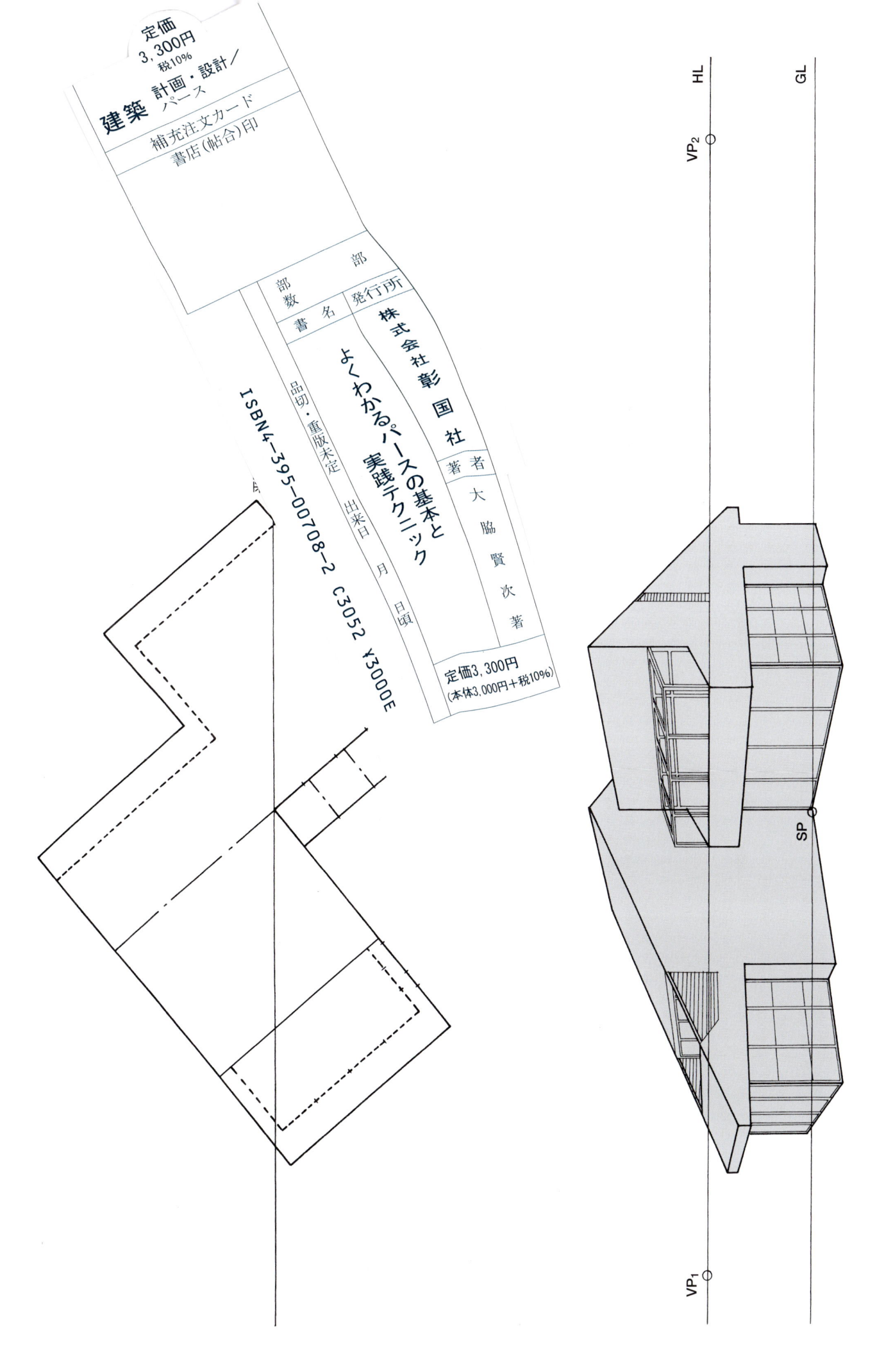

第 2 章 まず足線法をマスターしよう

3-f 絵画のあるロビーを2消点の応用で描く

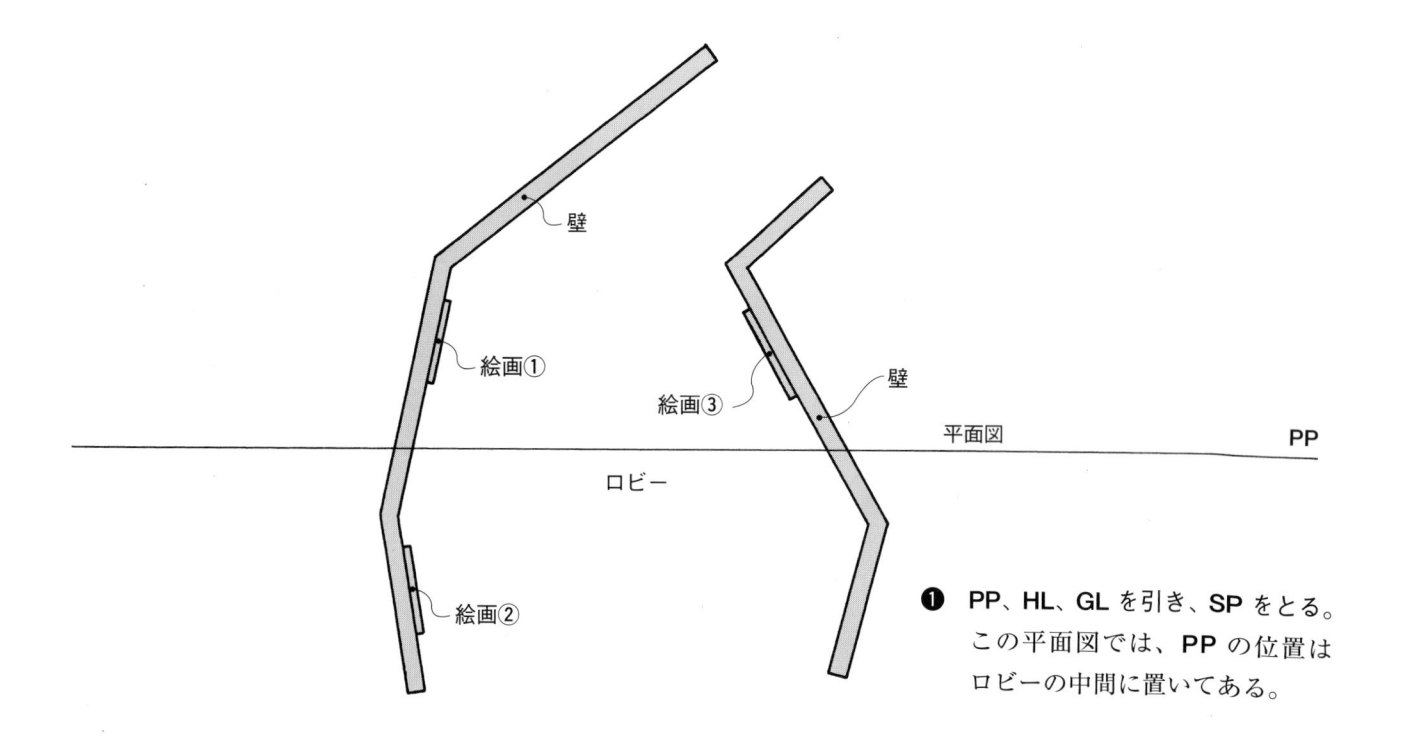

壁

絵画①

絵画③

壁

平面図　PP

ロビー

絵画②

❶ PP、HL、GL を引き、SP をとる。この平面図では、PP の位置はロビーの中間に置いてある。

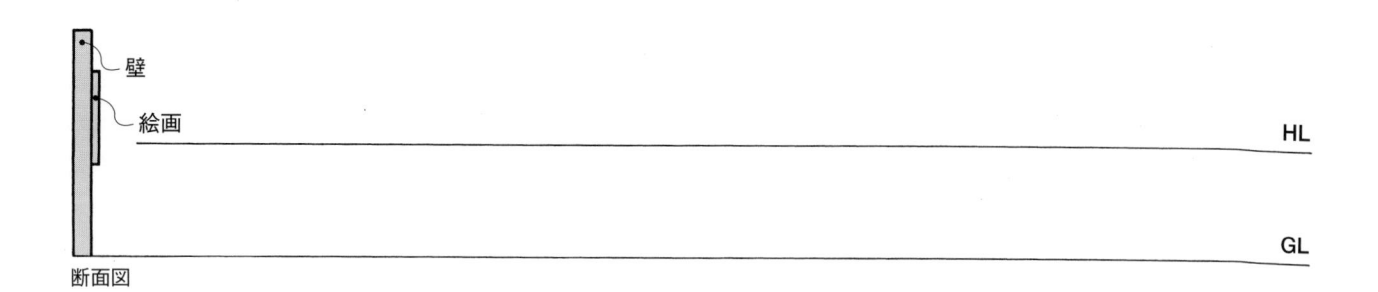

○ SP

壁

絵画

HL

GL

断面図

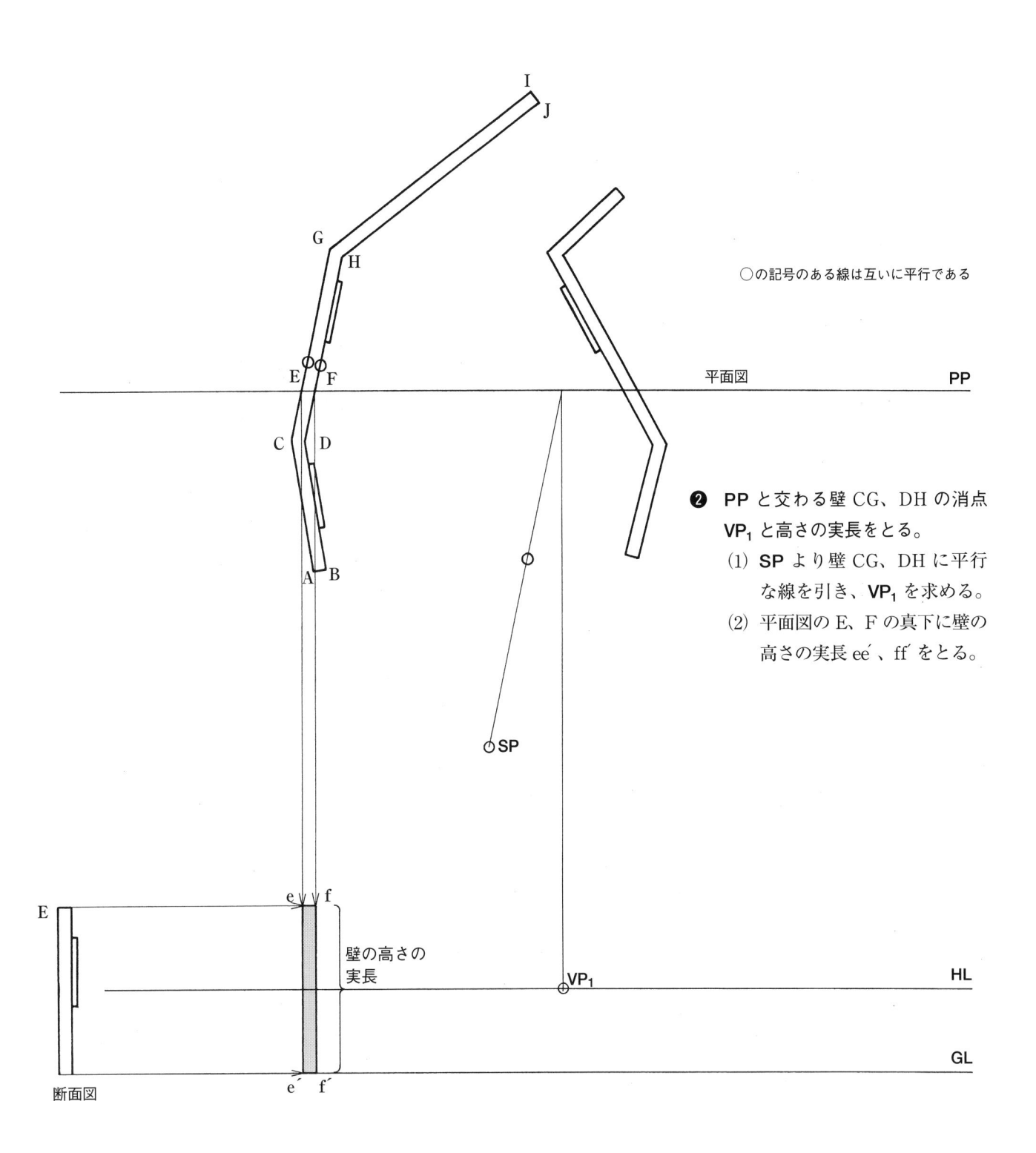

○の記号のある線は互いに平行である

平面図　　　　　　PP

❷ **PP と交わる壁 CG、DH の消点 VP₁ と高さの実長をとる。**
(1) **SP** より壁 CG、DH に平行な線を引き、**VP₁** を求める。
(2) 平面図の E、F の真下に壁の高さの実長 ee´、ff´ をとる。

壁の高さの実長

HL

GL

断面図

第2章　まず足線法をマスターしよう　95

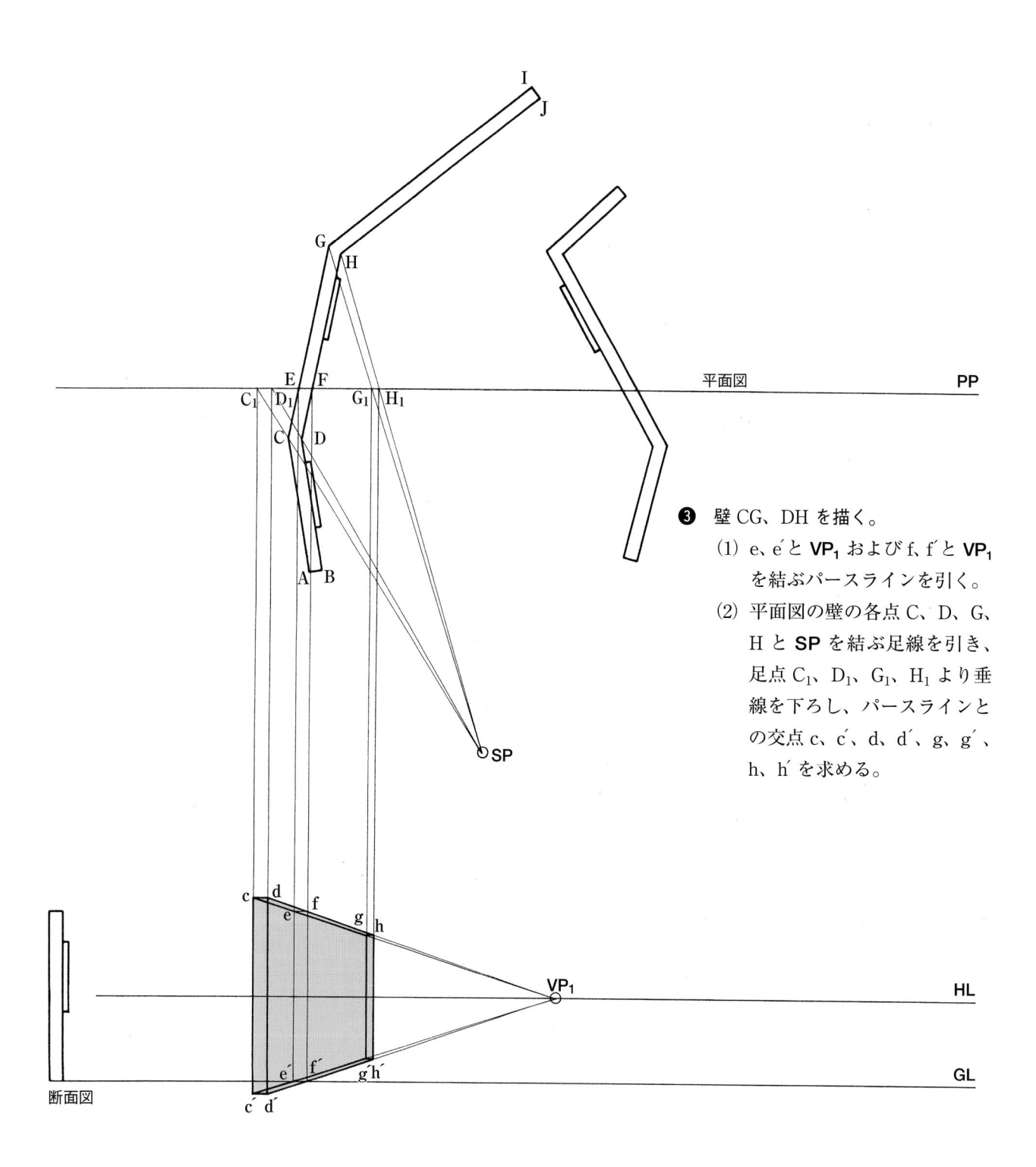

❸ 壁 CG、DH を描く。
 (1) e、é と **VP₁** および f、f́ と **VP₁** を結ぶパースラインを引く。
 (2) 平面図の壁の各点 C、D、G、H と **SP** を結ぶ足線を引き、足点 C_1、D_1、G_1、H_1 より垂線を下ろし、パースラインとの交点 c、ć、d、d́、g、ǵ、h、h́ を求める。

3-f 絵画のあるロビーを2消点の応用で描く

❹ 壁 AC、BD および GI、HJ を描く。
(1) ❷-(1)と同様 SP より壁 AC、BD に平行な線を引き、VP₂ を求める。
(2) 透視図の c、c´、d、d´ と VP₂ を結ぶパースラインを引く。
(3) 平面図の A、B と SP を結ぶ足線を引き、足点 A₁、B₁ を経て、a、a´、b、b´ を求める。
(4) 壁 GI、HJ についても VP₃ を求め、壁 AC、BD と同様の作業を行う。

第 2 章　まず足線法をマスターしよう

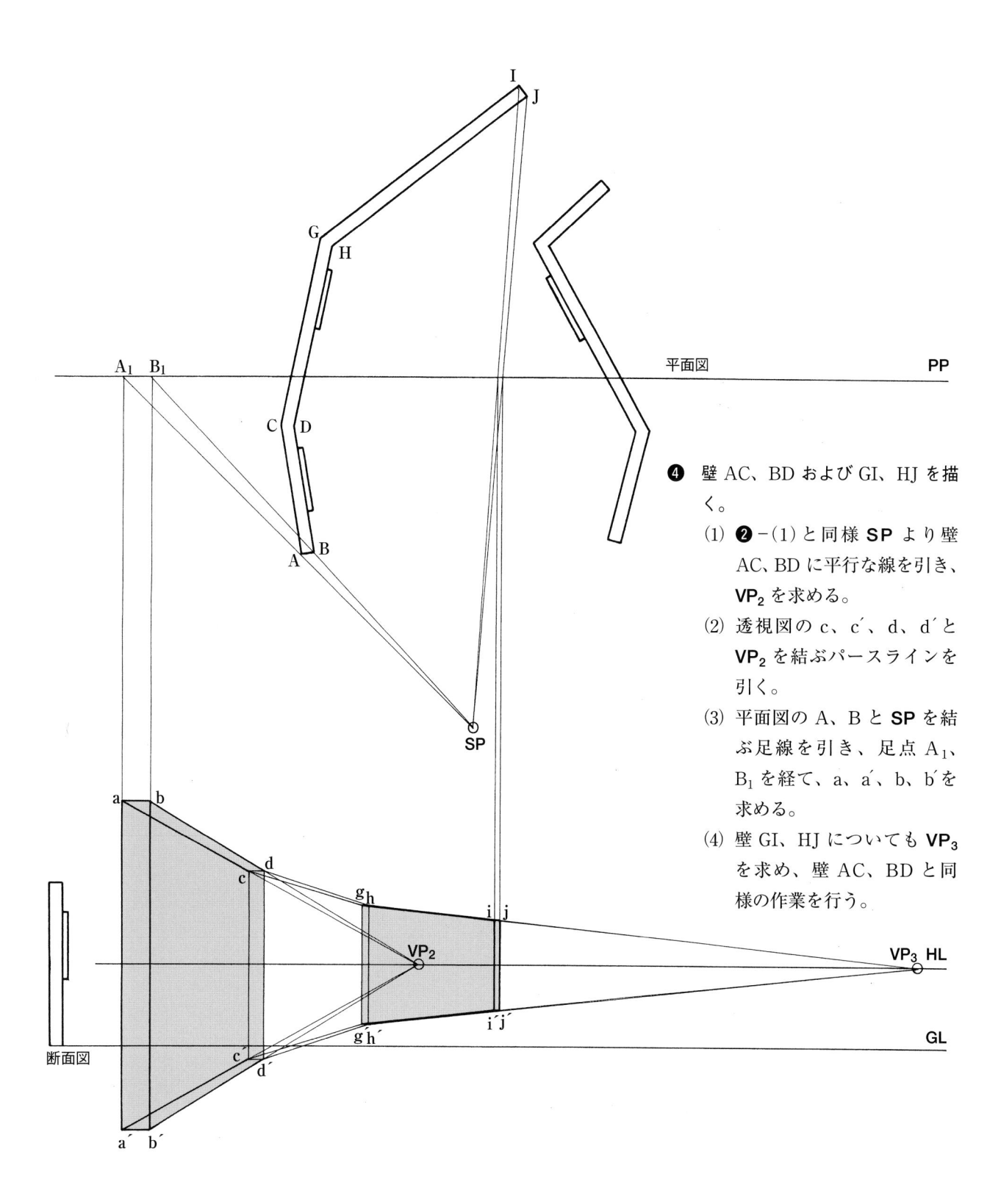

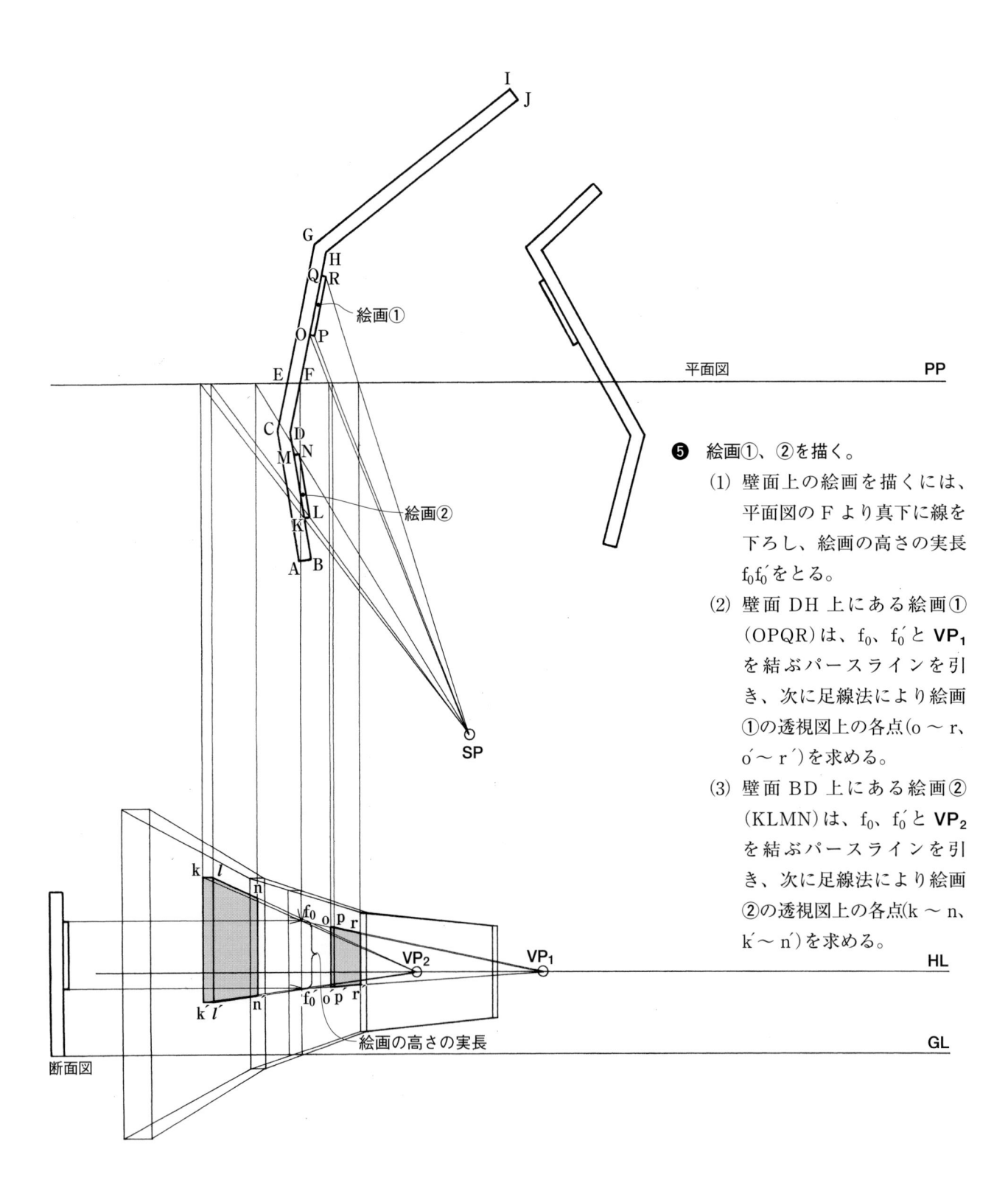

❺ 絵画①、②を描く。
(1) 壁面上の絵画を描くには、平面図のFより真下に線を下ろし、絵画の高さの実長 $f_0 f_0'$ をとる。
(2) 壁面 DH 上にある絵画①（OPQR）は、f_0、f_0' と **VP₁** を結ぶパースラインを引き、次に足線法により絵画①の透視図上の各点(o～r、o'～r')を求める。
(3) 壁面 BD 上にある絵画②（KLMN）は、f_0、f_0' と **VP₂** を結ぶパースラインを引き、次に足線法により絵画②の透視図上の各点(k～n、k'～n')を求める。

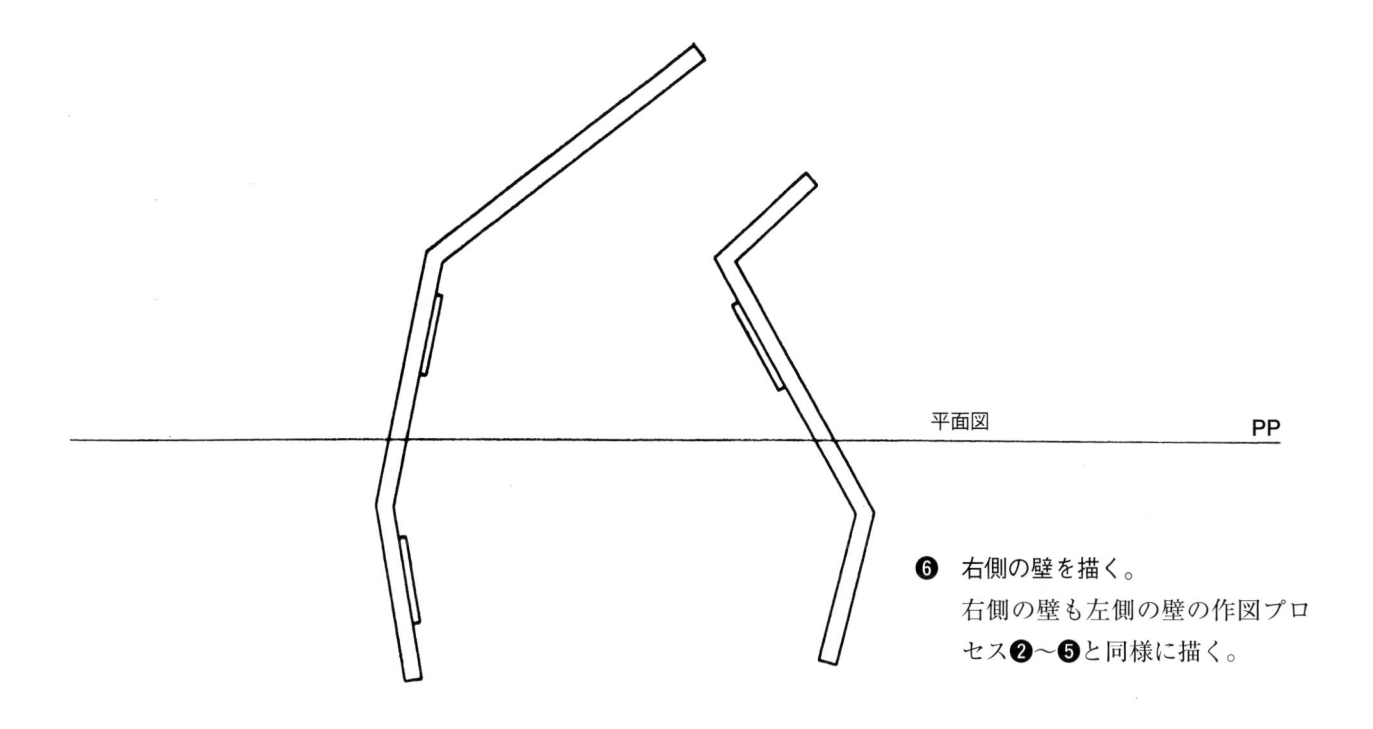

3-f 絵画のあるロビーを2消点の応用で描く

平面図　　　　　　　　　　　　　PP

❻ 右側の壁を描く。
右側の壁も左側の壁の作図プロセス❷〜❺と同様に描く。

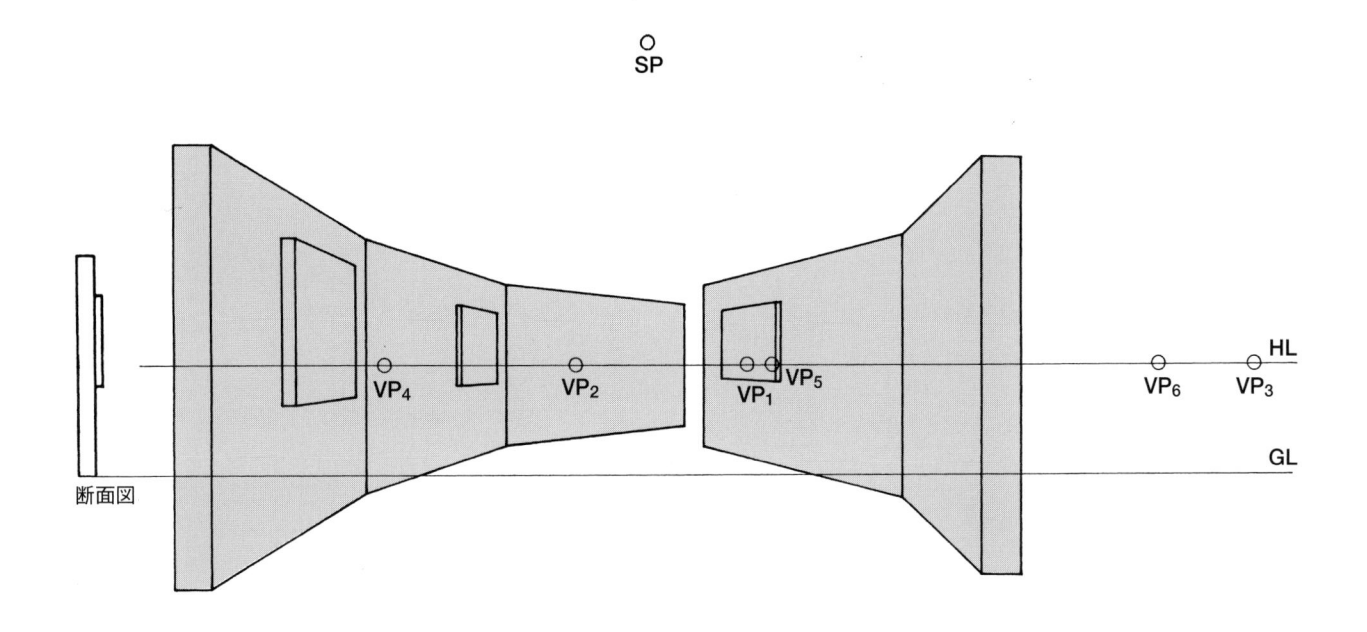

SP

VP$_4$　　VP$_2$　　VP$_1$ VP$_5$　　　　VP$_6$　VP$_3$　HL

GL

断面図

<ポイント解説>

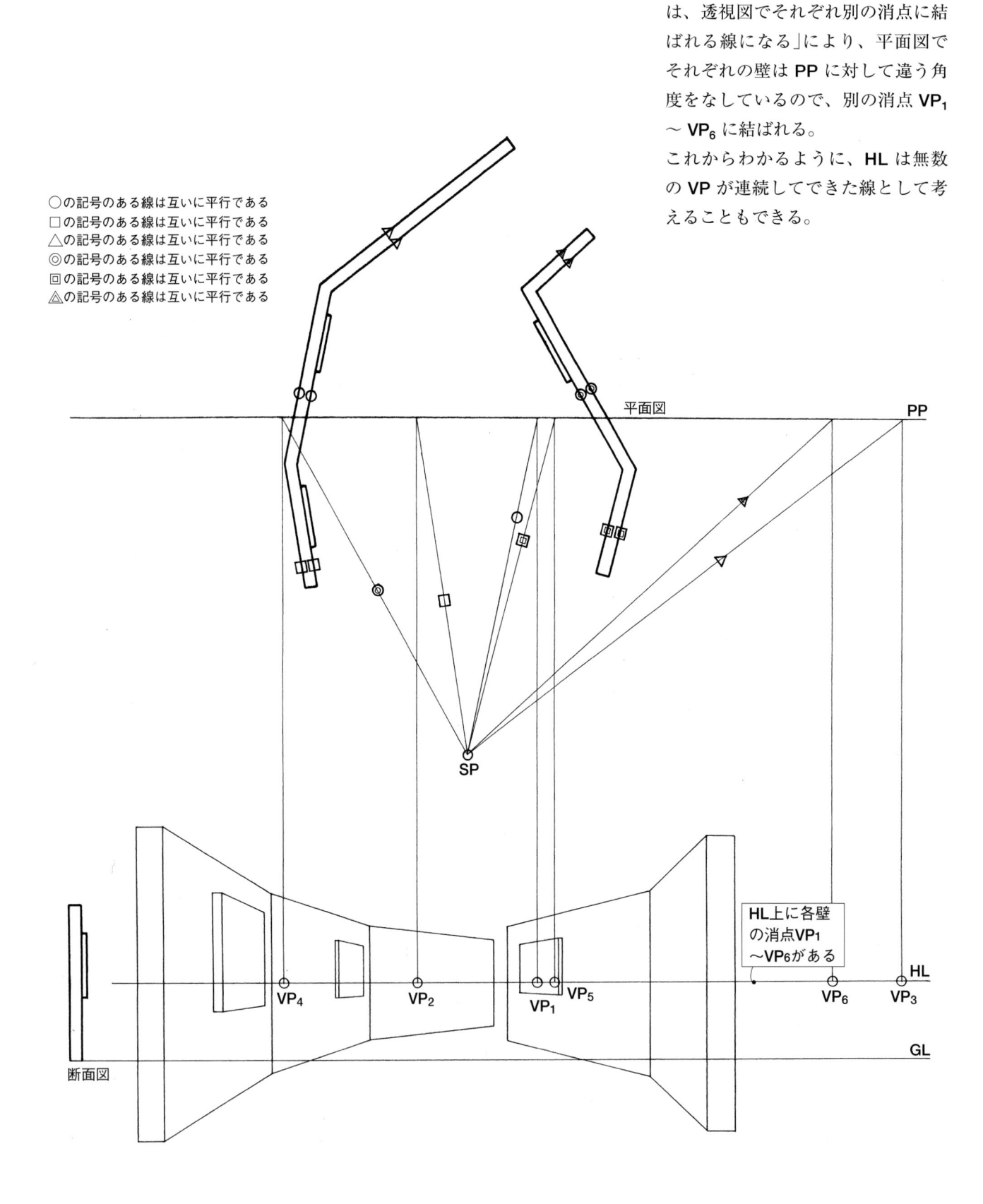

10ページの透視図の**原理3**「平面図で画面に対して違う角度をなす線は、透視図でそれぞれ別の消点に結ばれる線になる」により、平面図でそれぞれの壁はPPに対して違う角度をなしているので、別の消点VP_1〜VP_6に結ばれる。

これからわかるように、HLは無数のVPが連続してできた線として考えることもできる。

○の記号のある線は互いに平行である
□の記号のある線は互いに平行である
△の記号のある線は互いに平行である
◎の記号のある線は互いに平行である
▫の記号のある線は互いに平行である
▲の記号のある線は互いに平行である

平面図

PP

SP

HL上に各壁の消点VP_1〜VP_6がある

VP_4 VP_2 VP_1 VP_5 VP_6 VP_3 HL

GL

断面図

4 3消点で描く

作図プロセスのポイント

❶ 平面図で **SP** と対象物の任意の点 A を結び、**PP(HL)** 上に A_1 をとる。

❷ A_1 より垂線を下ろし、**HL** 上に A_2 をとる。

❸ A_2 と **VP_3** を結ぶ。

❹ 立面図で **EP** と対象物の任意の点 A を結び、**PP_e** 上に A_3 をとる。

❺ $OA_3 = OA_4$ となるように A_4 をとる。

❻ A_4 より水平線を引き、❸の線との交点 a を求め、各交点をつなぎ、立体の透視図を描く。

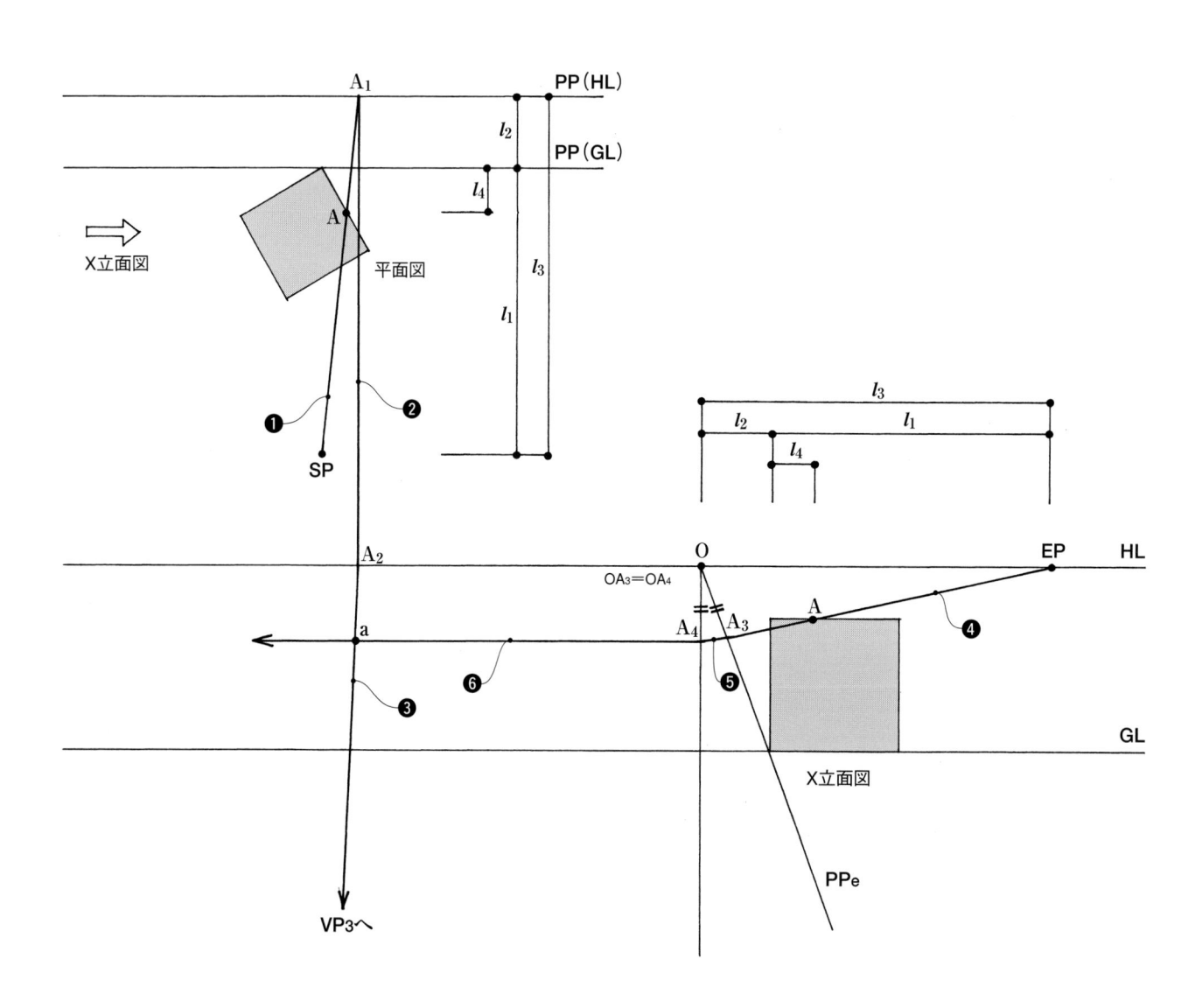

4-a 直方体を3消点で描く（見下げ）

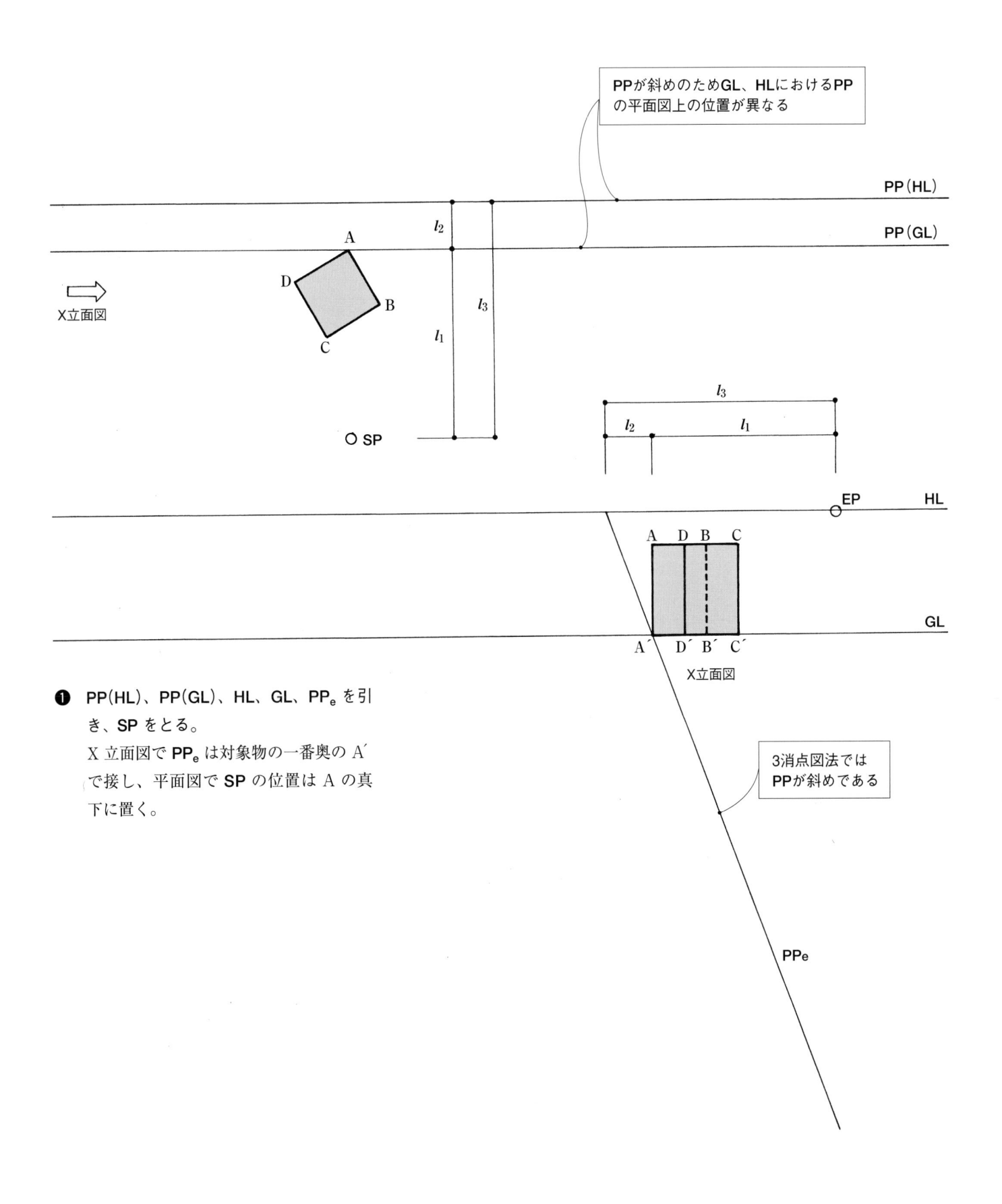

PPが斜めのためGL、HLにおけるPPの平面図上の位置が異なる

PP(HL)
PP(GL)

X立面図

l_2
l_3
l_1

○ SP

l_3
l_2 l_1

EP   HL

A D B C

GL

A′ D′ B′ C′
X立面図

❶ PP(HL)、PP(GL)、HL、GL、PP_e を引き、SP をとる。
X 立面図で PP_e は対象物の一番奥の A′ で接し、平面図で SP の位置は A の真下に置く。

3消点図法では
PPが斜めである

PP_e

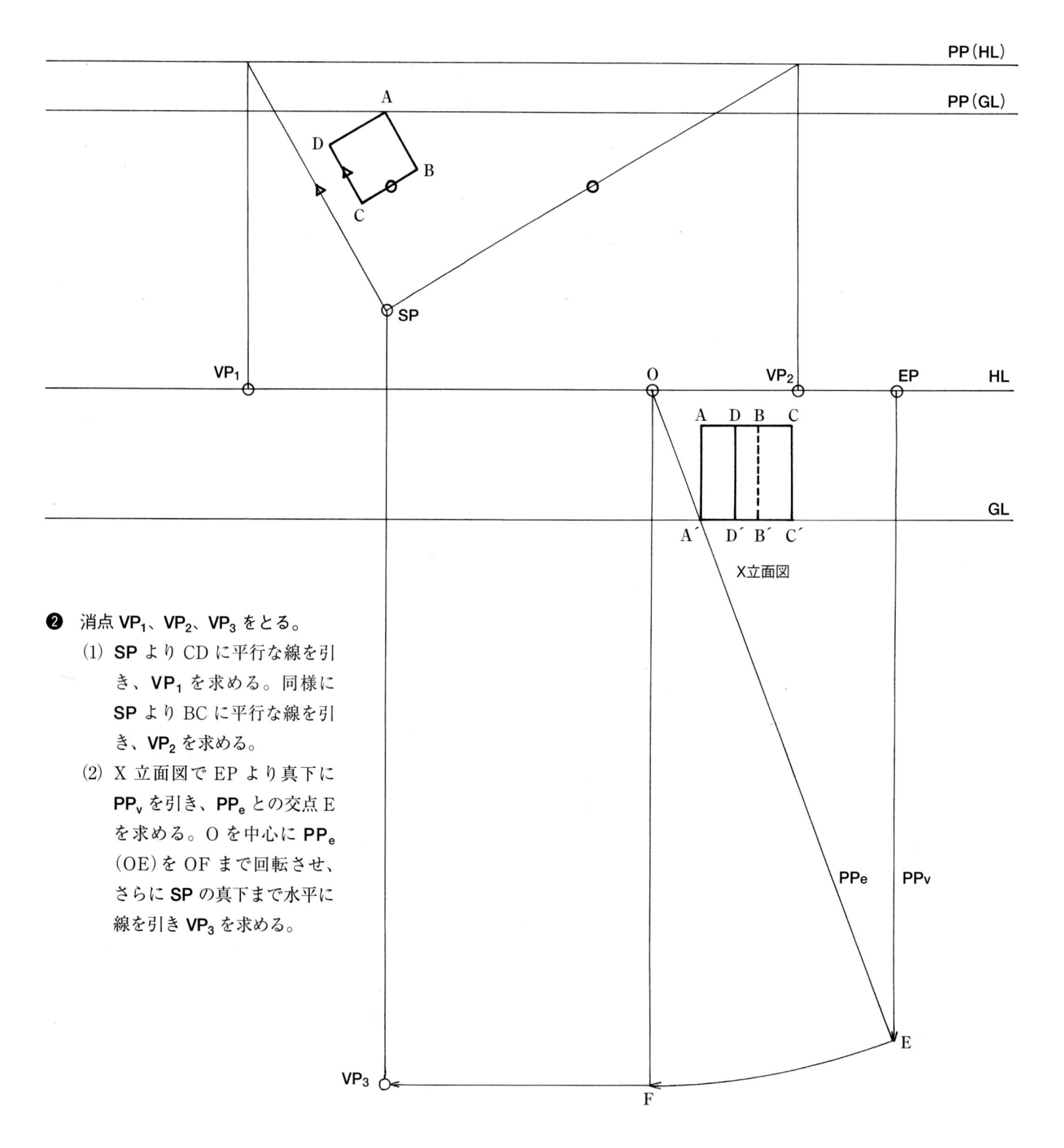

○の記号のある線は互いに平行である
△の記号のある線は互いに平行である

❷ 消点 VP₁、VP₂、VP₃ をとる。
  (1) SP より CD に平行な線を引き、VP₁ を求める。同様に SP より BC に平行な線を引き、VP₂ を求める。
  (2) X 立面図で EP より真下に PPᵥ を引き、PPₑ との交点 E を求める。O を中心に PPₑ (OE) を OF まで回転させ、さらに SP の真下まで水平に線を引き VP₃ を求める。

4-a 直方体を3消点で描く(見下げ)

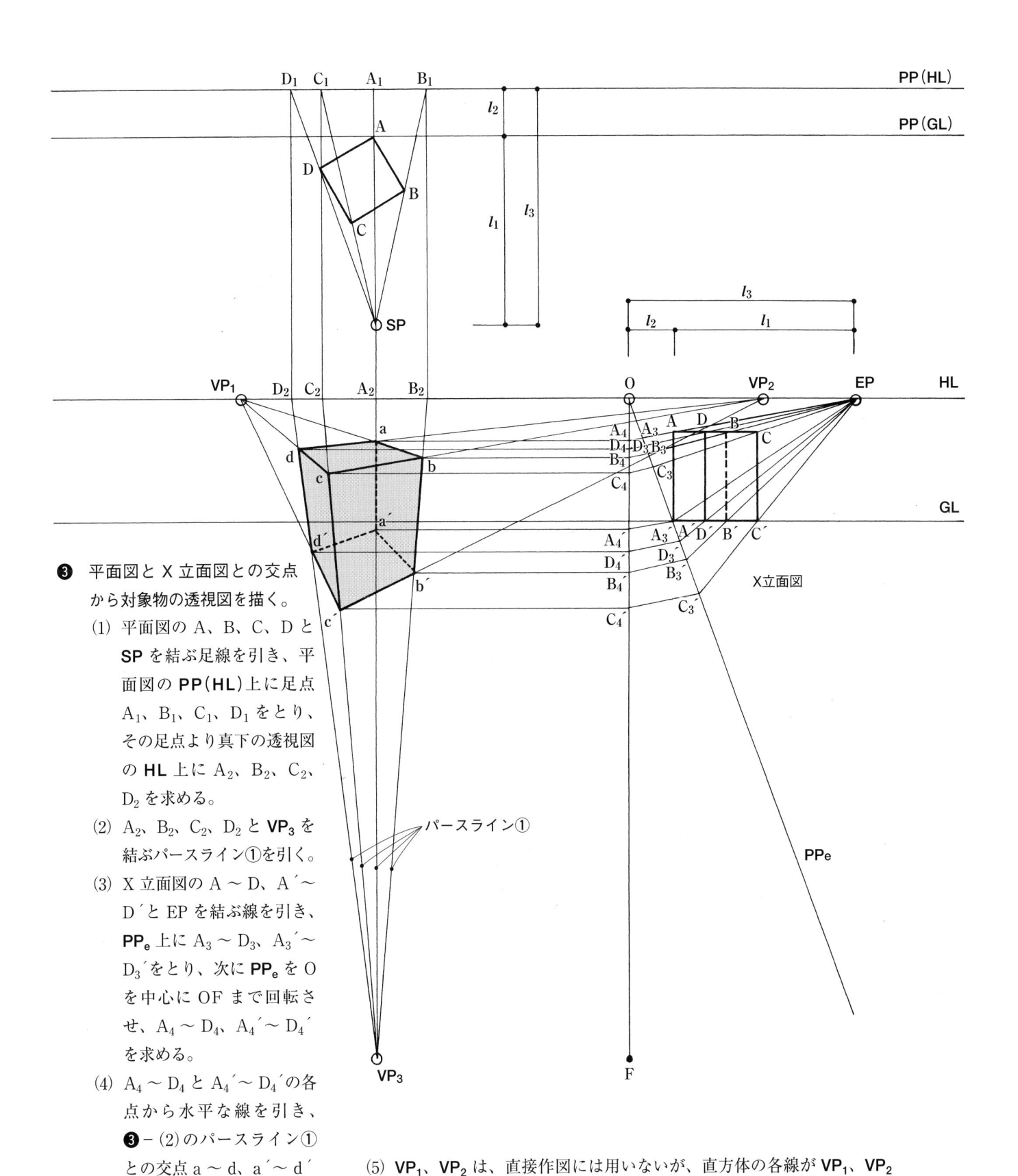

❸ 平面図とX立面図との交点から対象物の透視図を描く。

(1) 平面図のA、B、C、DとSPを結ぶ足線を引き、平面図のPP(HL)上に足点A_1、B_1、C_1、D_1をとり、その足点より真下の透視図のHL上にA_2、B_2、C_2、D_2を求める。

(2) A_2、B_2、C_2、D_2とVP_3を結ぶパースライン①を引く。

(3) X立面図のA〜D、A´〜D´とEPを結ぶ線を引き、PP_e上にA_3〜D_3、$A_3´$〜$D_3´$をとり、次にPP_eをOを中心にOFまで回転させ、A_4〜D_4、$A_4´$〜$D_4´$を求める。

(4) A_4〜D_4と$A_4´$〜$D_4´$の各点から水平な線を引き、❸-(2)のパースライン①との交点a〜d、a´〜d´を求め、各点を結ぶ。

(5) VP_1、VP_2は、直接作図には用いないが、直方体の各線がVP_1、VP_2に結んでいるか調べることにより、作図の正確さをチェックできる。

第2章 まず足線法をマスターしよう

4-b 直方体を3消点で描く(見上げ)

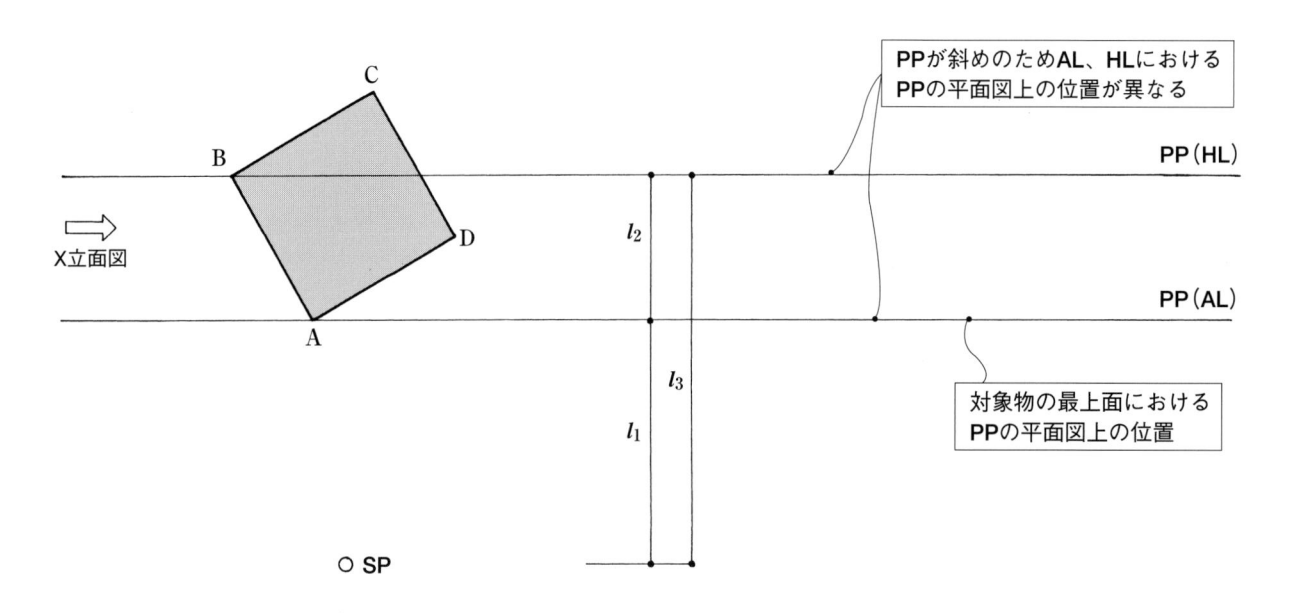

PPが斜めのためAL、HLにおけるPPの平面図上の位置が異なる

対象物の最上面におけるPPの平面図上の位置

3消点図法の見上げも、基本的には103ページの3消点図法の見下げと同様のプロセスで作図する。

❶ PP(HL)、PP(AL)、HL、GL、AL、PP_eを引き、SPをとる。
X立面図でPP_eは対象物の一番手前のAで接している。

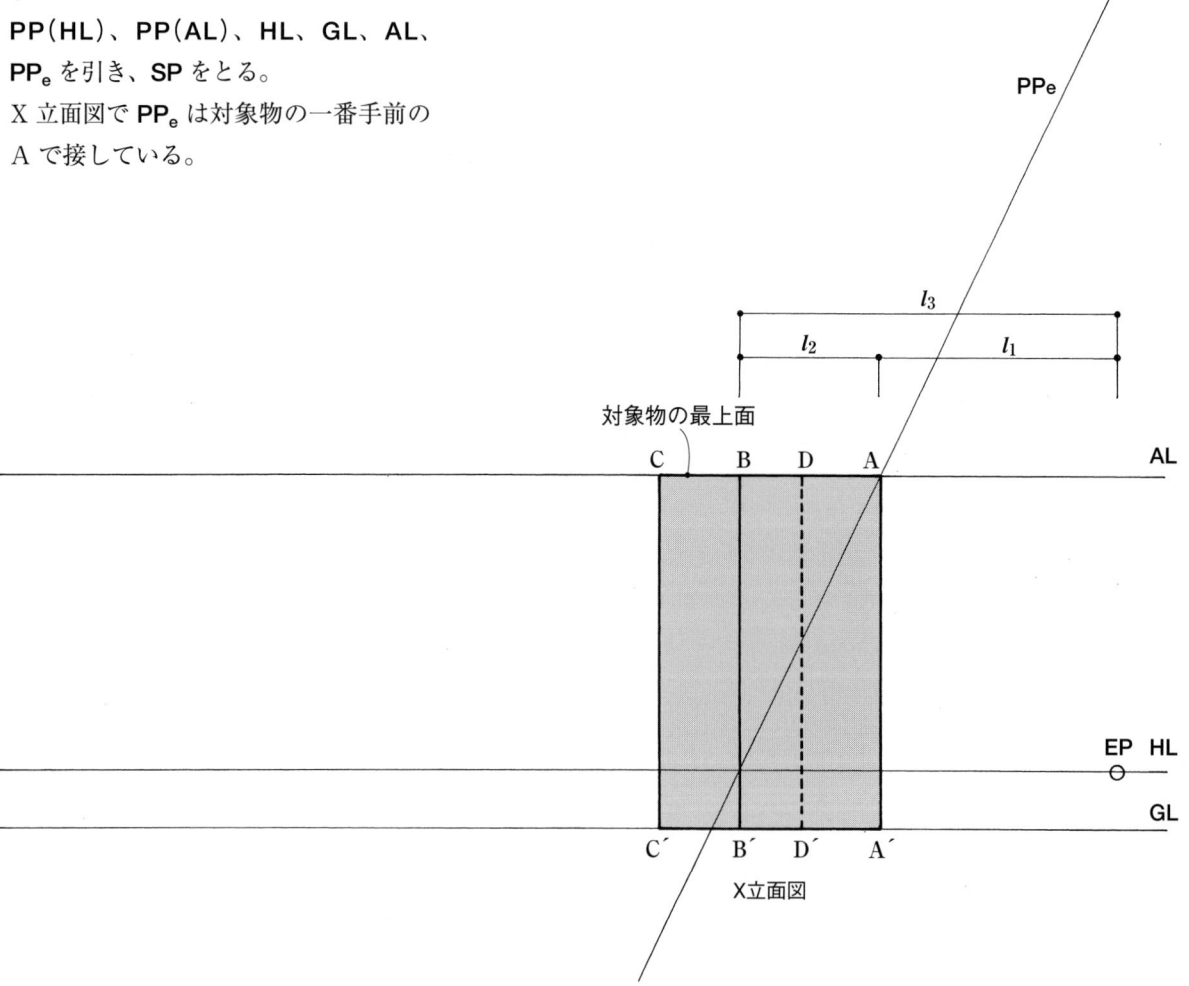

対象物の最上面

X立面図

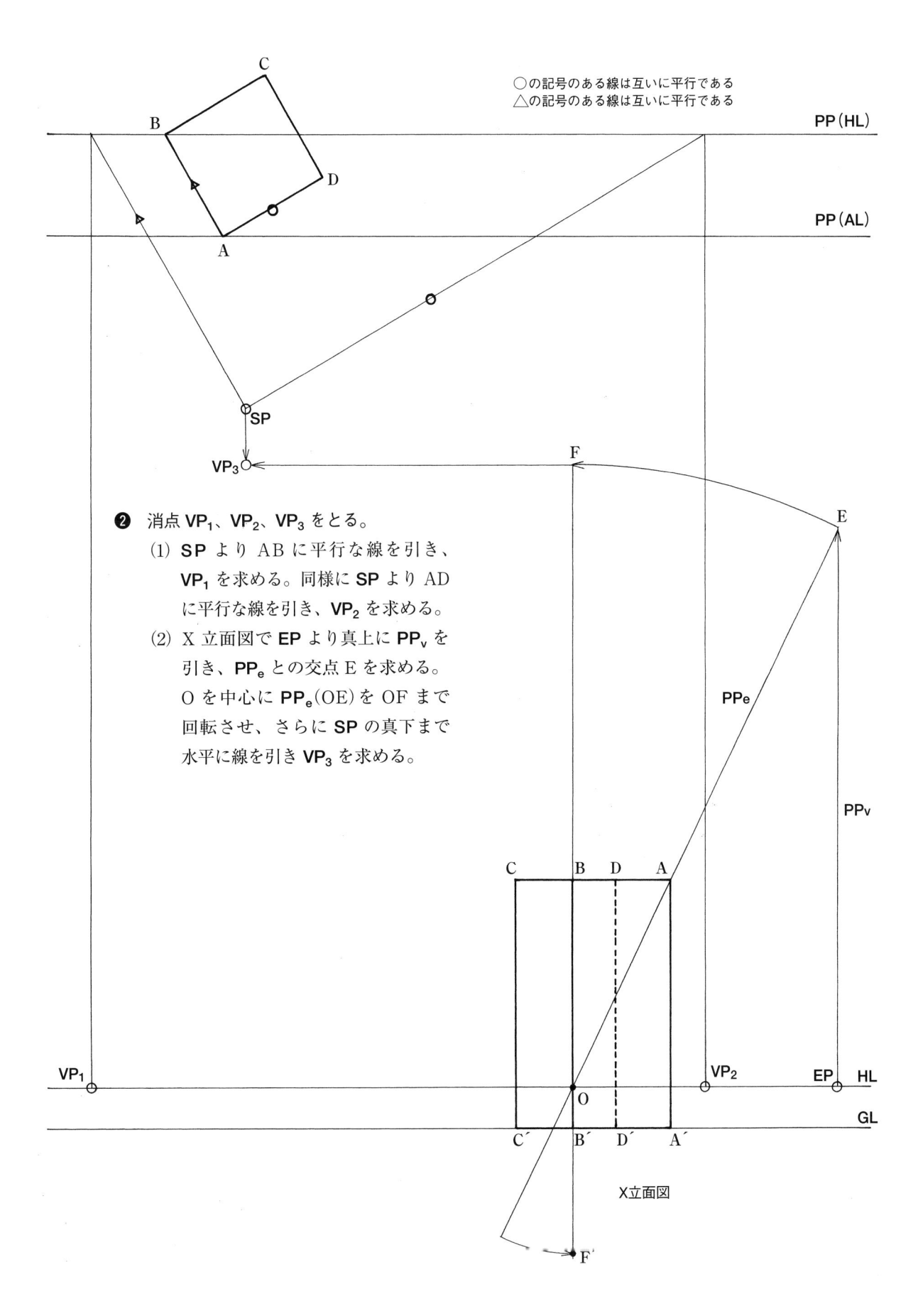

○の記号のある線は互いに平行である
△の記号のある線は互いに平行である

❷ 消点 VP_1、VP_2、VP_3 をとる。
 (1) SP より AB に平行な線を引き、VP_1 を求める。同様に SP より AD に平行な線を引き、VP_2 を求める。
 (2) X 立面図で EP より真上に PP_v を引き、PP_e との交点 E を求める。O を中心に PP_e(OE) を OF まで回転させ、さらに SP の真下まで水平に線を引き VP_3 を求める。

X立面図

第2章 まず足線法をマスターしよう 107

❸ 平面図とX立面図との交点から対象物の透視図を描く。

(1) 平面図のA、B、C、DとSPを結ぶ足線を引き、平面図のPP(HL)上に足点A_1、B_1、C_1、D_1をとり、その真下の透視図のHL上にA_2、B_2、C_2、D_2を求める。

(2) A_2、B_2、C_2、D_2とVP_3を結ぶパースライン①を引く。

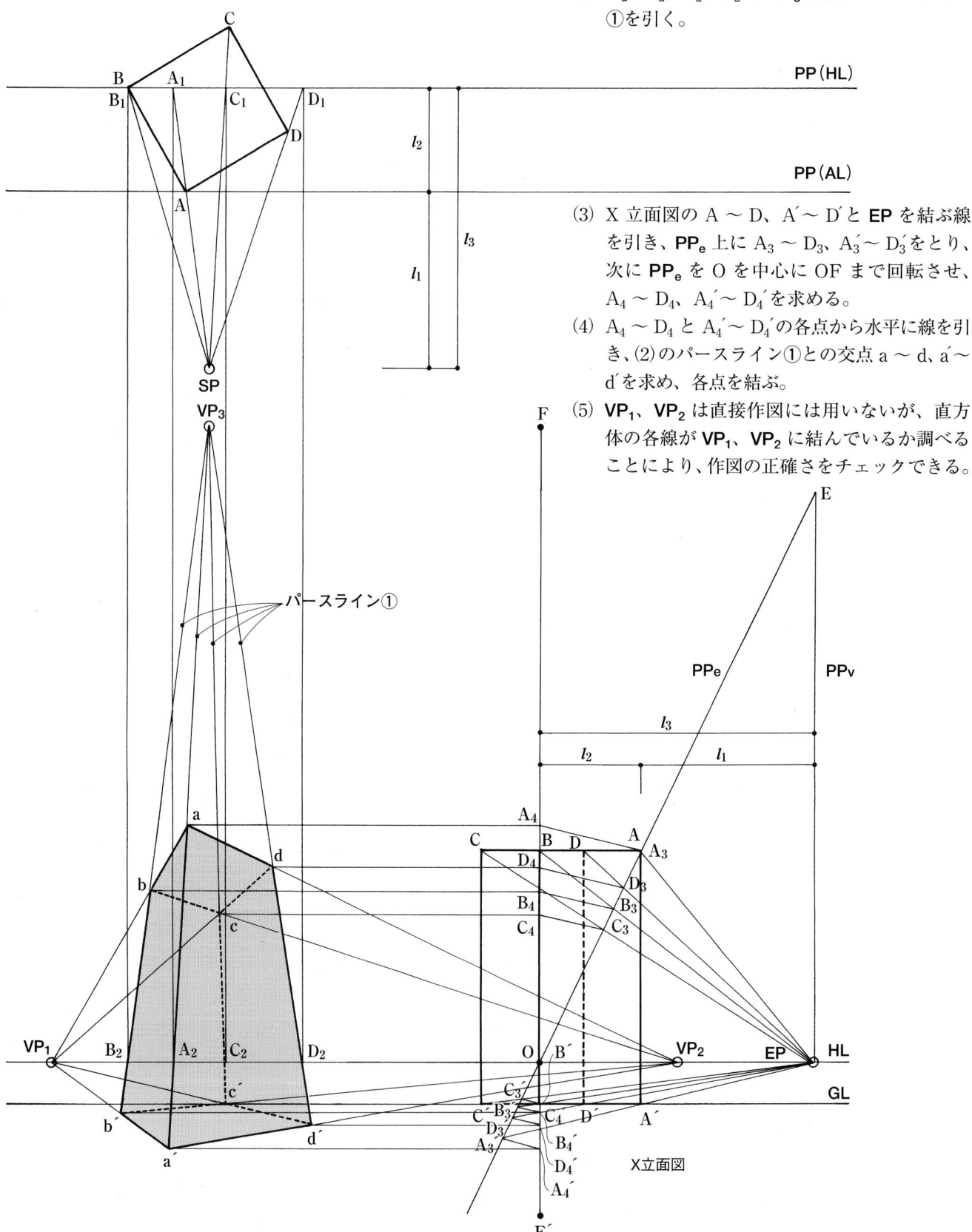

(3) X立面図のA〜D、A′〜D′とEPを結ぶ線を引き、PP_e上にA_3〜D_3、A_3'〜D_3'をとり、次にPP_eをOを中心にOFまで回転させ、A_4〜D_4、A_4'〜D_4'を求める。

(4) A_4〜D_4とA_4'〜D_4'の各点から水平に線を引き、(2)のパースライン①との交点a〜d、a′〜d′を求め、各点を結ぶ。

(5) VP_1、VP_2は直接作図には用いないが、直方体の各線がVP_1、VP_2に結んでいるか調べることにより、作図の正確さをチェックできる。

X立面図

第3章　D点とCVを使ってD点法に挑戦

1　D点法の考え方

D点(Distance Point)とはSPからPPに対して45°に引いた線の消点(D_1、D_2)のことをいう。D点法は距離点法とも呼ばれ、一般にDへのパースラインとCVへのパースラインの交点を求めることで、対象物の奥行を得る方法である。

ここでPPの位置が部屋(対象物)の一番手前、一番奥、その中間にあるという3つのケースを考えて、D点法の基本的な考え方を説明する。またこの考え方は部屋の内観のみでなく、建物の外観についても同様である。

ケース1－(1)　PPが部屋の一番手前にある場合——奥行方向の壁AEを90°右にたおす

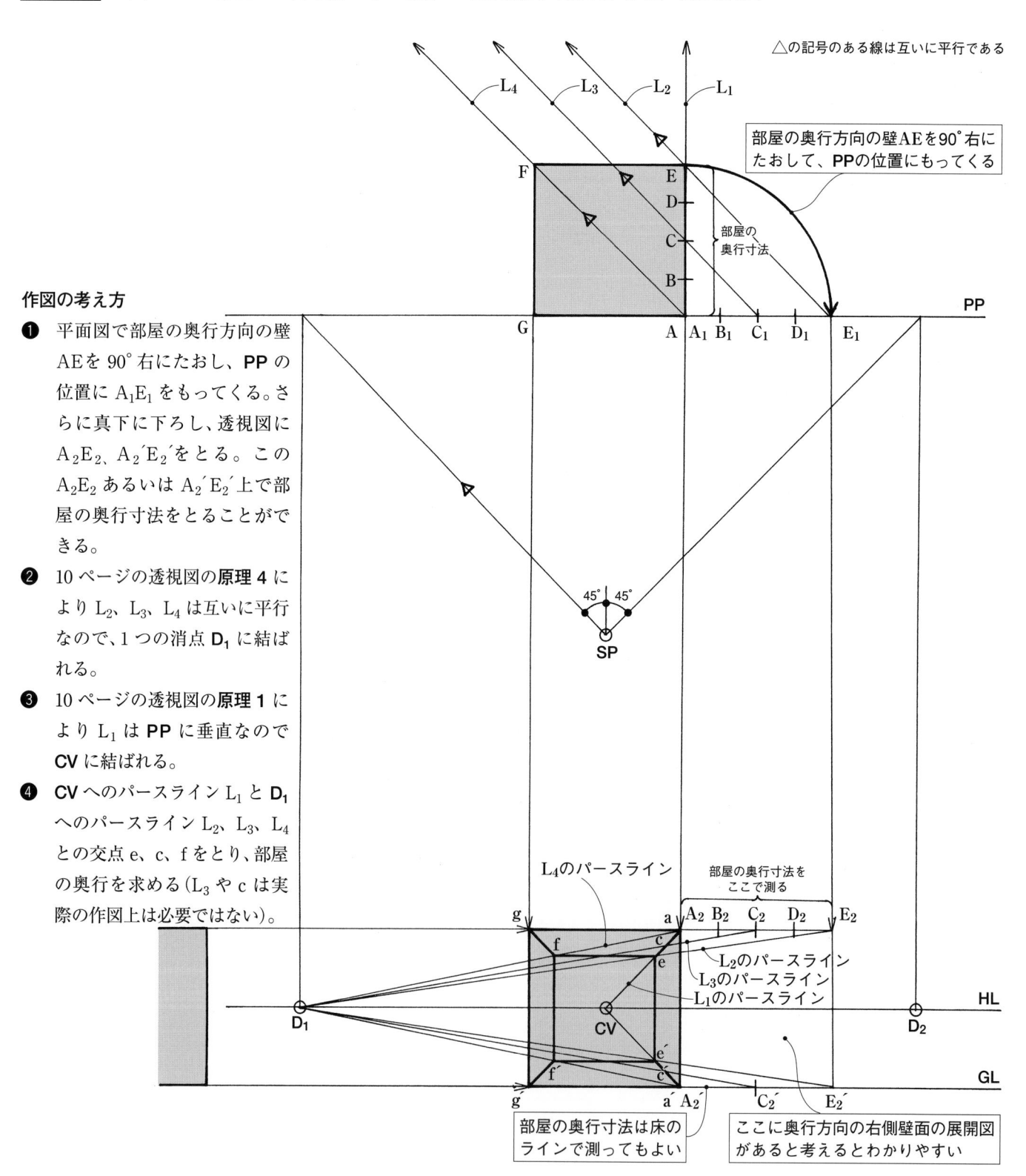

△の記号のある線は互いに平行である

部屋の奥行方向の壁AEを90°右にたおして、PPの位置にもってくる

作図の考え方

❶ 平面図で部屋の奥行方向の壁AEを90°右にたおし、PPの位置にA_1E_1をもってくる。さらに真下に下ろし、透視図にA_2E_2、$A_2'E_2'$をとる。このA_2E_2あるいは$A_2'E_2'$上で部屋の奥行寸法をとることができる。

❷ 10ページの透視図の**原理4**によりL_2、L_3、L_4は互いに平行なので、1つの消点D_1に結ばれる。

❸ 10ページの透視図の**原理1**によりL_1はPPに垂直なのでCVに結ばれる。

❹ CVへのパースラインL_1とD_1へのパースラインL_2、L_3、L_4との交点e、c、fをとり、部屋の奥行を求める(L_3やcは実際の作図上は必要ではない)。

L_4のパースライン

部屋の奥行寸法をここで測る

L_2のパースライン
L_3のパースライン
L_1のパースライン

部屋の奥行寸法は床のラインで測ってもよい

ここに奥行方向の右側壁面の展開図があると考えるとわかりやすい

ケース1 −(2)　PPが部屋の一番手前にある場合──奥行方向の壁 AE を 90°左にたおす

ケース1−(1)は消点 D_1 へのパースラインを用いたが、ここでは消点 D_2 へのパースラインを用いる。
部屋の奥行を D_2 へのパースラインと CV へのパースラインの交点として求める。
基本的な考え方はケース1−(1)と同じである。

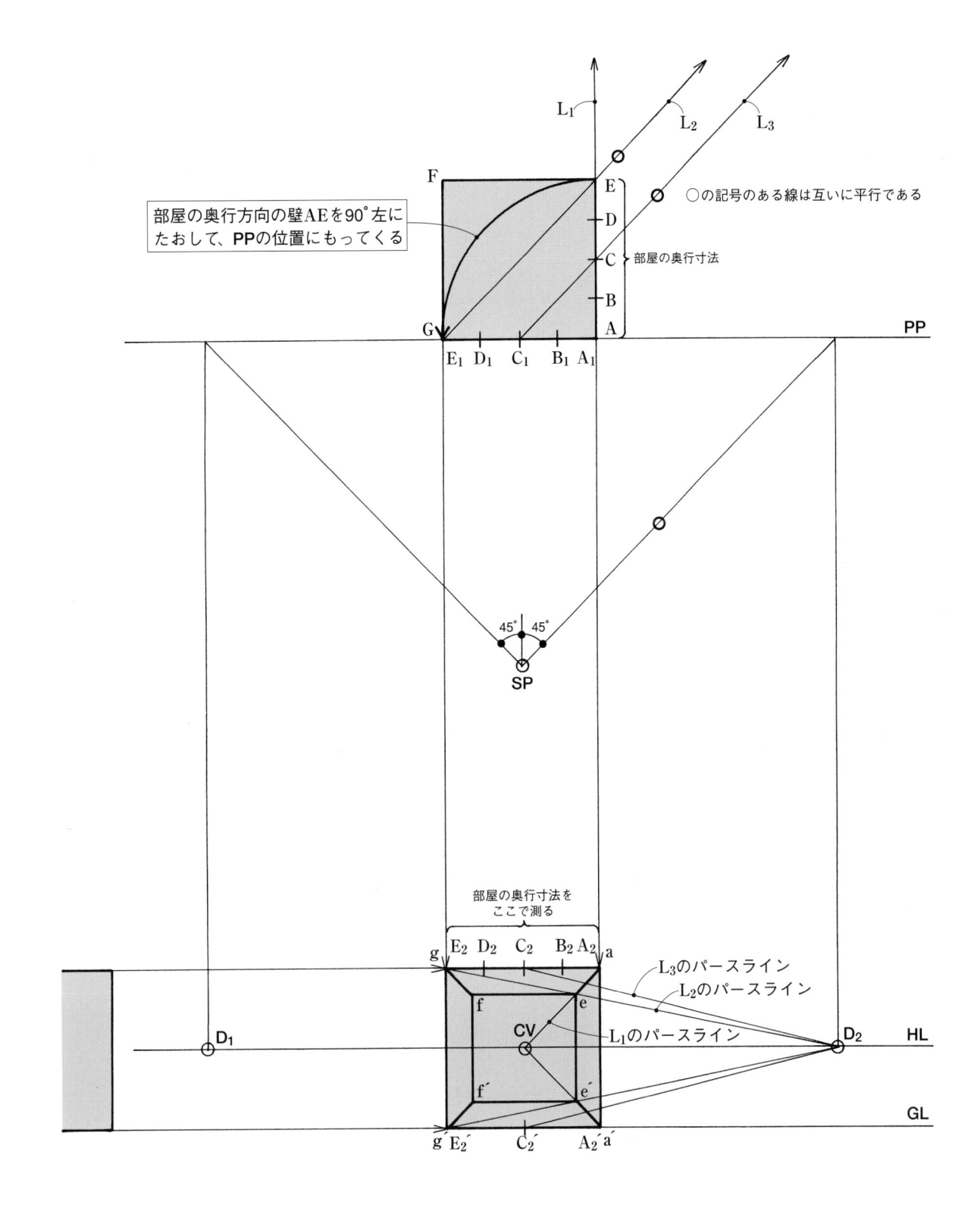

第3章　D点とCVを使ってD点法に挑戦

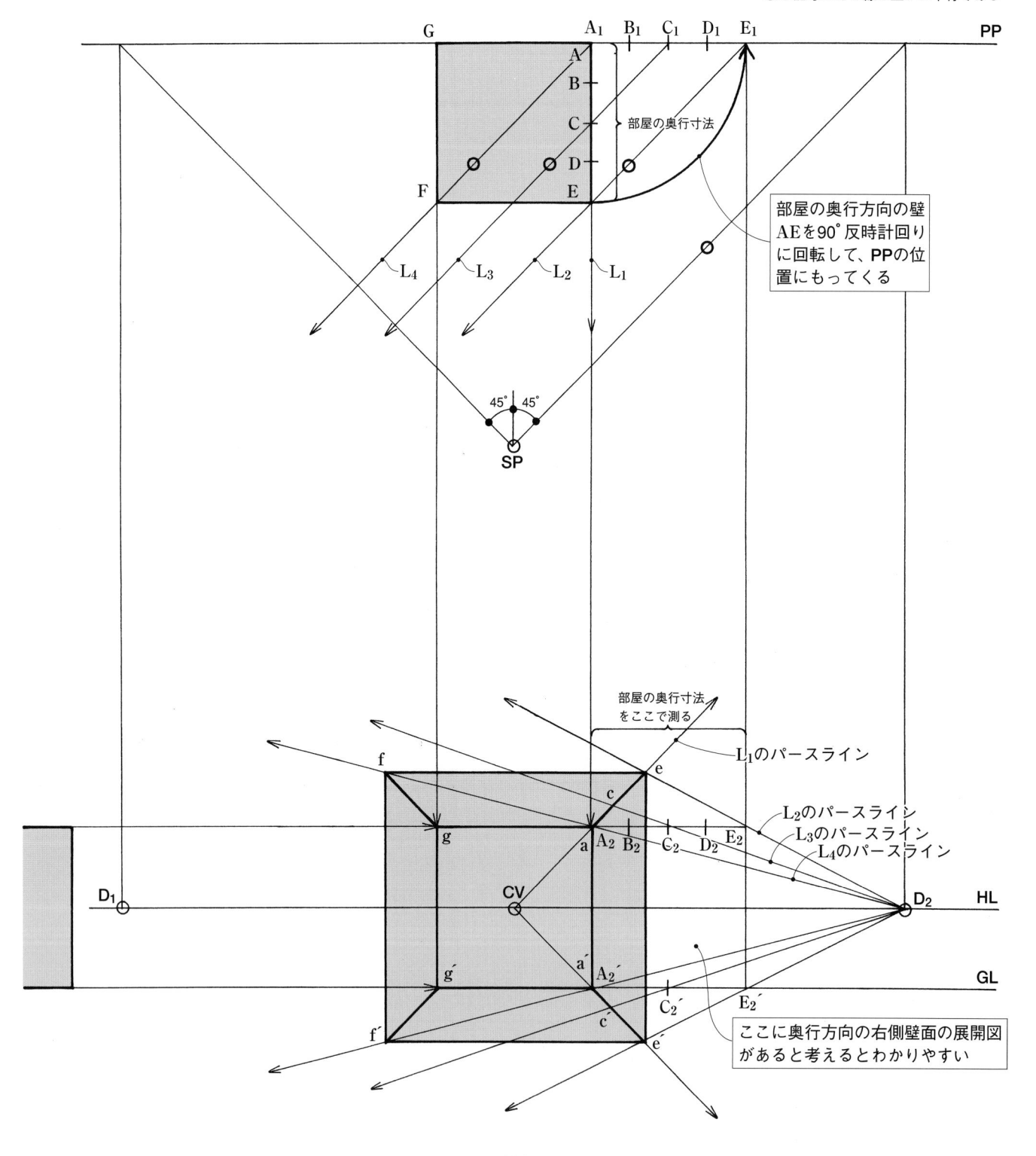

ケース2－(1) PP が部屋の一番奥にある場合──奥行方向の壁 AE を 90°反時計回りに回転する

この方法が D 点法の簡易図法ではよく用いられる。
部屋の奥行を消点 D_2 へのパースラインと CV へのパースラインの交点として求める。

作図の考え方

❶ 平面図で部屋の奥行の壁 AE を 90°反時計回りに回転させて、PP の位置に A_1E_1 をもってくる。さらに真下に下ろし、透視図に A_2E_2、$A_2'E_2'$ をとる。この A_2E_2 あるいは $A_2'E_2'$ で部屋の奥行寸法をとることができる。

❷ 10 ページの透視図の**原理 4** により L_2、L_3、L_4 は互いに平行なので、1 つの消点 D_2 に結ばれる。

❸ 10 ページの透視図の**原理 1** により L_1 は PP に垂直なので CV に結ばれる。

❹ CV へのパースライン L_1 と D_2 へのパースライン L_2、L_3、L_4 との交点 e、c、f をとり、部屋の奥行を求める。

ケース2 –(2) PPが部屋の一番奥にある場合——奥行方向の壁 AE を 90°時計回りに回転する

ケース2–(1)は消点 D_2 へのパースラインを用いたが、ここでは消点 D_1 へのパースラインを用いる。
部屋の奥行を消点 D_1 へのパースラインと CV へのパースラインの交点として求める。
基本的な考え方はケース2–(1)と同じである。

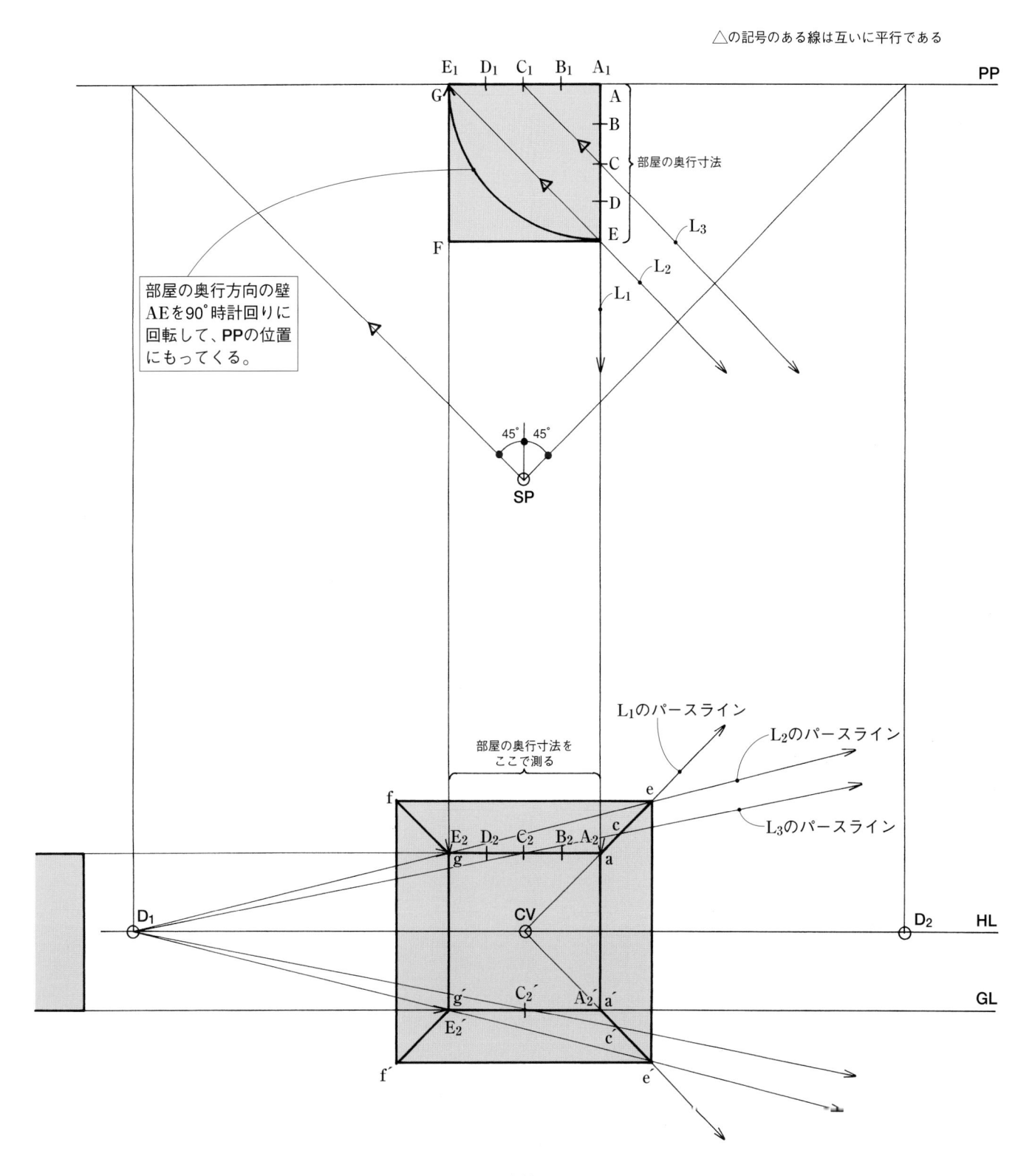

ケース3 PPが部屋の中間にある場合——奥行方向の壁AEをCを中心にして90°時計回りに回転する

部屋の奥行を消点D_2へのパースラインとCVへのパースラインの交点として求める。
考え方は**ケース1-(1)**、**ケース2-(2)**と同様である。

○の記号のある線は互いに平行である

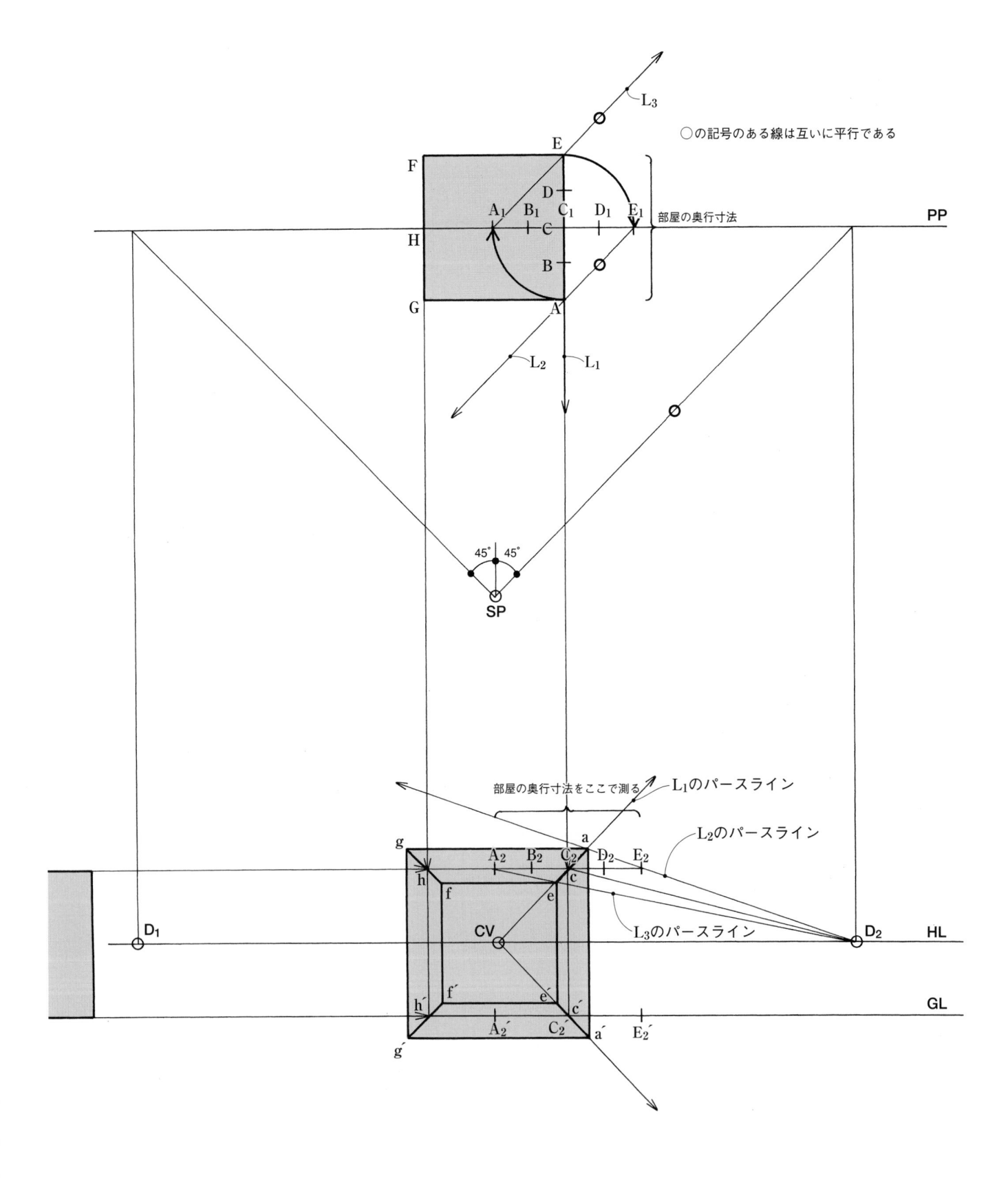

＜ポイント解説＞

ケース1-(1)(110ページ)を立体的に説明した図

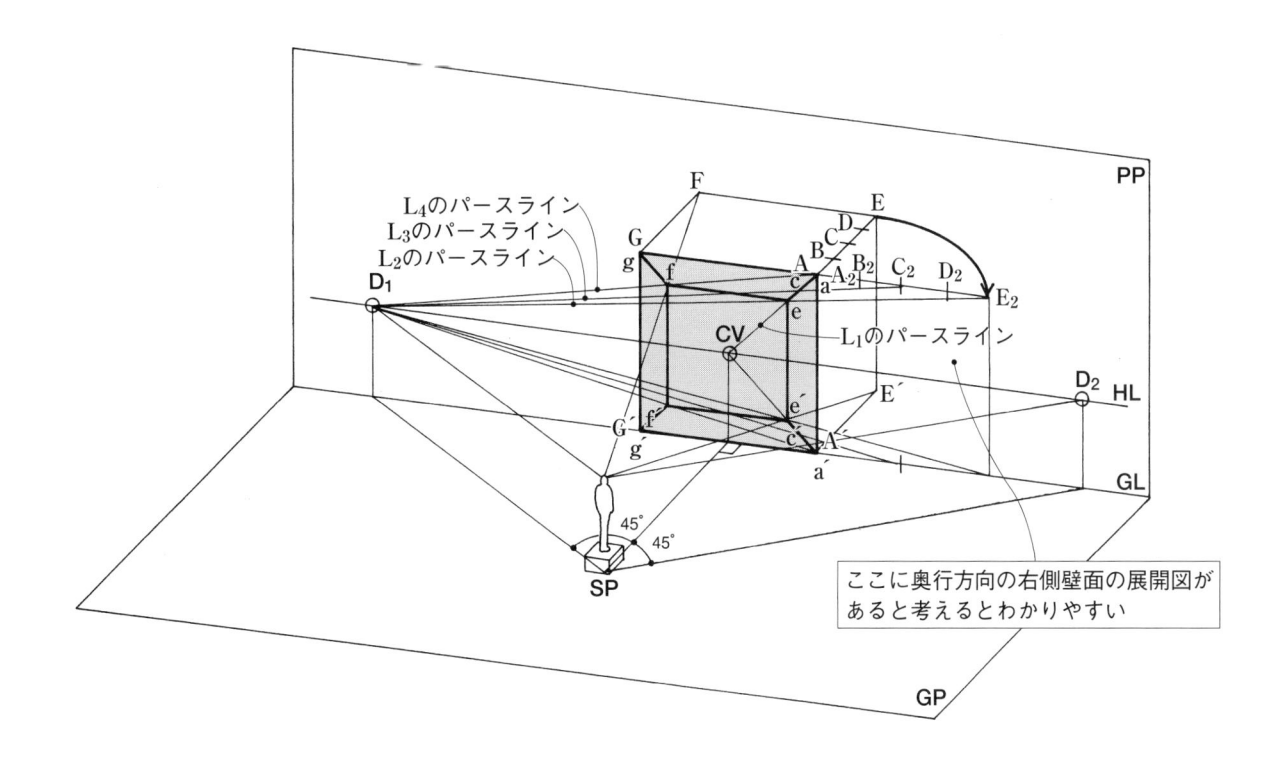

ケース2-(1)(112ページ)を立体的に説明した図

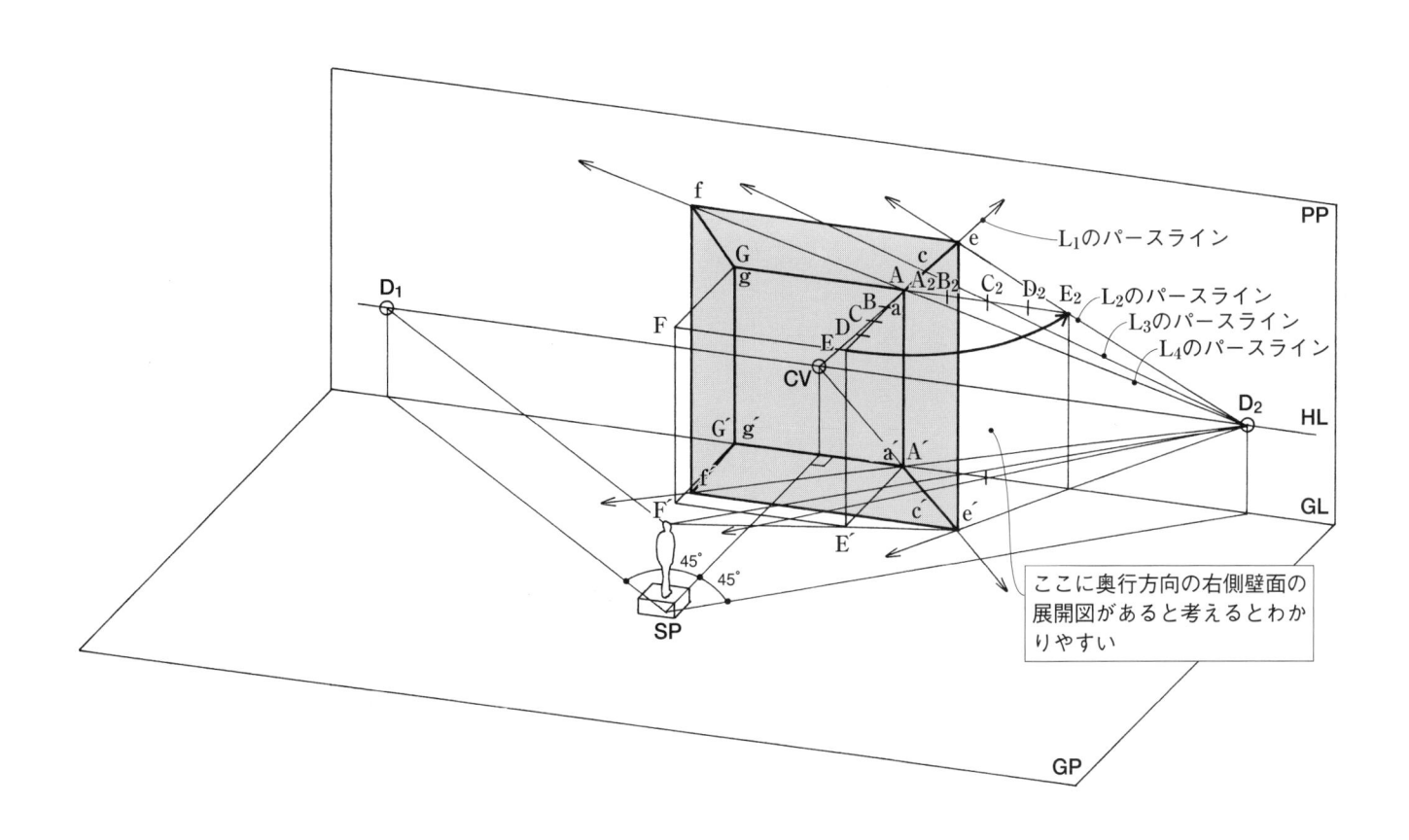

2 D点法で描く

2-a 立体のある空間をD点法で描く

平面図   PP

111ページのD点法の考え方、**ケース1-(2)**の「奥行を**D₂**へのパースラインと**CV**へのパースラインの交点として求める」という方法により行う。平面図は1.5m×1.5mの正方形のグリッドにより構成されている。

❶ **PP**、**HL**、**GL**を引き、**SP**をとる。

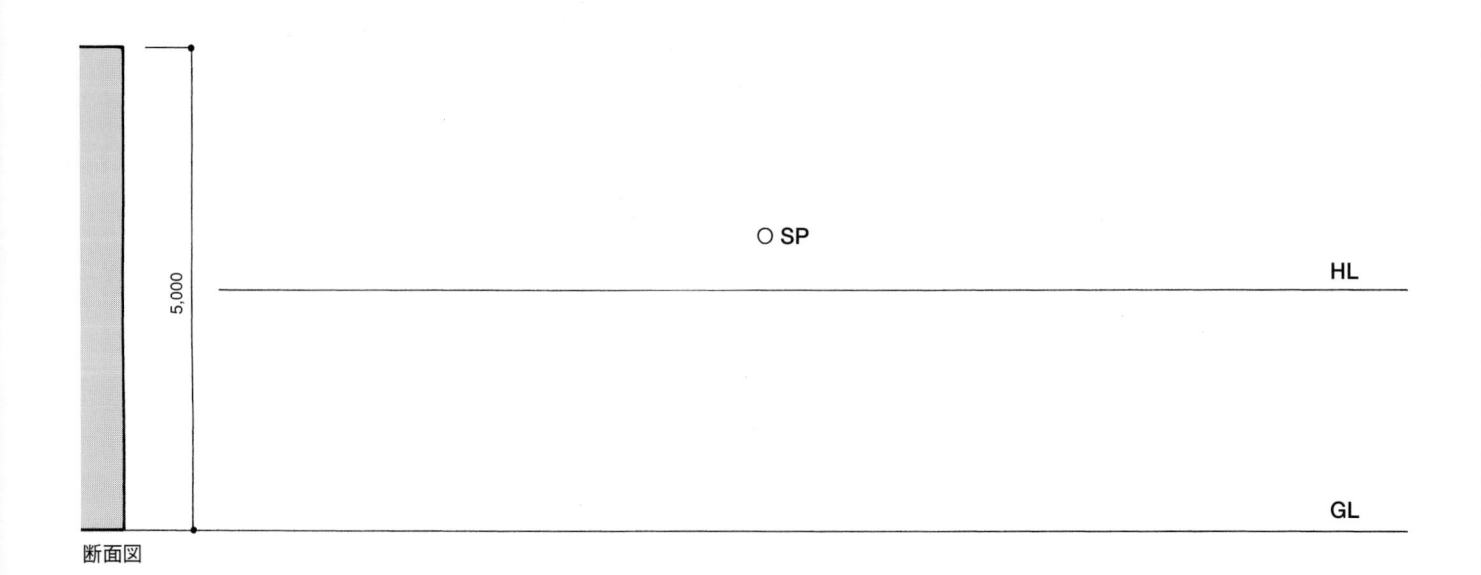

断面図

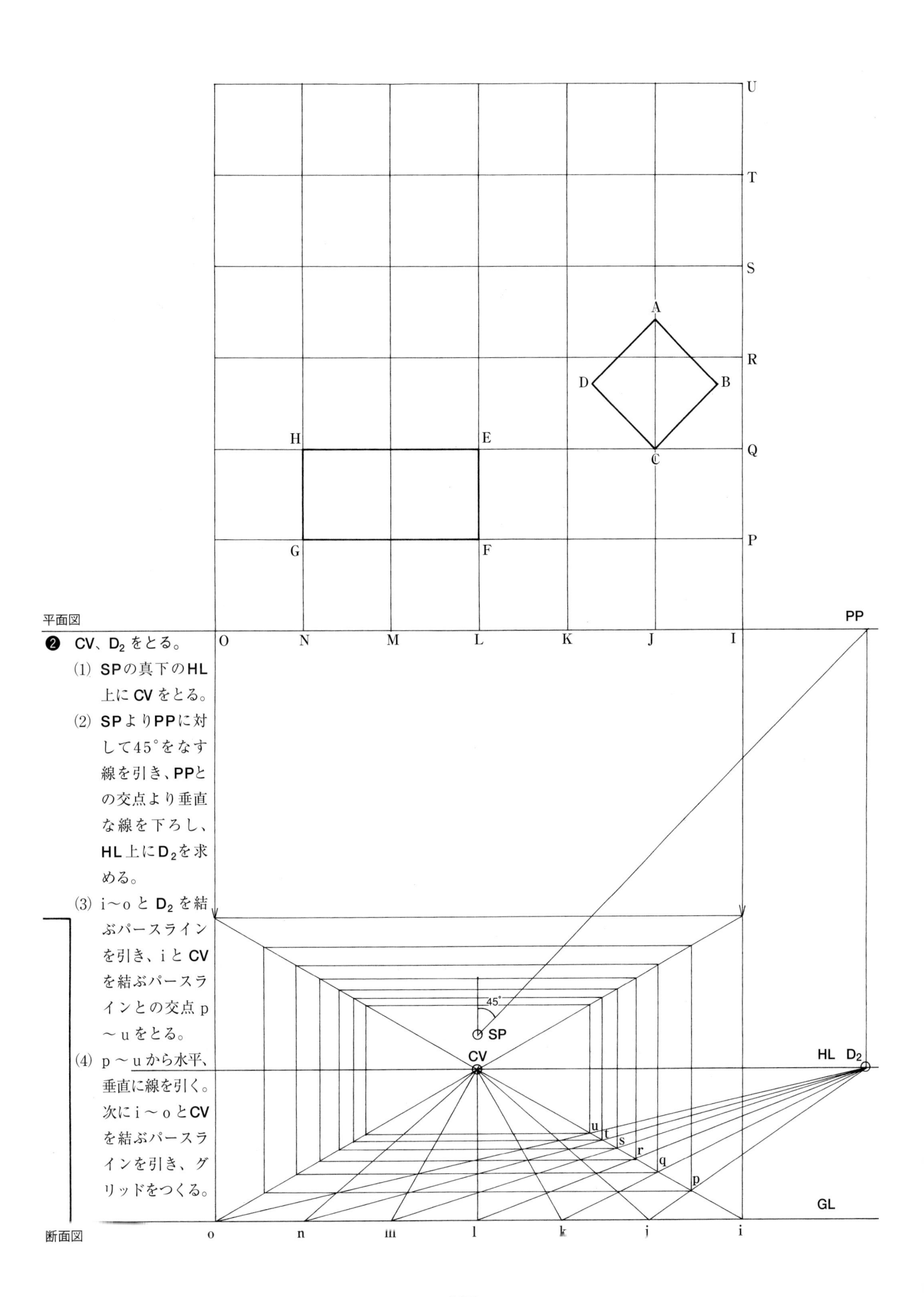

平面図

❷ CV、D_2 をとる。
  (1) SPの真下のHL上にCVをとる。
  (2) SPよりPPに対して45°をなす線を引き、PPとの交点より垂直な線を下ろし、HL上にD_2を求める。
  (3) i〜oとD_2を結ぶパースラインを引き、iとCVを結ぶパースラインとの交点p〜uをとる。
  (4) p〜uから水平、垂直に線を引く。次にi〜oとCVを結ぶパースラインを引き、グリッドをつくる。

断面図

第3章 D点とCVを使ってD点法に挑戦

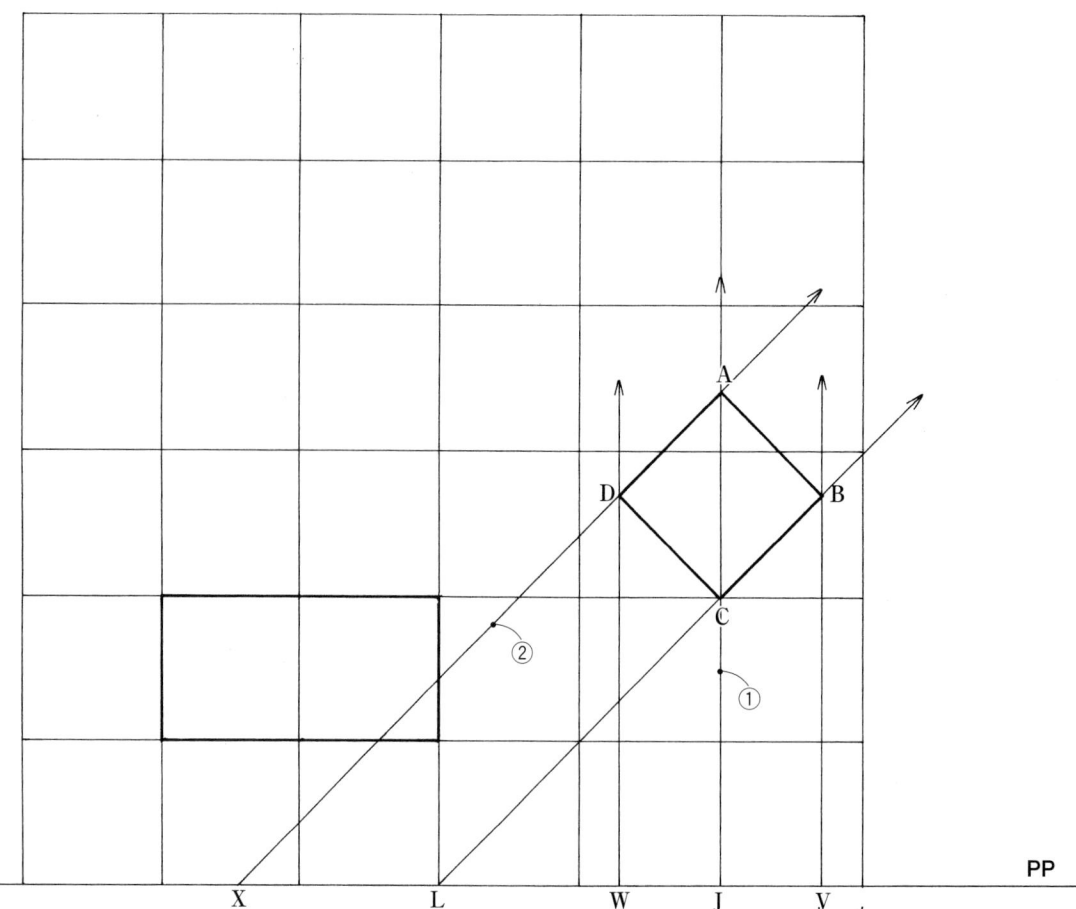

平面図
PP

X L W J V
450
2,550
4,500
6,650

❸ 立方体の各点を CV へのパースラインと D_2 へのパースラインの交点として求める。

(1) 平面図で A は PP に垂直な線①と、PP に対して45°をなす線②の交点である。これは、透視図の床面ではjと CV を結ぶパースラインと x と D_2 を結ぶパースラインとの交点a´である。

(2) 同様に立方体のb´、c´、d´を求めて、立方体の底面を描く。

(3) 実長面で、立方体の高さの実長 j_1j をとり、j_1 と CV を結ぶパースラインを描きa、cを求める。

(4) a、c と D_2 を結ぶパースラインを描き、b、d を求め立方体を描く。

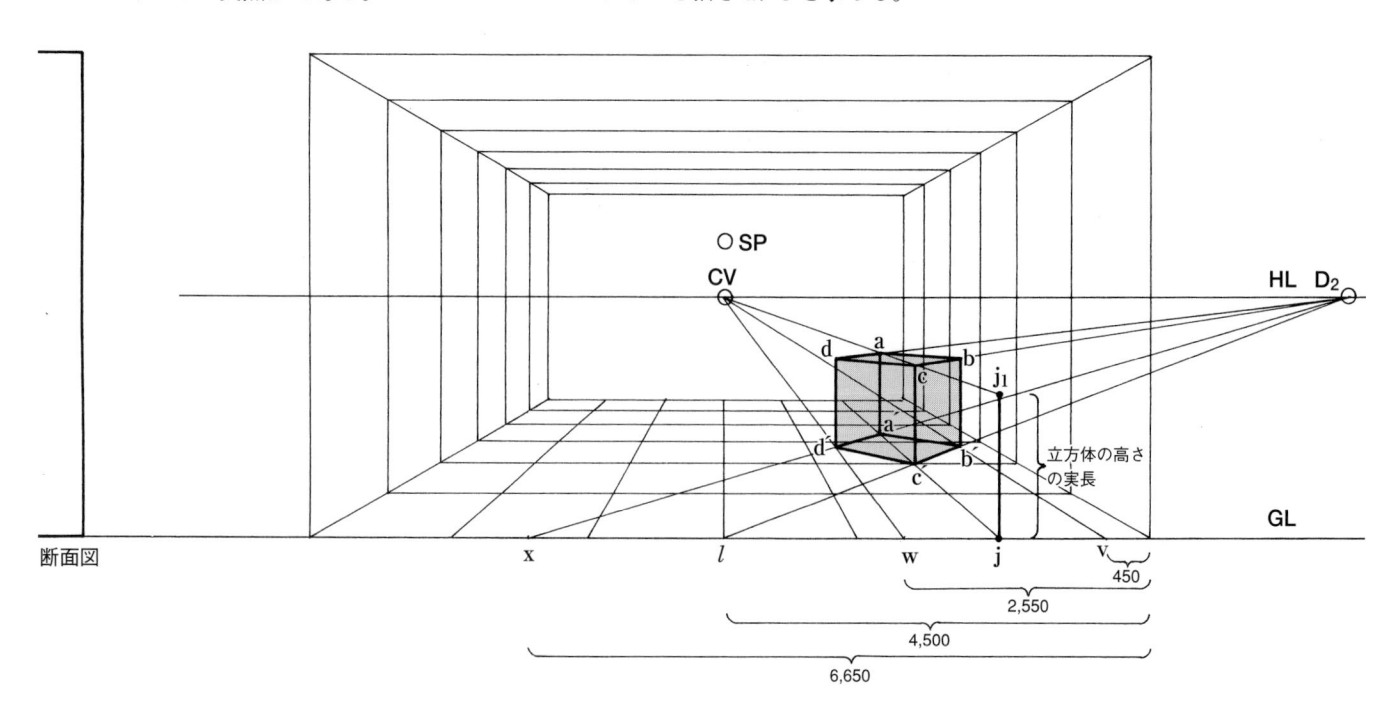

断面図

SP
CV
HL D_2
立方体の高さの実長
GL

x l w j v
450
2,550
4,500
6,650

2-a 立体のある空間をD点法で描く

平面図   PP

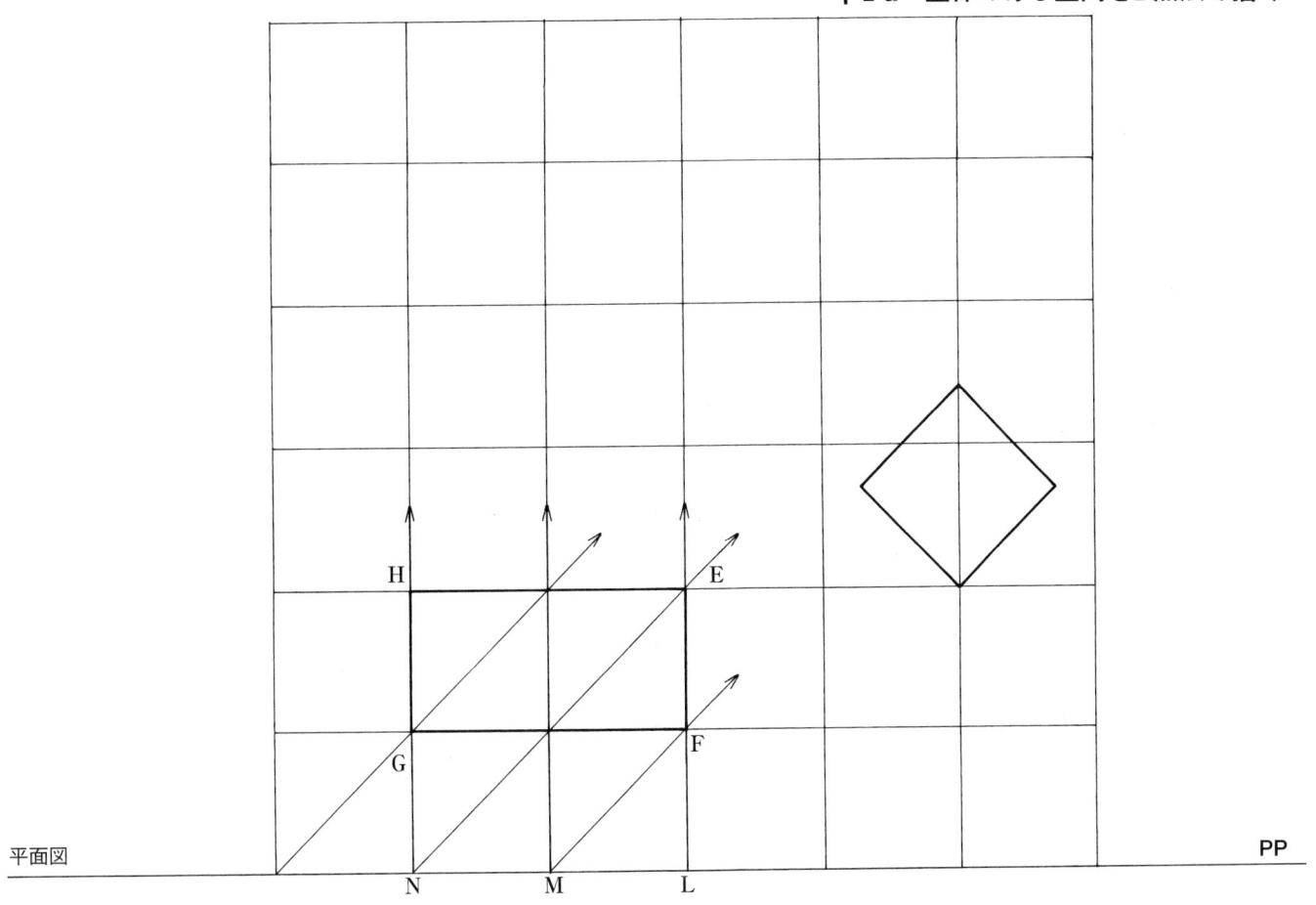

❹ ❸と同様の方法で、直方体の各点を**CV**へのパースラインと**D₂**へのパースラインの交点として求める。

断面図

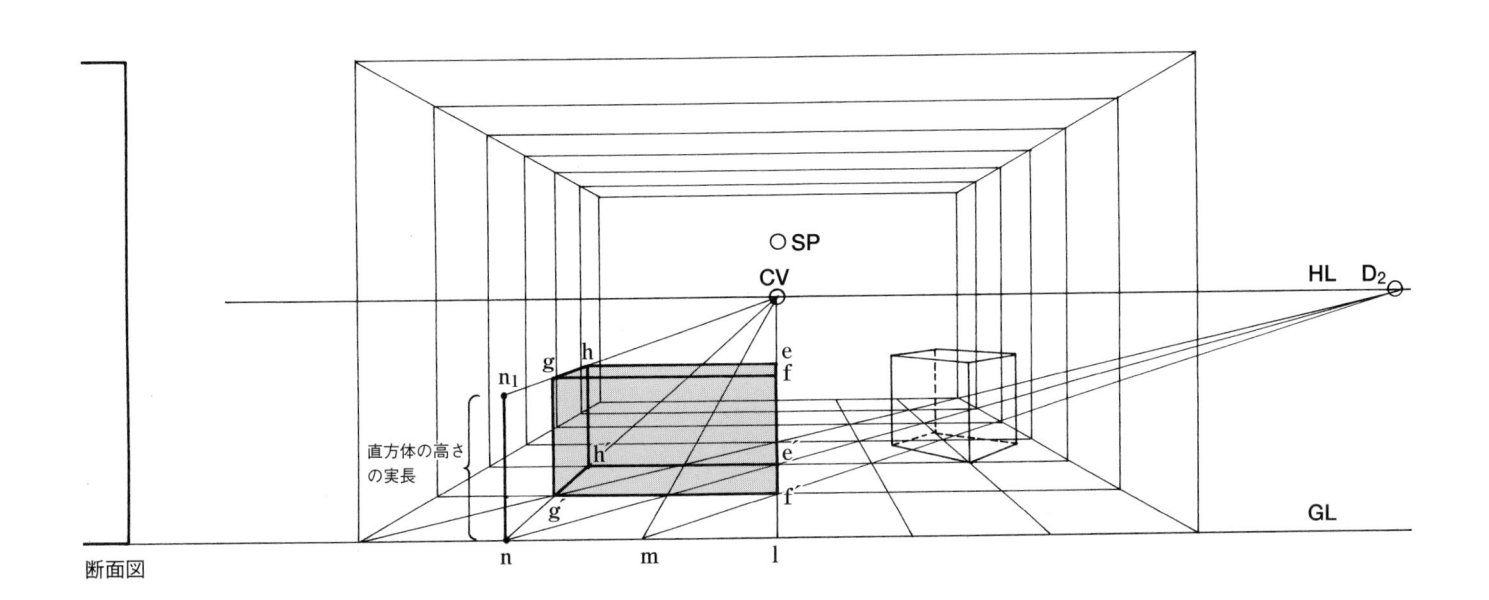

第3章 D点とCVを使ってD点法に挑戦

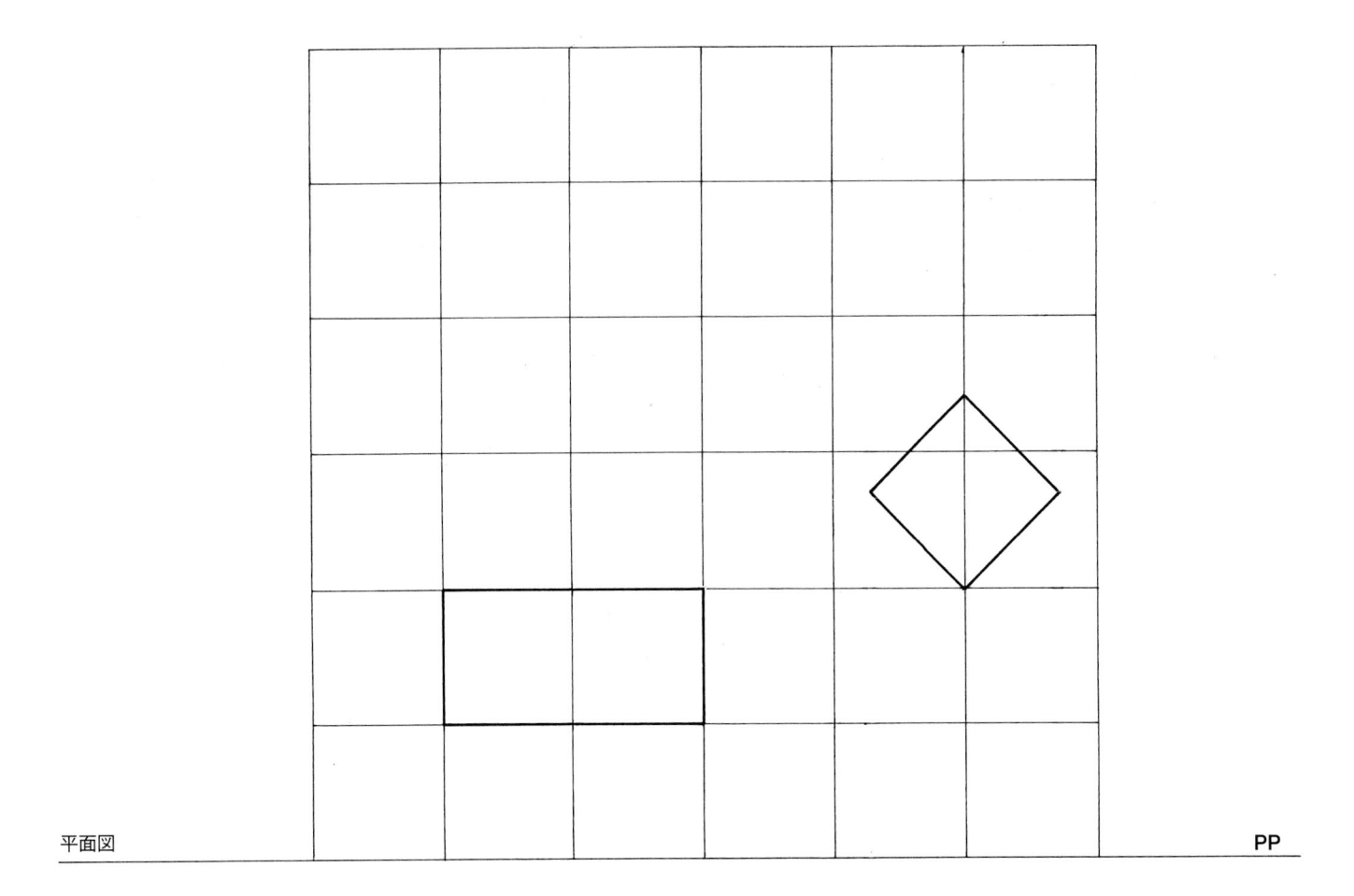

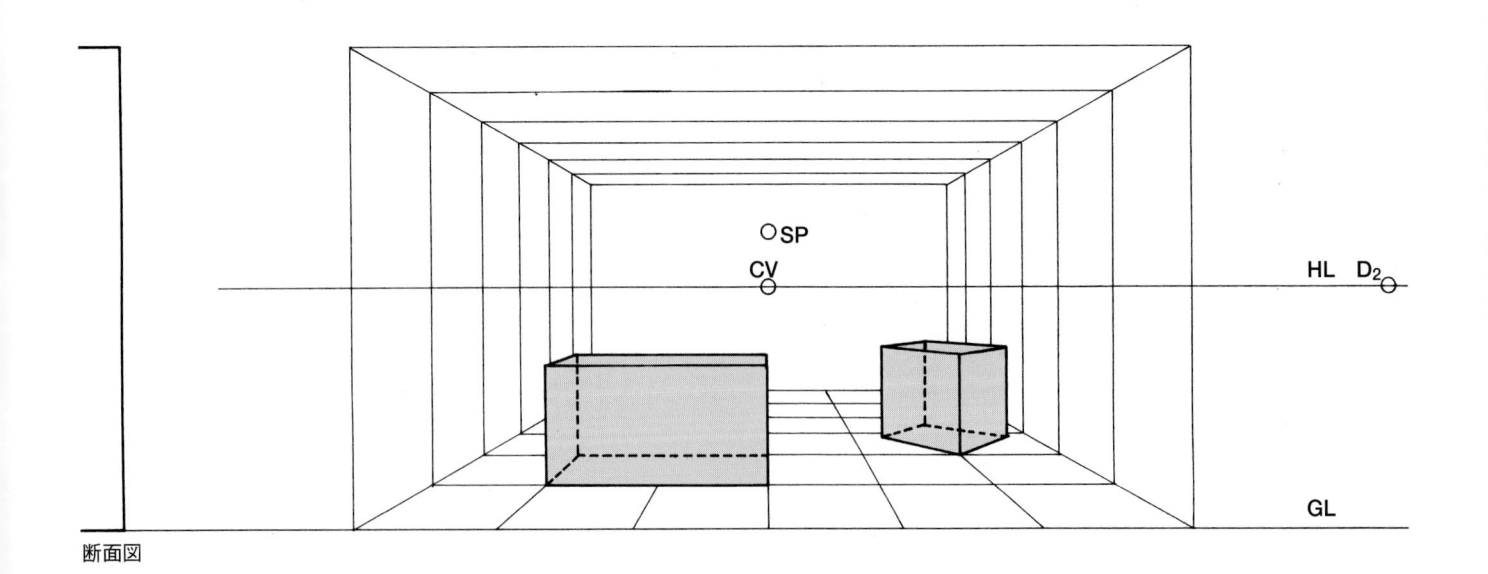

平面図 PP

❺ 完成図。

断面図

2-b コンクリート造住宅をD点法で描く

足線法以外にも、D点法を用いて同じ透視図を描くことができる。この住宅の居間の壁 (AC、CE) は食堂の壁に対して45°の角度をなしている。したがってD点法により、住宅の各点を CV へのパースラインと D 点へのパースラインの交点として求めることができる。

❶ PP、HL、GL を引き、SP をとる。
平面図で PP の位置は 2 階外壁壁面に、SP の位置は D の真下に置く。

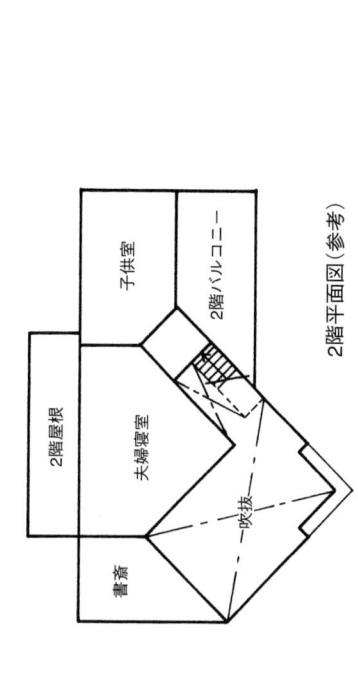

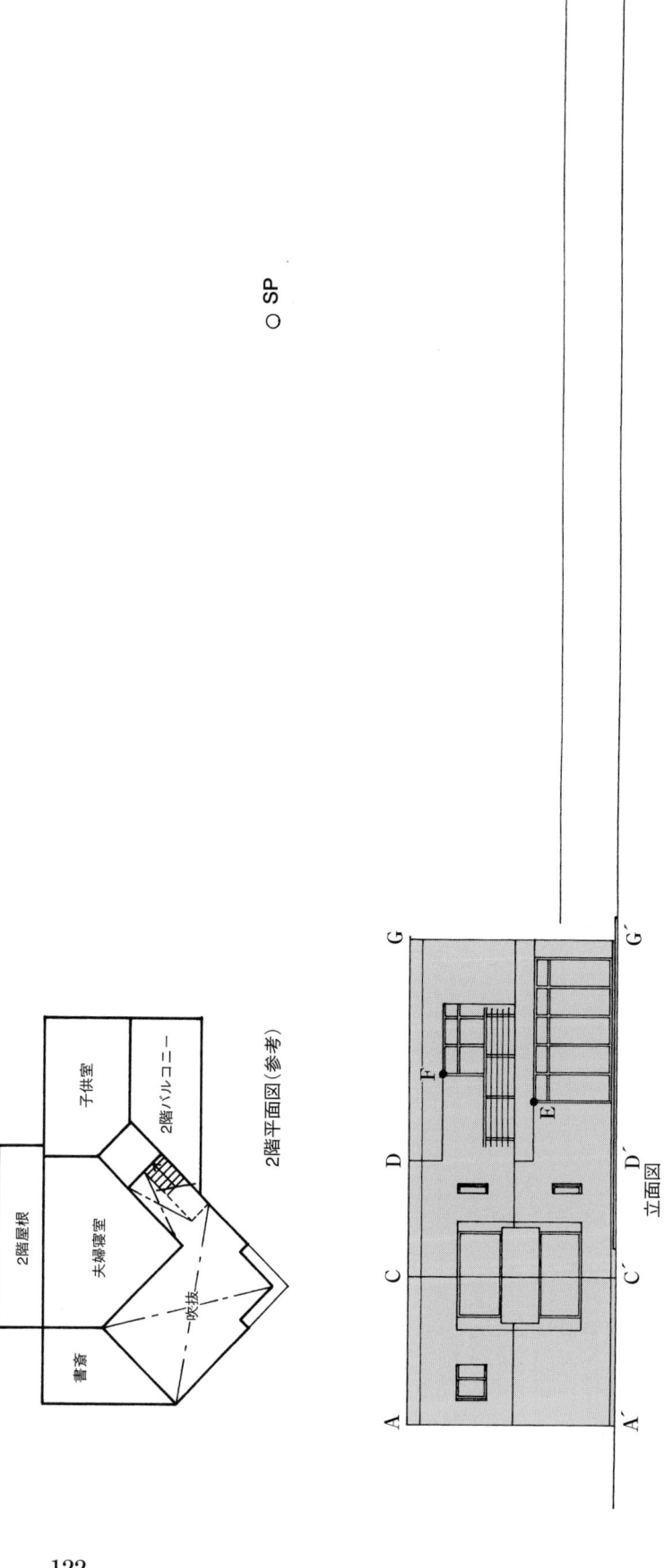

1階平面図
破線は2階部分を示す

2階平面図 (参考)

立面図

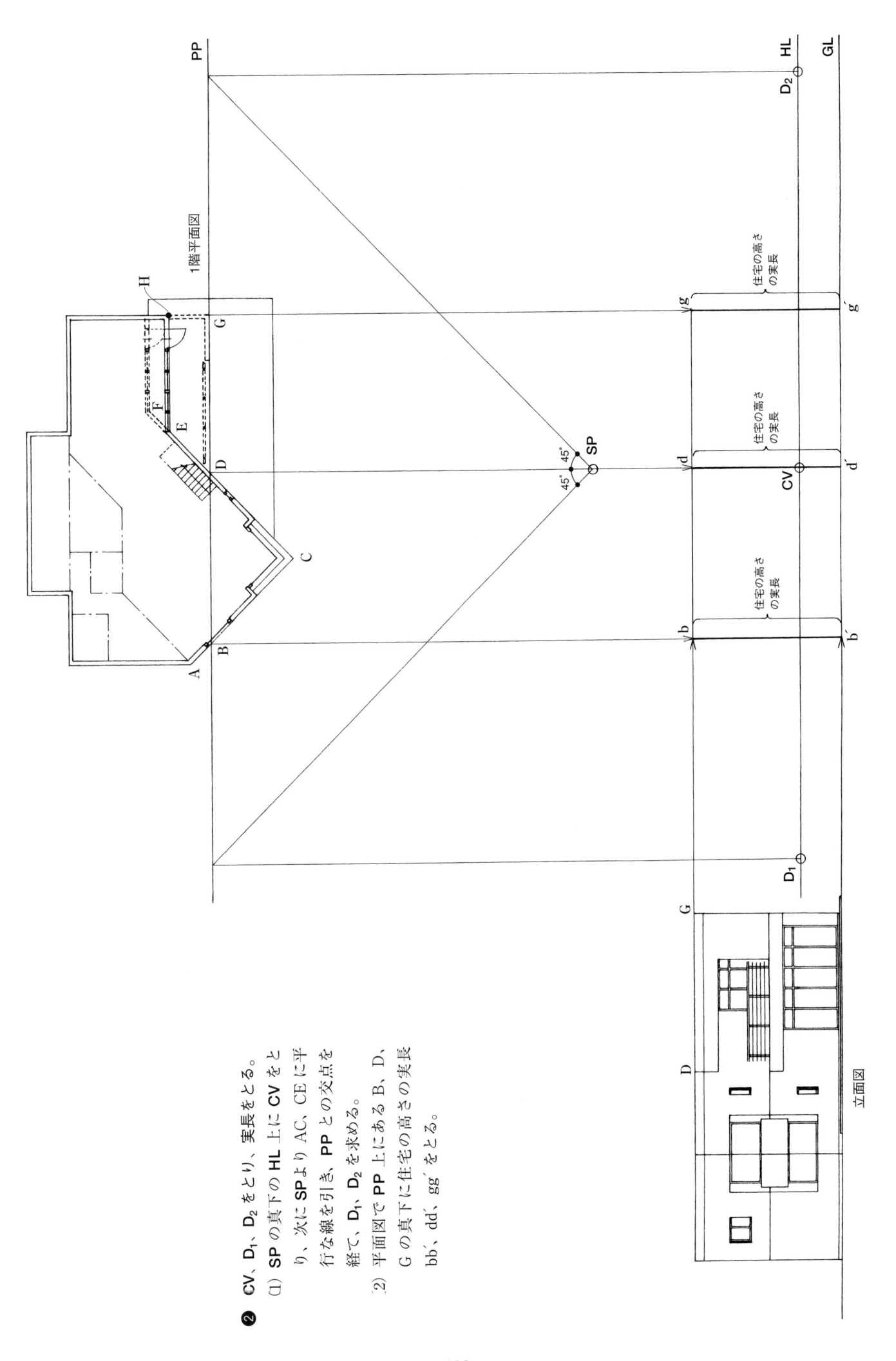

❷ **CV、D_1、D_2 をとり、実長をとる。**
(1) SP の真下の HL 上に CV をとり、次に SP より AC、CE に平行な線を引き、PP との交点を経て、D_1、D_2 を求める。
(2) 平面図で PP 上にある B、D、G の真下に住宅の高さの実長 bb'、dd'、gg' をとる。

第3章 D点とCVを使ってD点法に挑戦

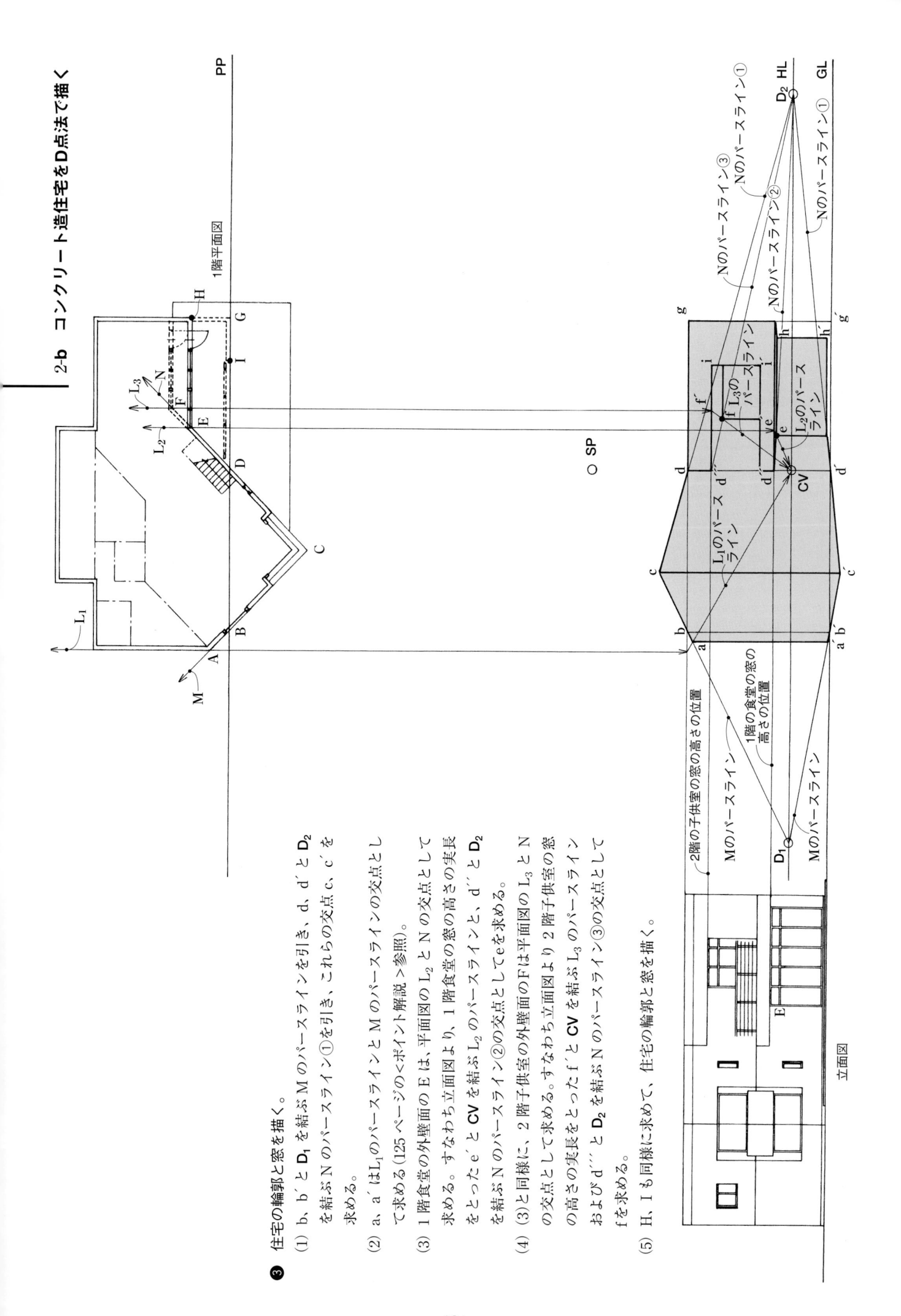

2-b コンクリート造住宅をD点法で描く

1階平面図

立面図

❸ 住宅の輪郭と窓を描く。

(1) b、b´と D_1 を結ぶ M のパースラインを引き、d、d´と D_2 を結ぶ N のパースライン①を引き、これらの交点 c、c´を求める。

(2) a、a´は L_1 のパースラインと M のパースライン①の交点として求める(125ページの<ポイント解説>参照)。

(3) 1階食堂の外壁面の E は、平面図より L_2 と N の交点として求める。すなわち立面図より、1階食堂の窓の高さの実長をとった e´と L_2 のパースラインと、d´´と D_2 を結ぶ N のパースライン②の交点として e を求める。

(4) (3)と同様に、2階子供室の外壁面の F は平面図の L_3 と N の交点として求める。すなわち立面図より 2階子供室の窓の高さの実長をとった f´と L_3 のパースラインおよび d´´´と D_2 を結ぶ N のパースライン③の交点として f を求める。

(5) H、I も同様に求めて、住宅の輪郭と窓を描く。

<ポイント解説>

△の記号のある線は互いに平行である

❸ の平面図の A は L_1 と M の交点である。この A は、透視図では L_1 のパースラインと M のパースラインの交点 a、a' として求められる。

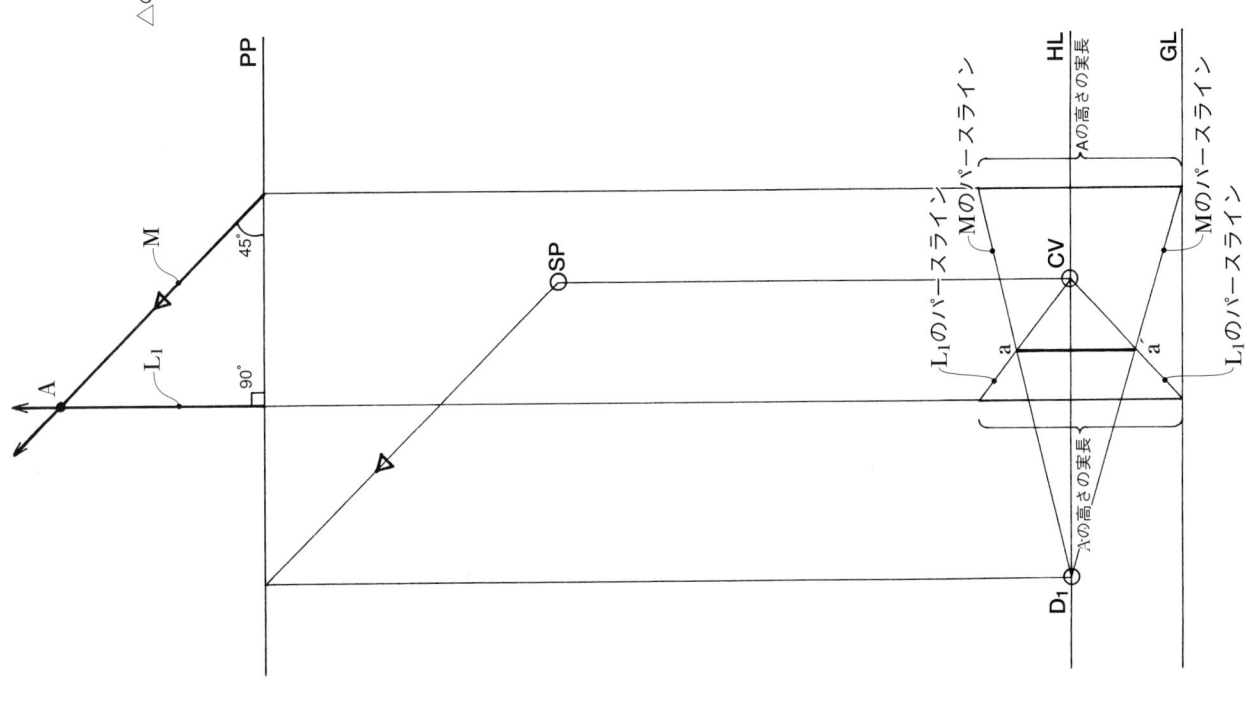

11 ページの透視図の原理 **5** を見ると、平面図の L_1、L_2 などは任意の線でよいとあるが、実際には左図のように $90°$ をなす線 L_1 と $45°$ をなす線 M の交点として求めると作図しやすくなることが多いので、この方法がよく用いられる。**PP** に対して $90°$ をなす線のパースラインは **CV** に結び、$45°$ をなす線のパースラインは D_1 に結ぶ。

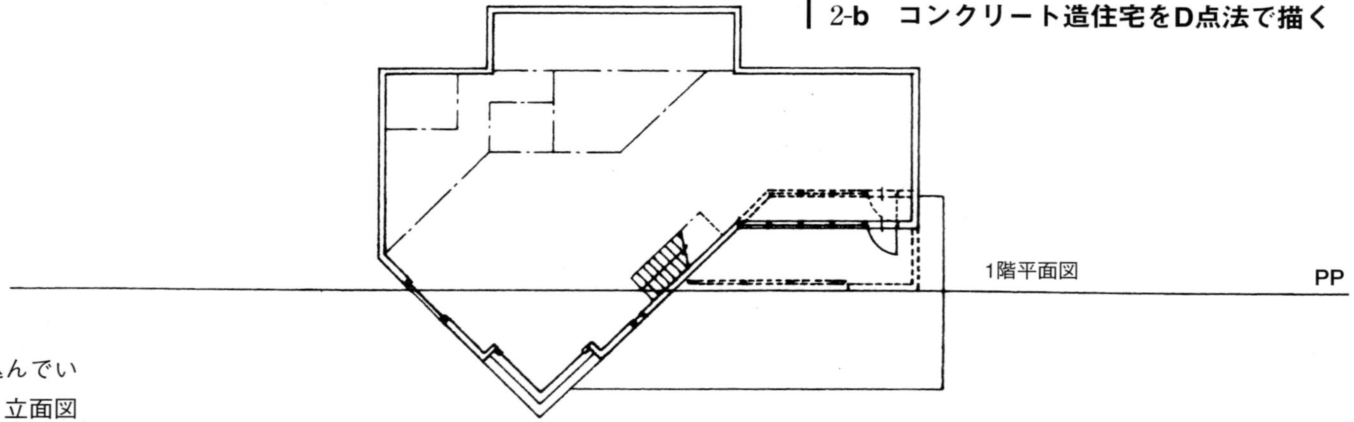

2-b コンクリート造住宅をD点法で描く

❹ 窓枠、窓割、窓のダキ部分(窓が外壁より室内に入り込んでいる部分)などの窓の細部、手摺、1階テラスを平面図、立面図をもとにして描く。

細部は立面図をもとにしてデッサンまたはD点法で描く。対象物のすべての点をD点法のみで描くと煩雑になることが多いので、細部などの作図で は部分的に足線法を用いてもよい。

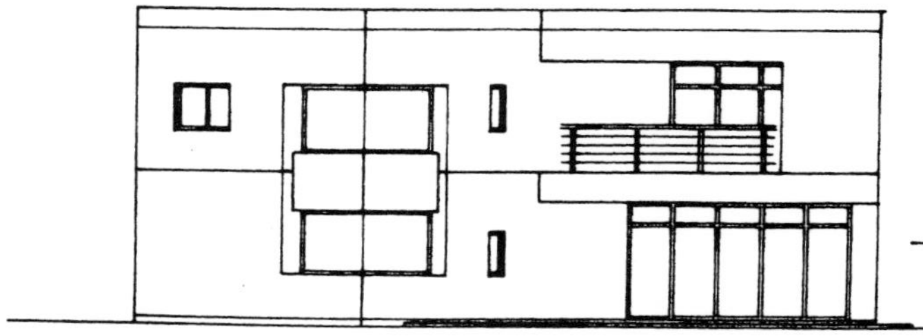

1階平面図

立面図

126

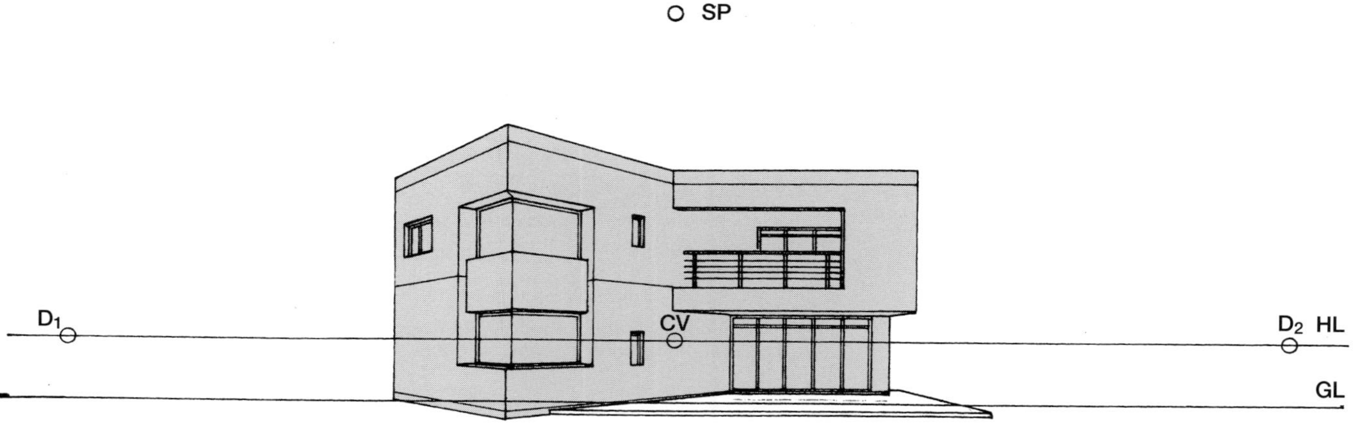

2-c 立体のある空間をD点法の[簡略図法]で描く

平面図を用いずに描く簡略図法は、便利な方法なのでよく用いられる。ここで行う図法の基本的な考え方は112ページのD点法の考え方ケース2-(1)を参照すること。

❶ HL、GL を引き部屋の一番奥の壁面の実長をとる。
(1) HL、GL を引く。
(2) 部屋の一番奥の壁面(実長面)の幅と高さの実長をとる。これは一番奥の壁面の展開図を描く作業と同じである。
(3) 部屋の一番奥の壁面の中心(HL上)に CV を置く。

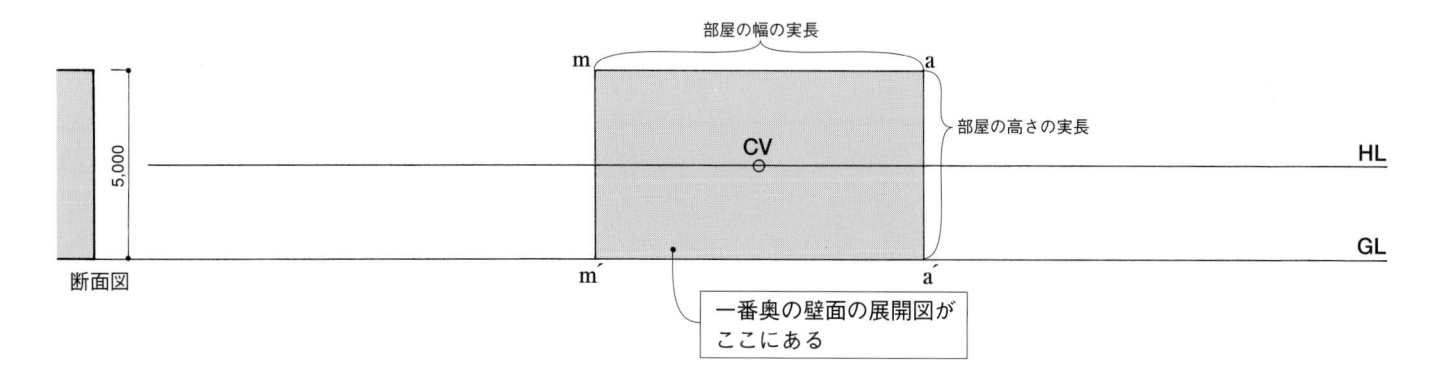

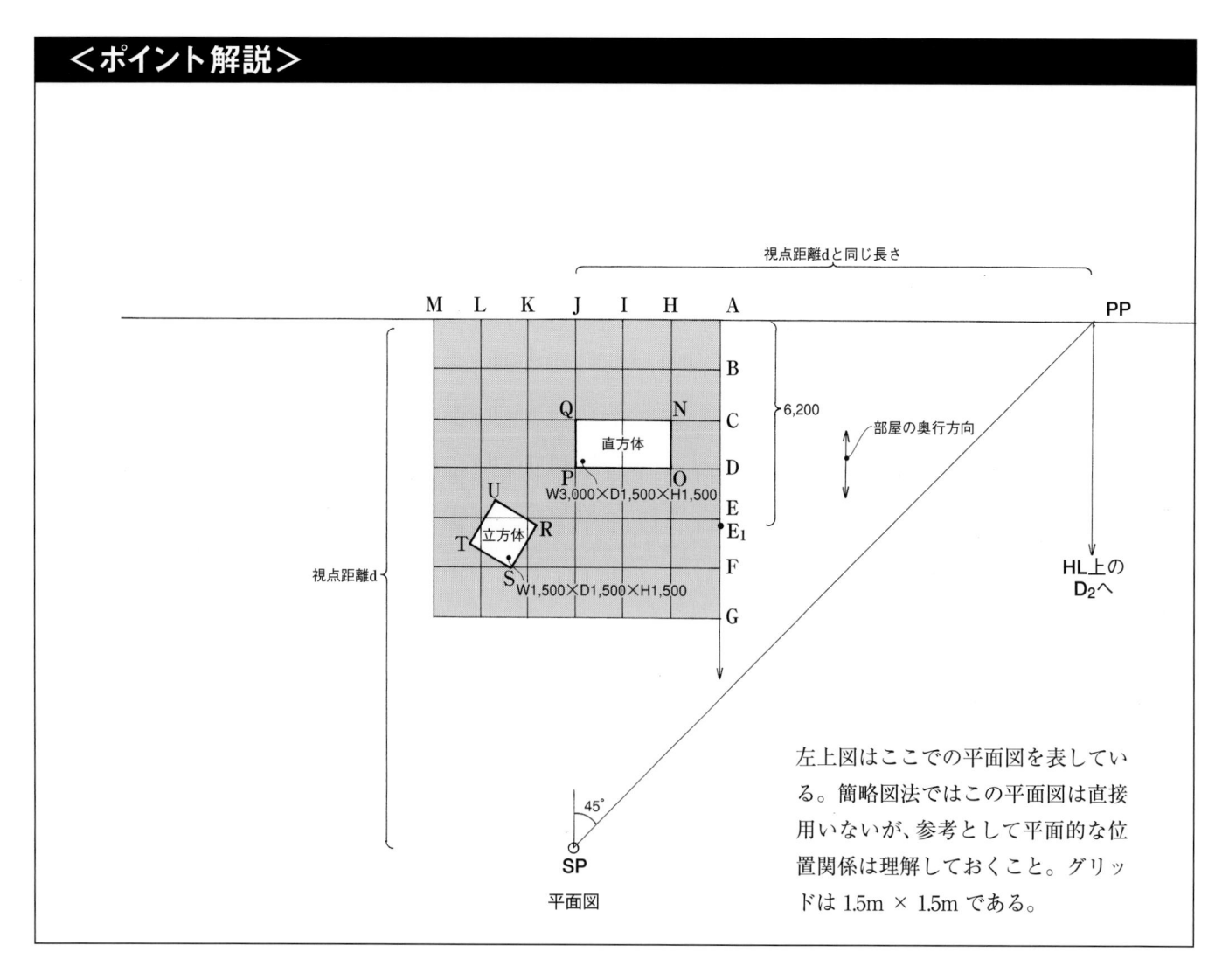

断面図 5,000

部屋の幅の実長
部屋の高さの実長
一番奥の壁面の展開図がここにある

＜ポイント解説＞

視点距離dと同じ長さ

MLKJIHA ... PP
B
C 6,200
D 部屋の奥行方向
E
E₁
F
G

Q N 直方体 W3,000×D1,500×H1,500
P O
U R 立方体
T S W1,500×D1,500×H1,500

視点距離d

HL上のD₂へ

45°
SP
平面図

左上図はここでの平面図を表している。簡略図法ではこの平面図は直接用いないが、参考として平面的な位置関係は理解しておくこと。グリッドは 1.5m × 1.5m である。

❷ D_2 をとる。

HL 上に、CV より視点距離 d と同じ長さの位置に D_2 をとる(128 ページの<ポイント解説>参照)。

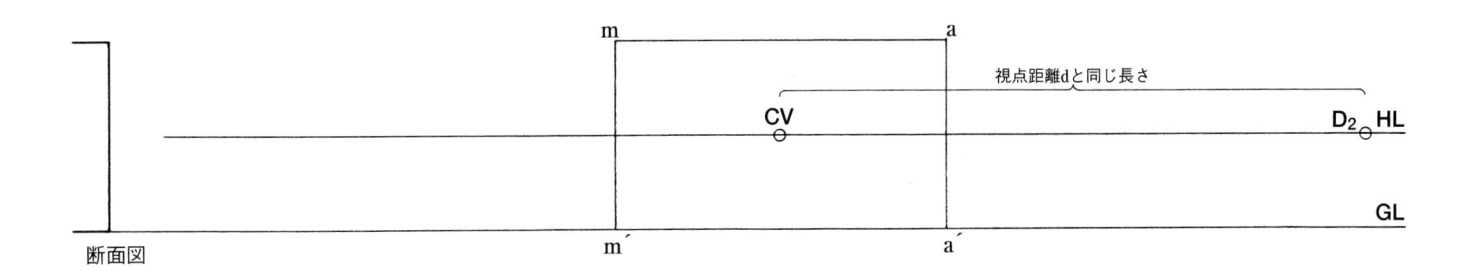

視点距離dと同じ長さ

断面図

❸ 部屋の奥行方向の寸法を GL 上にとる。

GL 上に部屋の奥行方向の寸法を測り、A′〜G′を求める(GL 上ではなく、天井のラインで奥行方向の寸法を測ってもよい)。

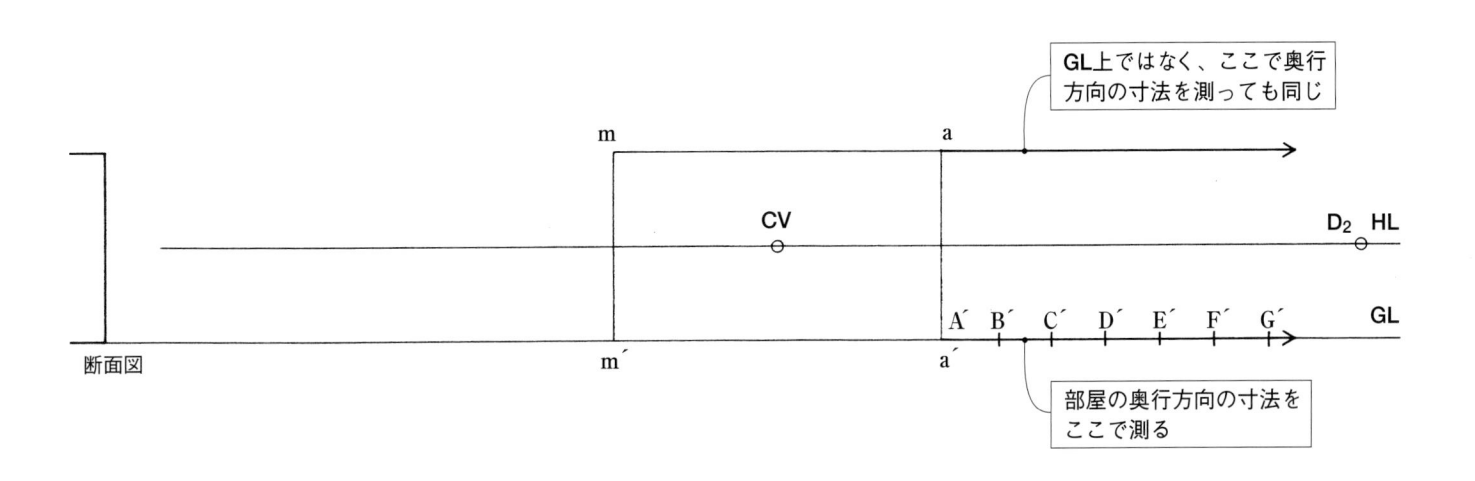

GL上ではなく、ここで奥行方向の寸法を測っても同じ

部屋の奥行方向の寸法をここで測る

断面図

❹ 部屋の奥行を描く。
(1) B′～G′ と D_2 を結ぶパースラインを引き、a′ と **CV** を結ぶパースライン①との交点 b′～g′ をとる。
(2) b′～g′ より水平、垂直に線を引き、m′ と **CV** を結ぶパースライン②および a と **CV** を結ぶパースライン③との交点をとり、部屋の奥行を描く。

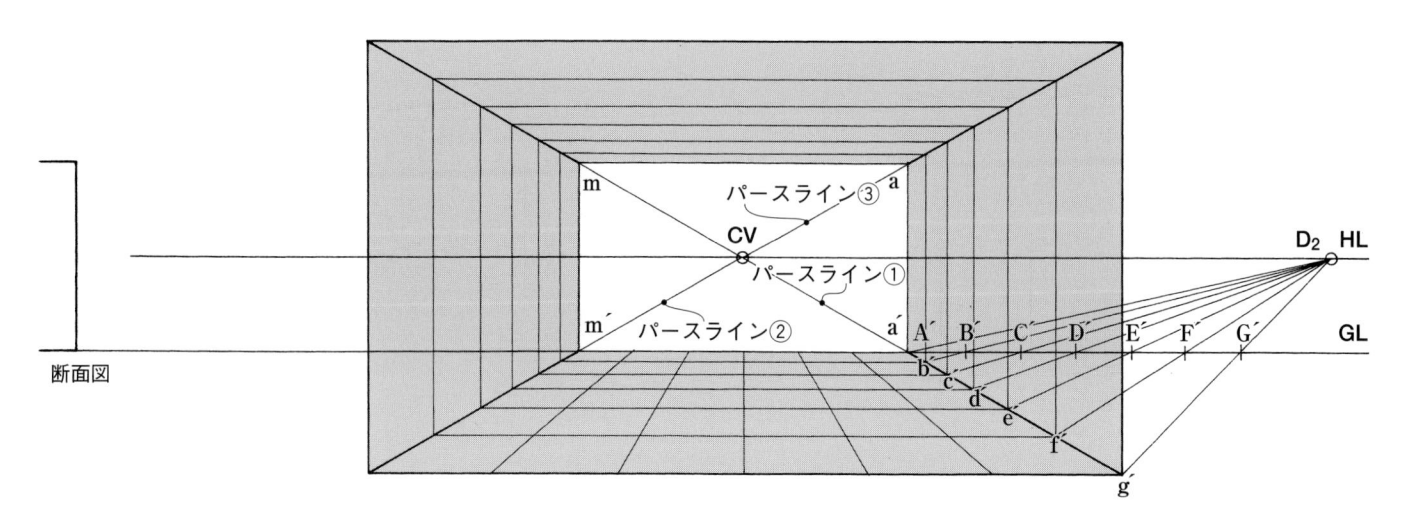

断面図

❺ 直方体を描く。
(1) 実長面に直方体の高さの実長 $h_1h_1′$ (H = 1,500) をとる。
(2) $h_1′$ と **CV** を結ぶパースラインを描き、c′、d′ より水平に引いた線との交点 n′、o′ をとる(直方体の平面図上の位置は 128 ページの<ポイント解説>参照)。
(3) グリッド上にある p′、q′ をとり、直方体の底面を描く。
(4) n′、o′ より垂直な線を引き、h_1 と **CV** を結ぶパースラインとの交点 n、o をとる。
(5) (4)と同様に p、q をとり、直方体を描く。

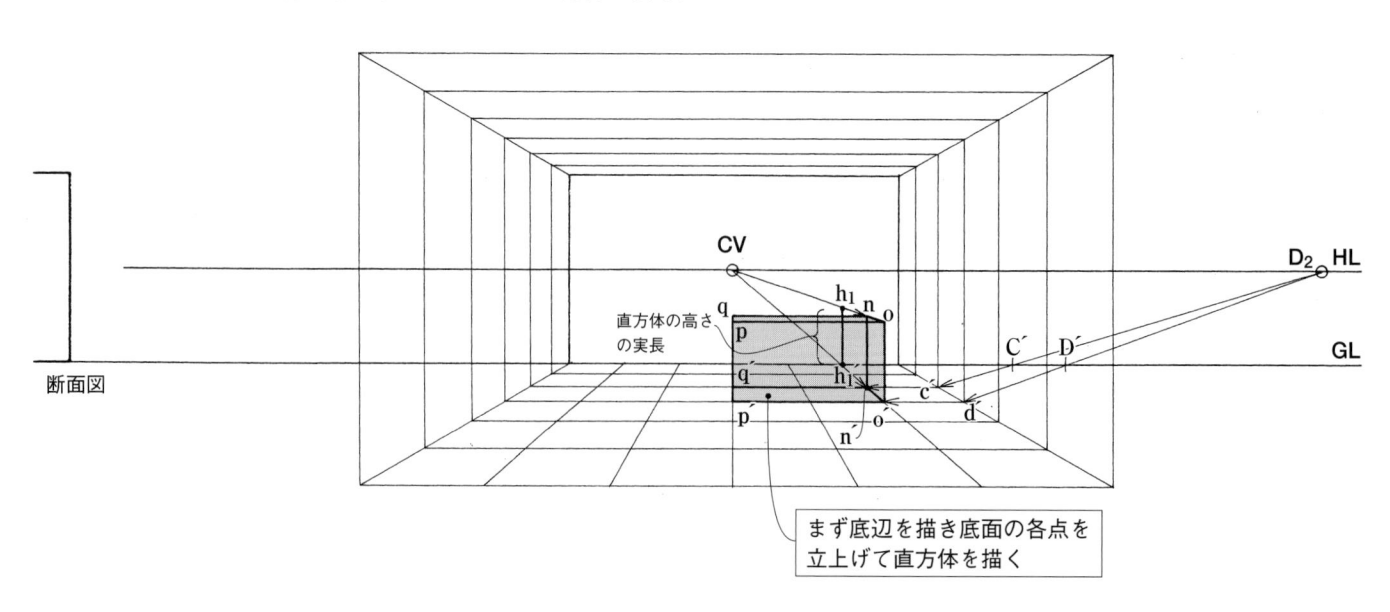

断面図

まず底辺を描き底面の各点を立上げて直方体を描く

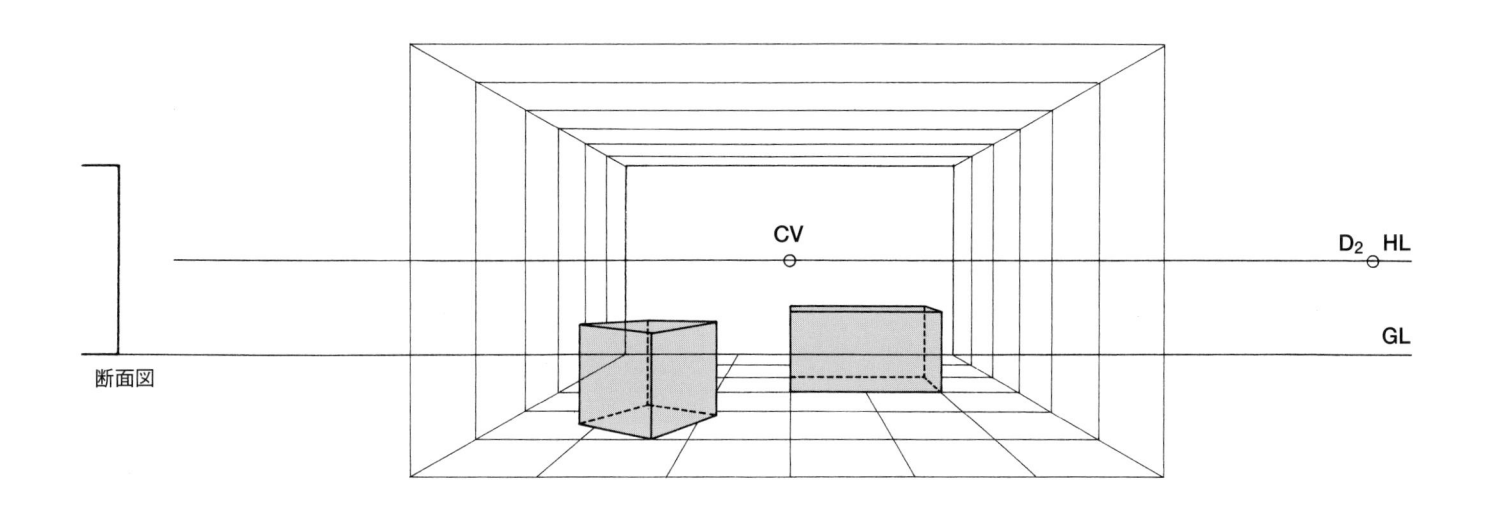

2-c 立体のある空間をD点法の[簡略図法]で描く

❻ 立方体を描く。
(1) GL 上に a´ より 6,200 に相当する寸法の点 $E_1´$ をとる。
(2) $E_1´$ と D_2 を結び $e_1´$ をとり、水平な線を引き、$h_2´$ と CV を結ぶパースラインとの交点 r´ をとる。次に f´ よりの水平な線と $h_3´$ と CV を結ぶパースラインとの交点 s´ をとる。

(3) (2) と同様に t´、u´ をとり、立方体の底面を描く。
(4) r´、s´ より垂直な線を引き、h_2、h_3 と CV を結ぶパースラインとの交点 r、s をとる。
(5) (4) と同様に t、u をとり立方体を描く。

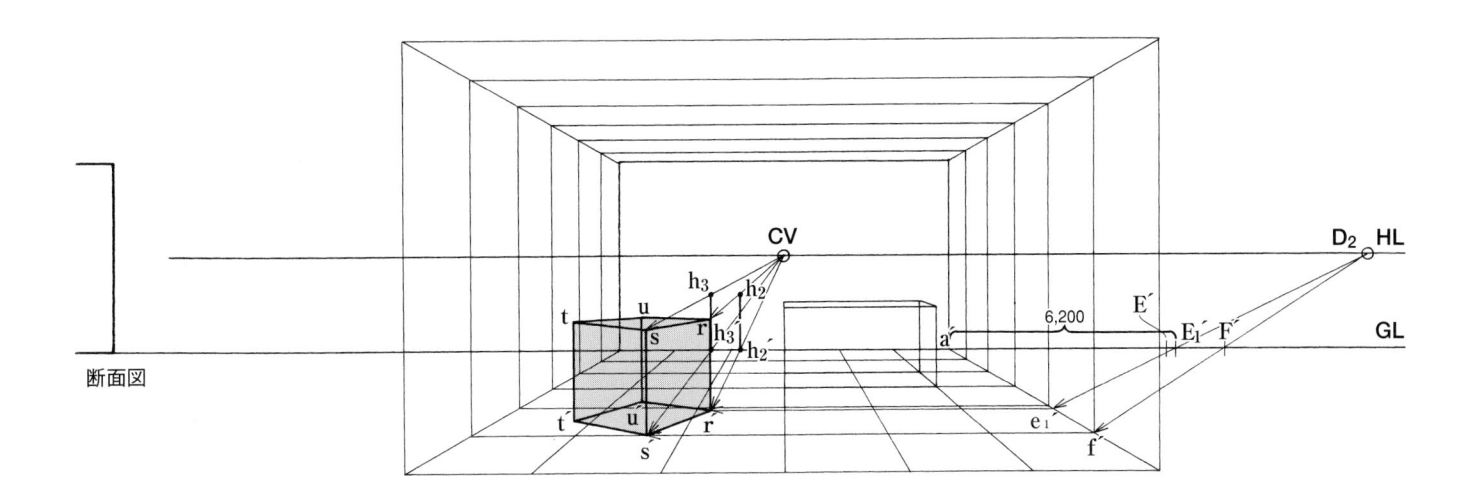

❼ 完成図。

2-d 和室をD点法の[簡略図法]で描く

平面図を用いずに和室8畳を描く。

❶ HL、GL を引き、床の間、床脇の展開図を描く。
  (1) HL、GLを引く。
  (2) 和室の一番奥の床の間、床脇の展開図を描く。この面を実長面とする。
  (3) 和室の幅の中心の HL 上に CV を置く。

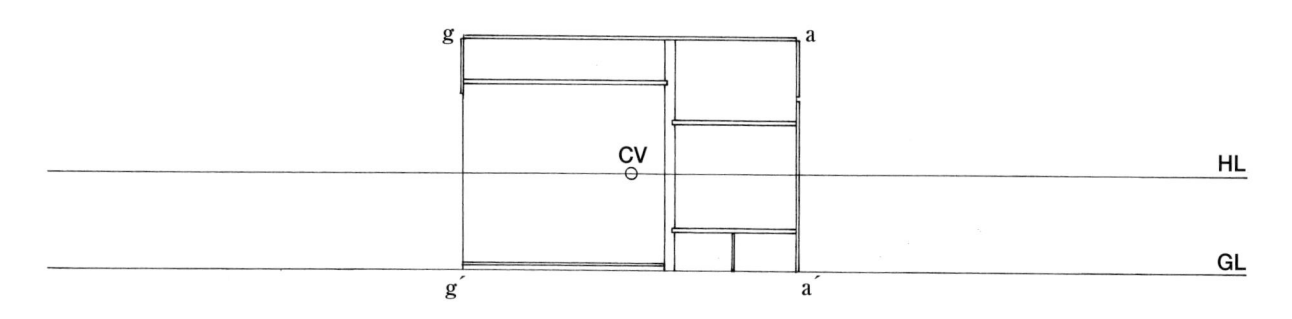

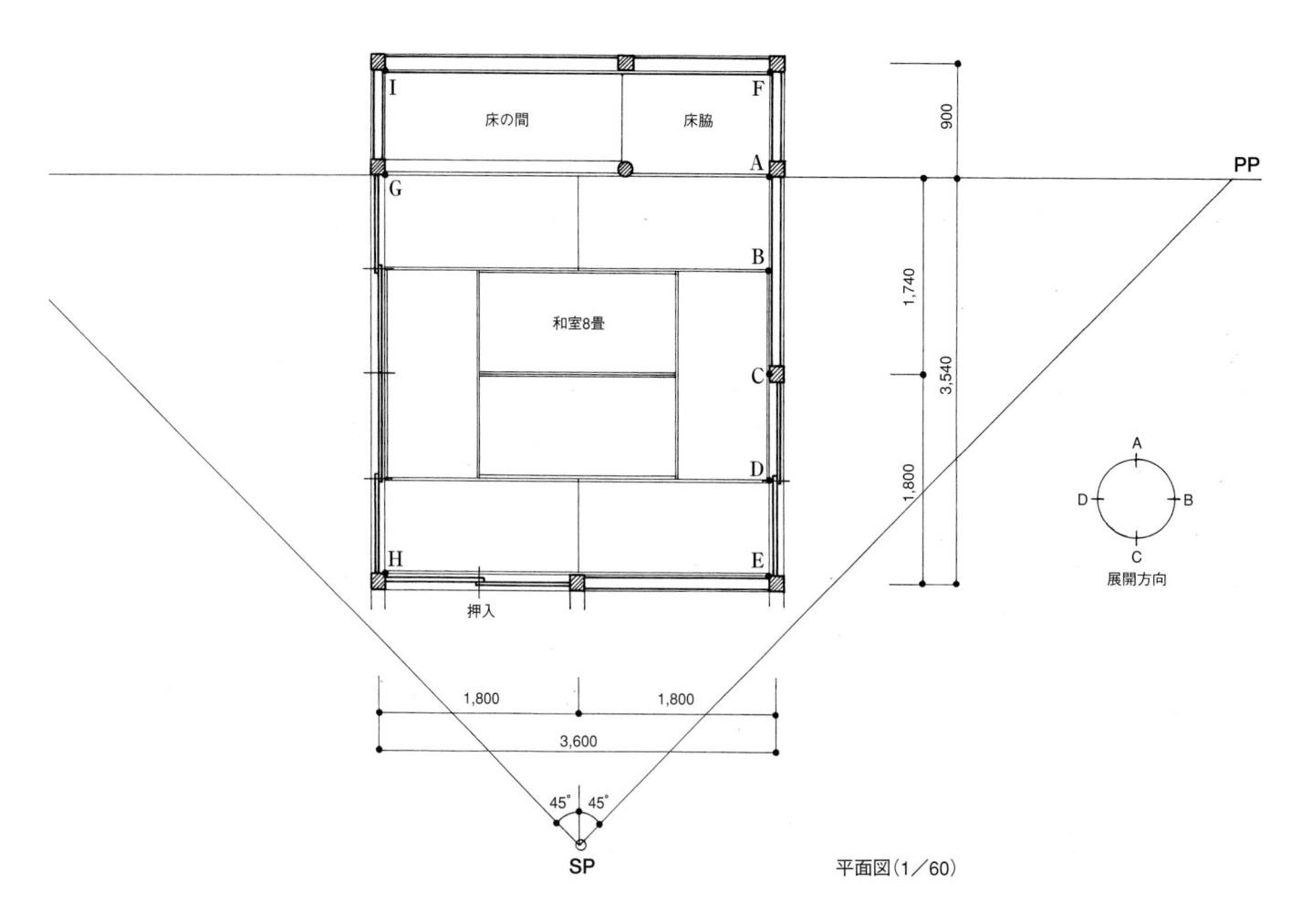

平面図(1/60)

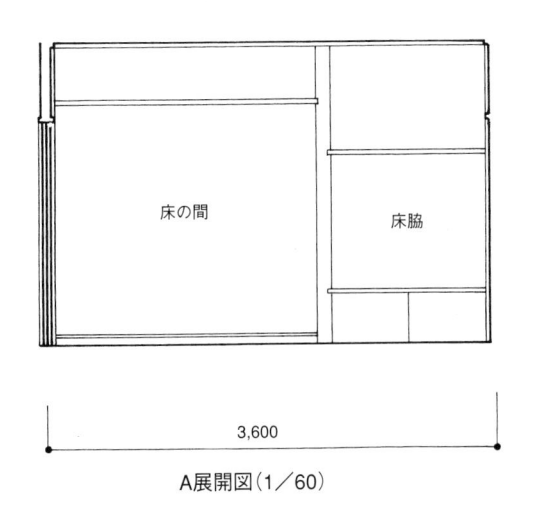

3,600

A展開図（1/60）

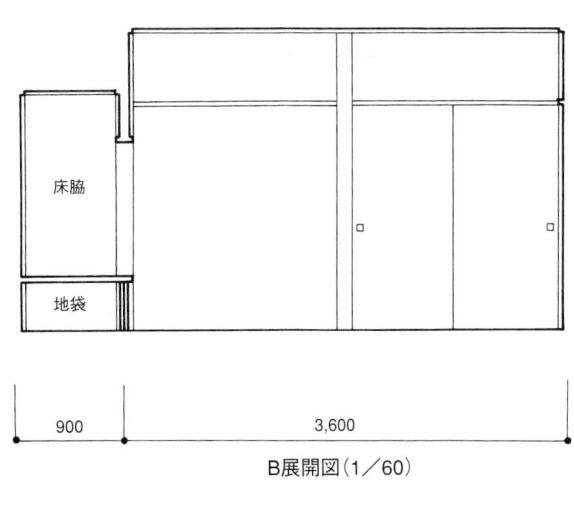

900　3,600

B展開図（1/60）

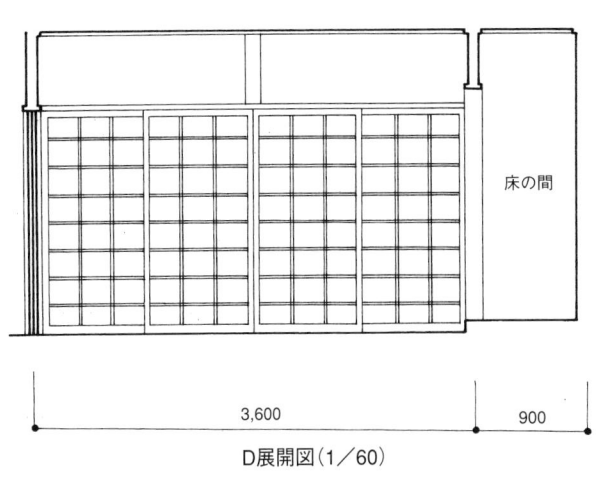

3,600　900

D展開図（1/60）

<ポイント解説>

視点距離dのとり方

視点距離dは、SPから右側の壁までの距離aと部屋の奥行寸法bを加えたもの以上とすると、部屋の奥行全体の透視図を描くことができる。

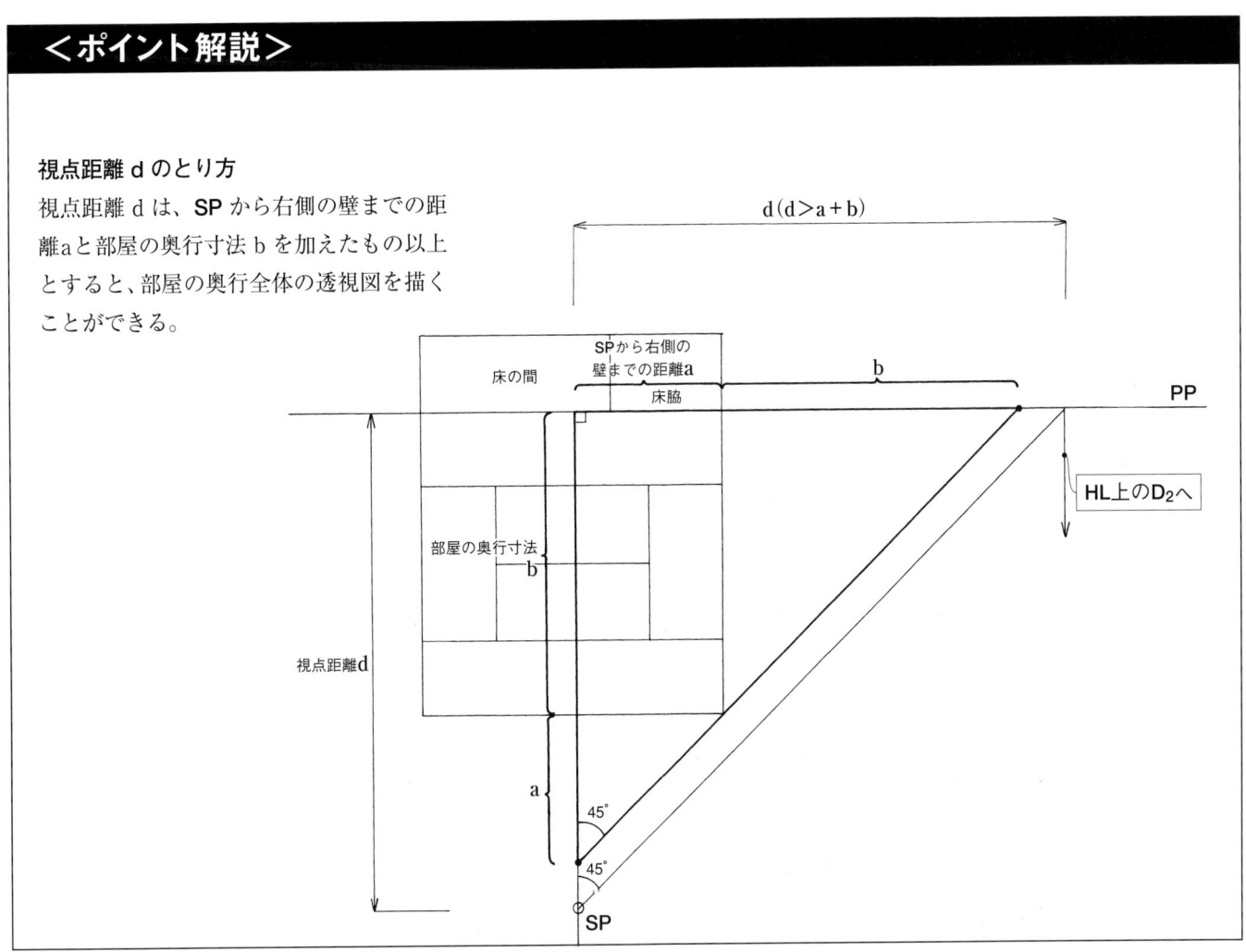

$d(d > a+b)$

HL上のD_2へ

❷ D_2 をとる。
HL 上に CV より視点距離 d と同じ寸法の位置に D_2 をとる（133 ページの＜ポイント解説＞参照）。

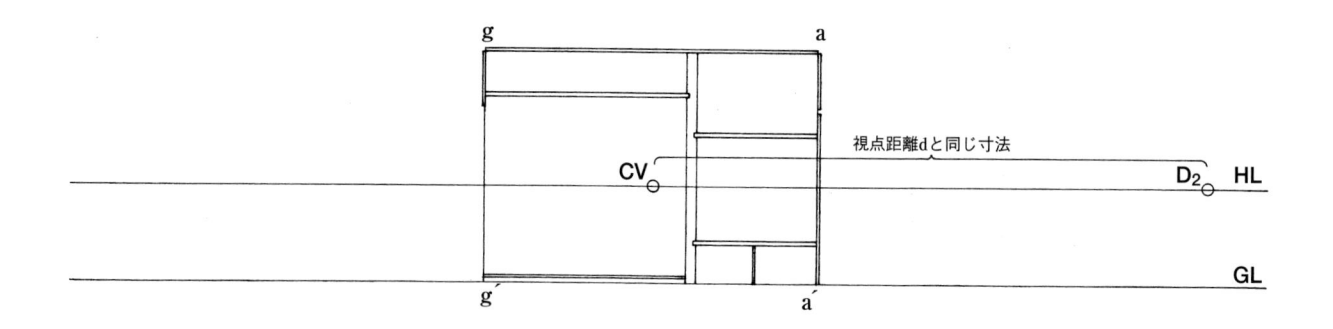

❸ 部屋の各点と CV を結ぶパースラインを引く。
a、a´、g、g´ と CV を結ぶパースラインを引く。

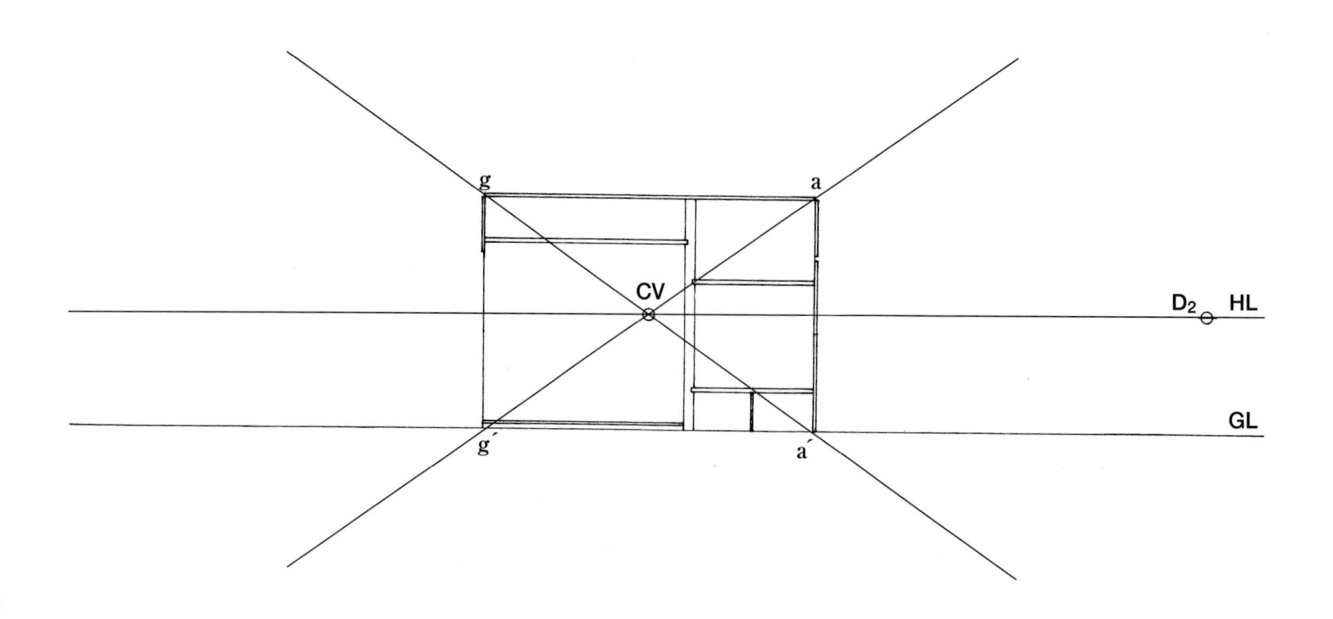

2-d 和室をD点法の[簡略図法]で描く

❹ 和室の奥行方向の寸法をGL上にとる。

(1) GL上に和室の奥行方向の寸法を測り、A´〜E´を求める。
下の<ポイント解説>によりA´B´、D´E´は柱幅を考慮して840となるが、柱幅を考慮せずに900としてもかまわない。

(2) A´〜F´とD₂を結ぶパースラインを引き、a´とCVを結ぶパースラインとの交点a´〜f´をとる（ただし平面図でPPより奥にあるFについては透視図ではA´の左側に床脇の奥行寸法900を測りF´をとる）。

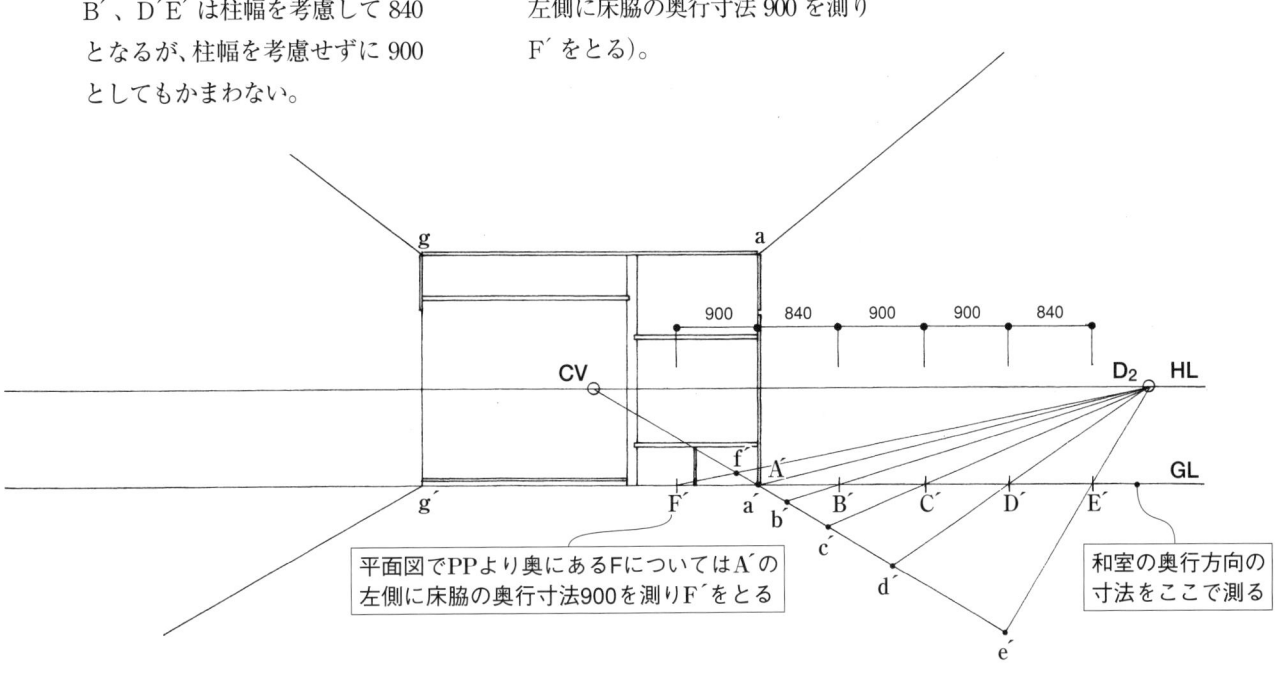

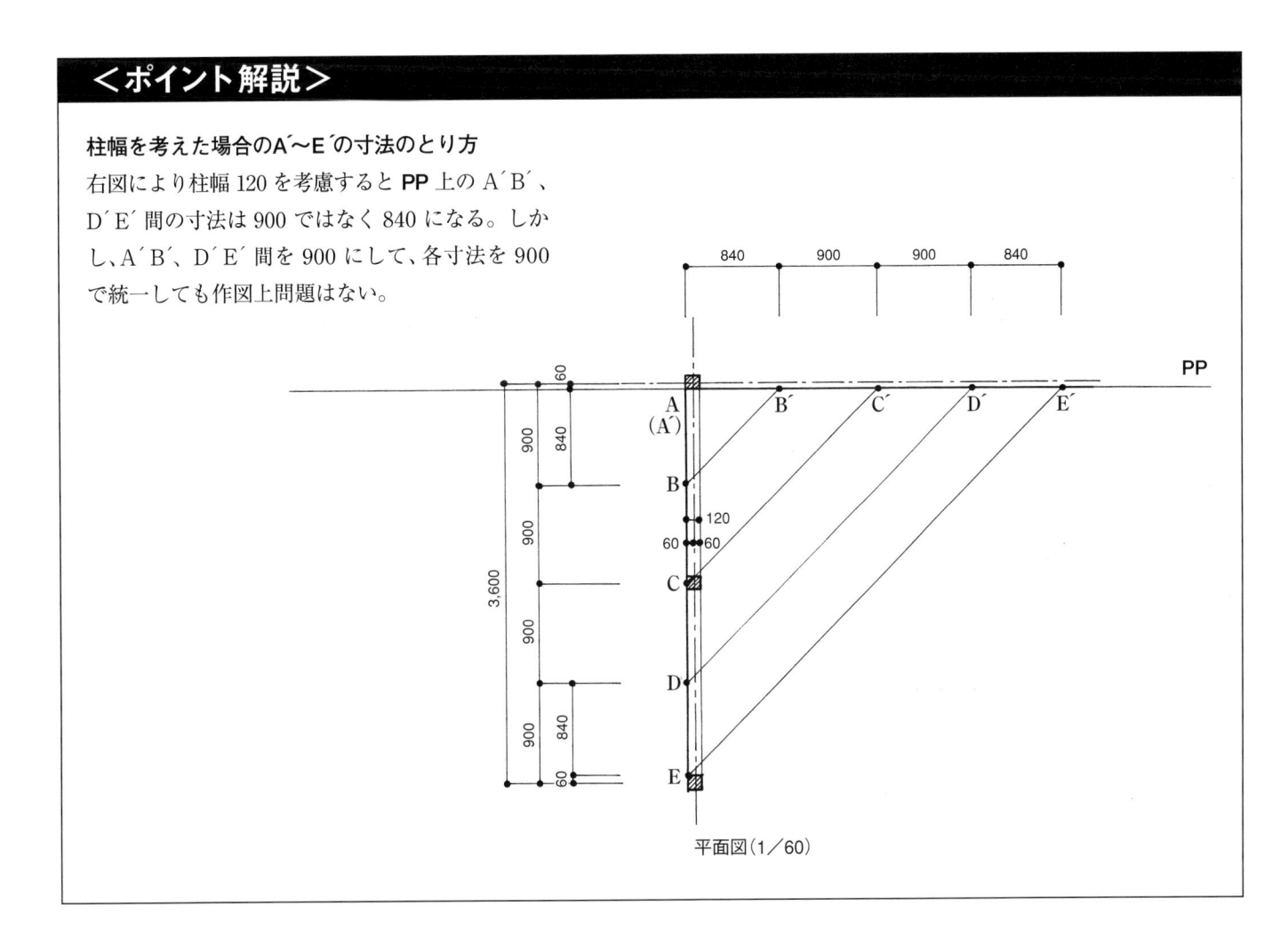

平面図でPPより奥にあるFについてはA´の左側に床脇の奥行寸法900を測りF´をとる

和室の奥行方向の寸法をここで測る

<ポイント解説>

柱幅を考えた場合のA´〜E´の寸法のとり方

右図により柱幅120を考慮するとPP上のA´B´、D´E´間の寸法は900ではなく840になる。しかし、A´B´、D´E´間を900にして、各寸法を900で統一しても作図上問題はない。

平面図(1/60)

❺ 和室の奥行を描く。
a´〜f´より水平、垂直に線を引き、g´とCVを結ぶパースラインおよびaとCVを結ぶパースラインとの交点をとり、和室の奥行を描く。

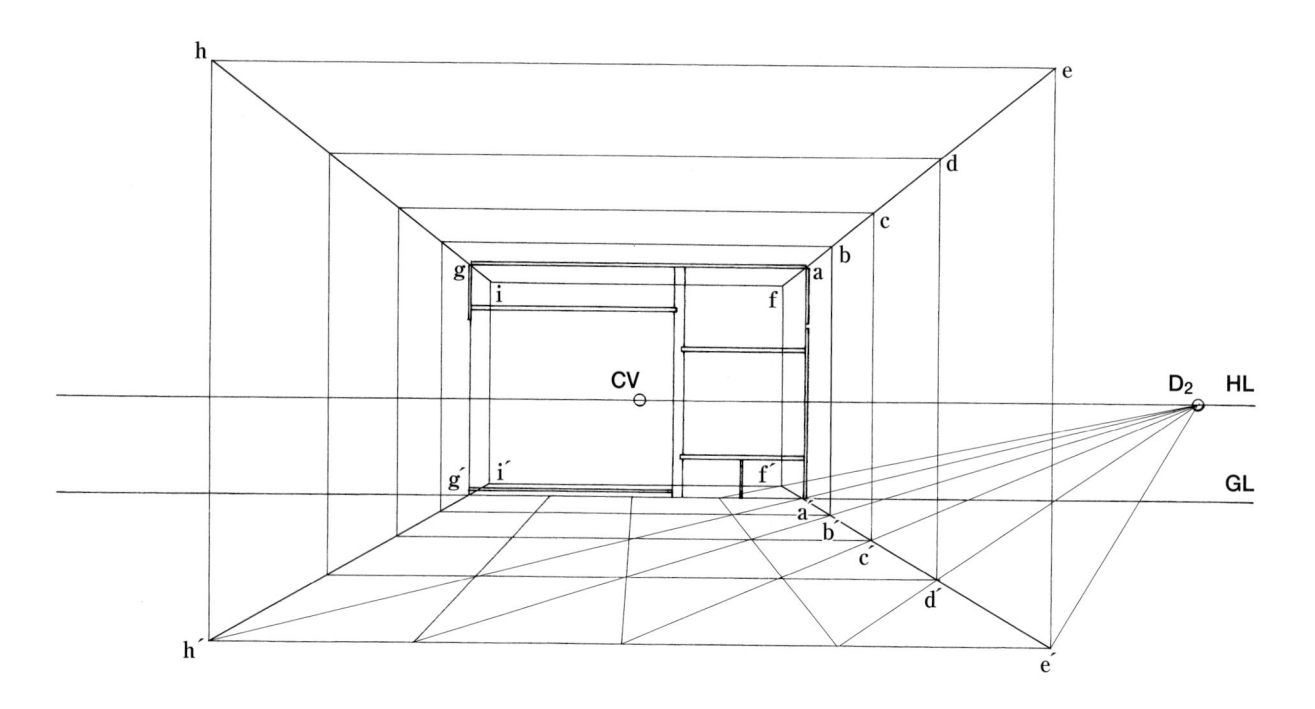

❻ 奥行方向の右壁面を描く。
GL上に奥行方向の寸法をとり、❹と同様の作図プロセスで奥行方向の右壁面を描く。この場合 aa´の右側にその壁面の展開図を描くと、作図上より理解しやすくなる。

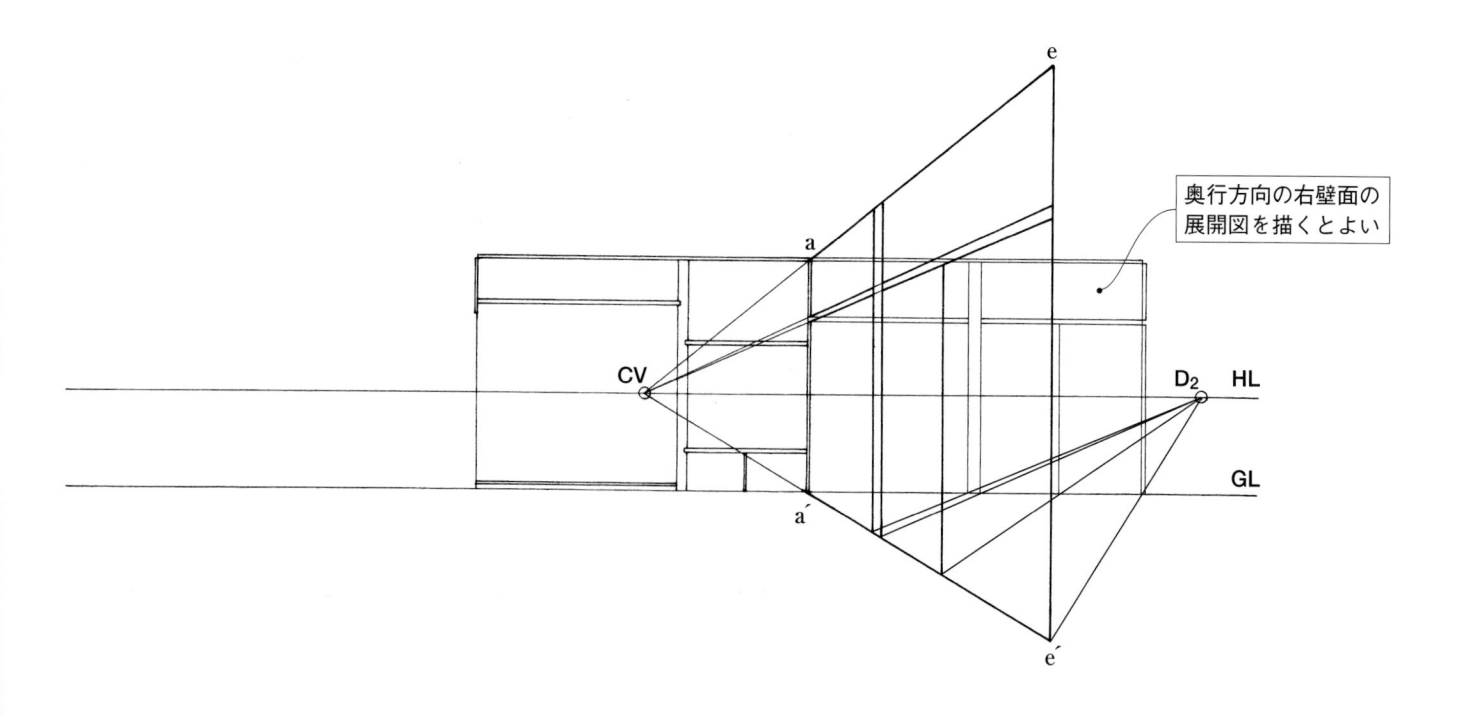

奥行方向の右壁面の展開図を描くとよい

2-d 和室をD点法の[簡略図法]で描く

❼ 奥行方向の右壁面の細部を描く。
和室の柱、鴨居、敷居、廻り縁などの細部を描く。細部についてはD点法またはデッサンのいずれでもよいが、和室の細部についての理解が不可欠である。

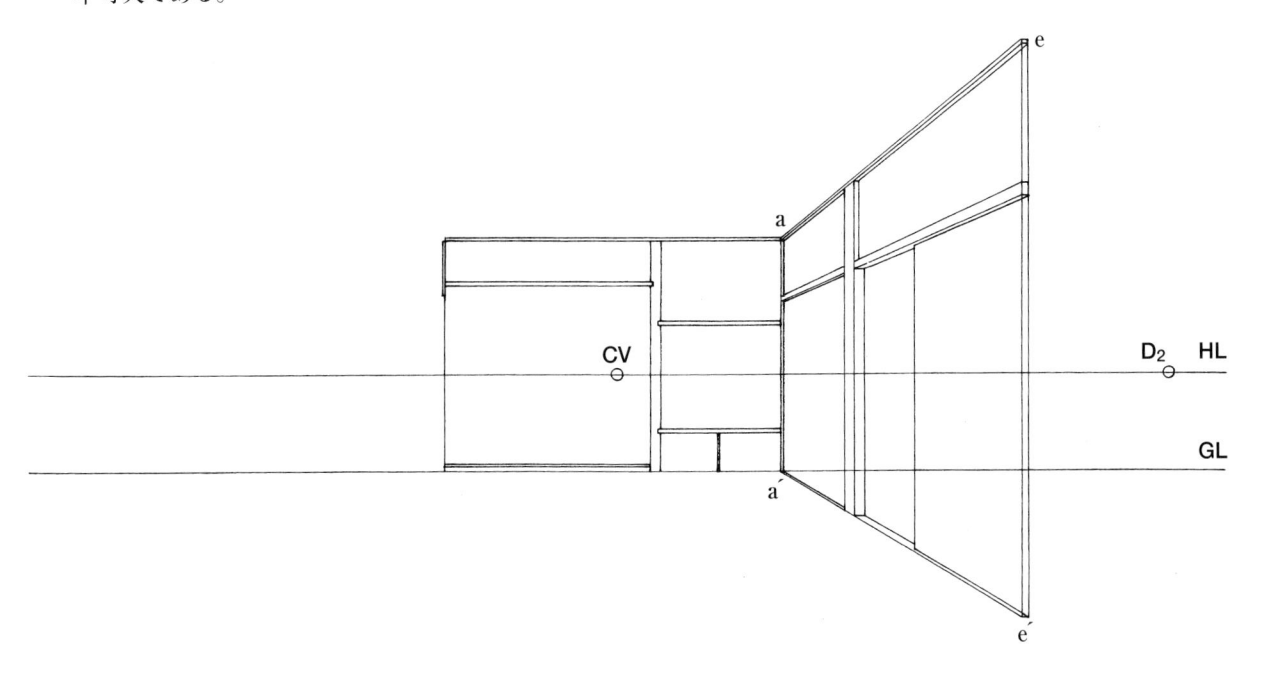

❽ 奥行方向の左壁面を描く。
$CVD_2 = CVD_1$ となるように HL 上に D_1 をとり、❻と同様に和室の奥行方向の左壁面を描く。ただし❺で和室の床面に奥行900のグリッドが引かれているので、下図のように D_1 を求めなくても作図は可能である。この場合も gg′の左側にその壁面の展開図を描くと作図上より理解しやすくなる。

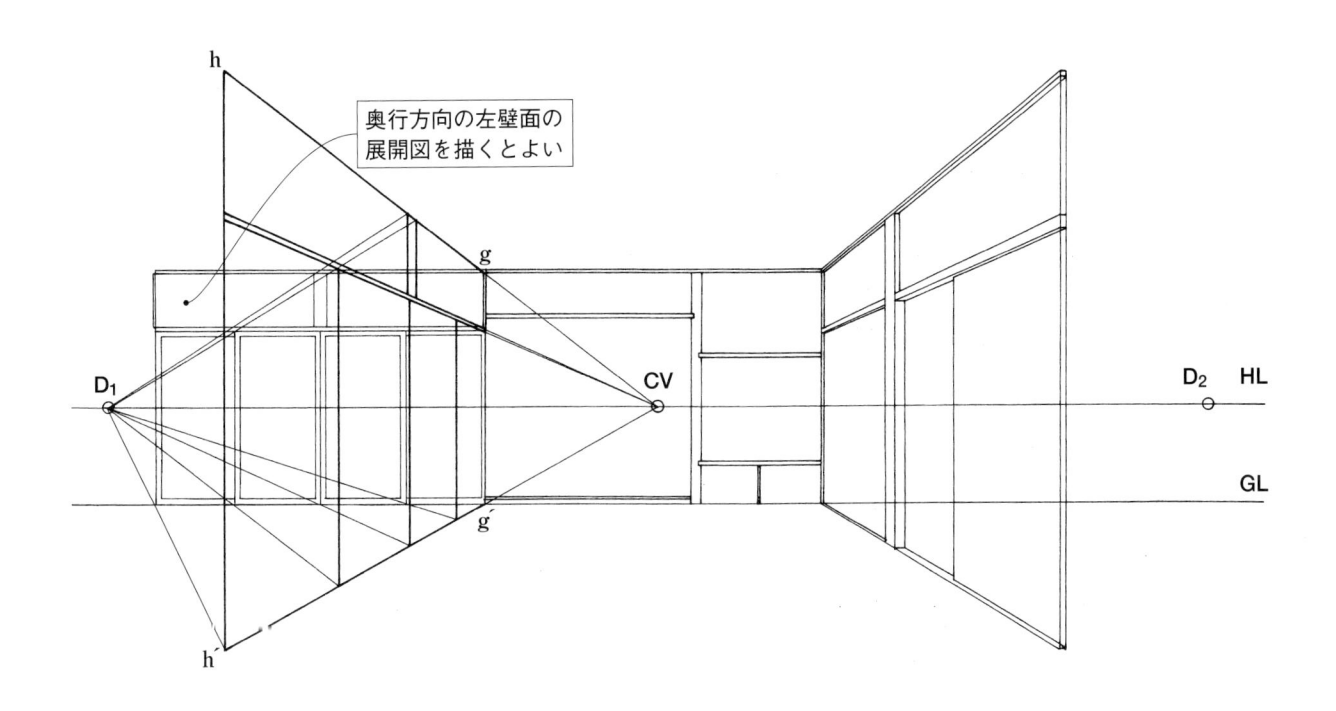

奥行方向の左壁面の展開図を描くとよい

第3章 D点とCVを使ってD点法に挑戦

❾ 和室の奥行方向の左壁面の細部を描き、奥行方向の両壁面を完成させる。

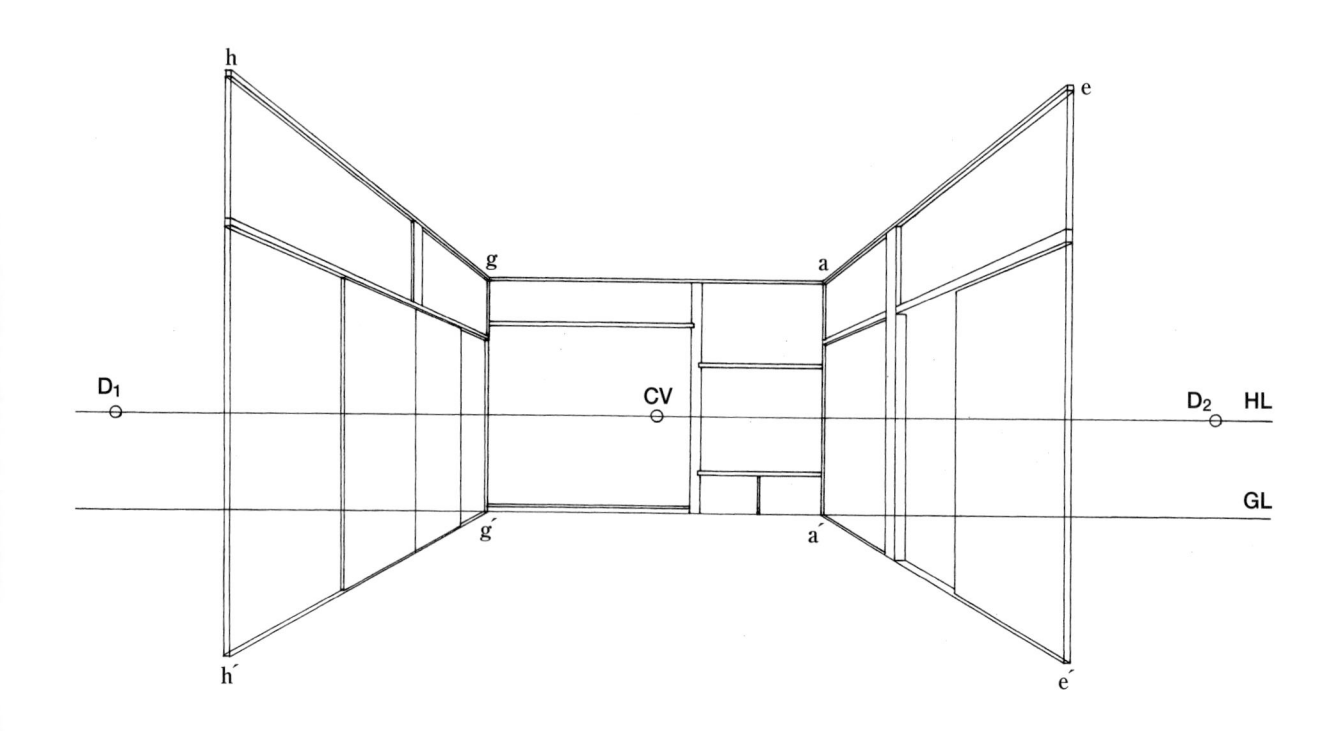

❿ 床の間、床脇の奥行を描く。
   (1) 平面図で床の間の手前にPPが置かれているので、ここで、床框、落し掛け、床脇の棚などの高さの実長をとり、CVに向かうパースラインを引く。
   (2) (1)のパースラインと床の間、床脇の一番奥の壁の線との交点をとり、床の間、床脇の奥行を描く。

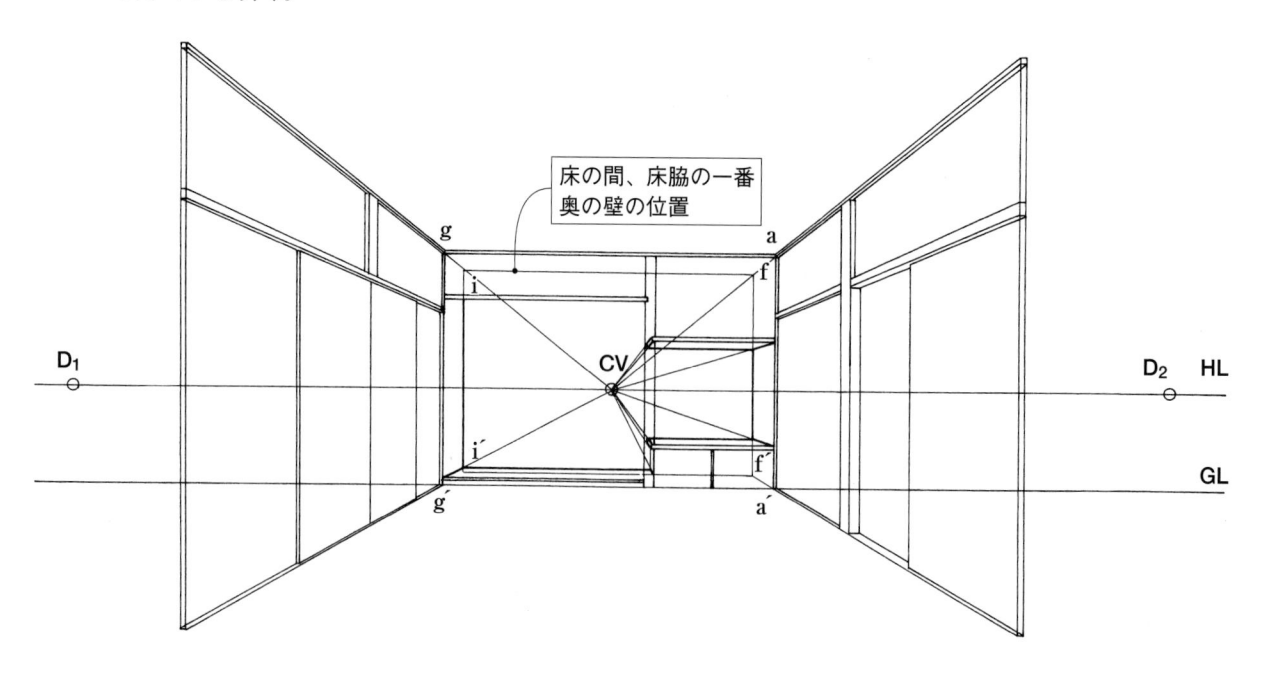

床の間、床脇の一番奥の壁の位置

2-d 和室をD点法の[簡略図法]で描く

❶ 畳、天井を描いて完成させる。

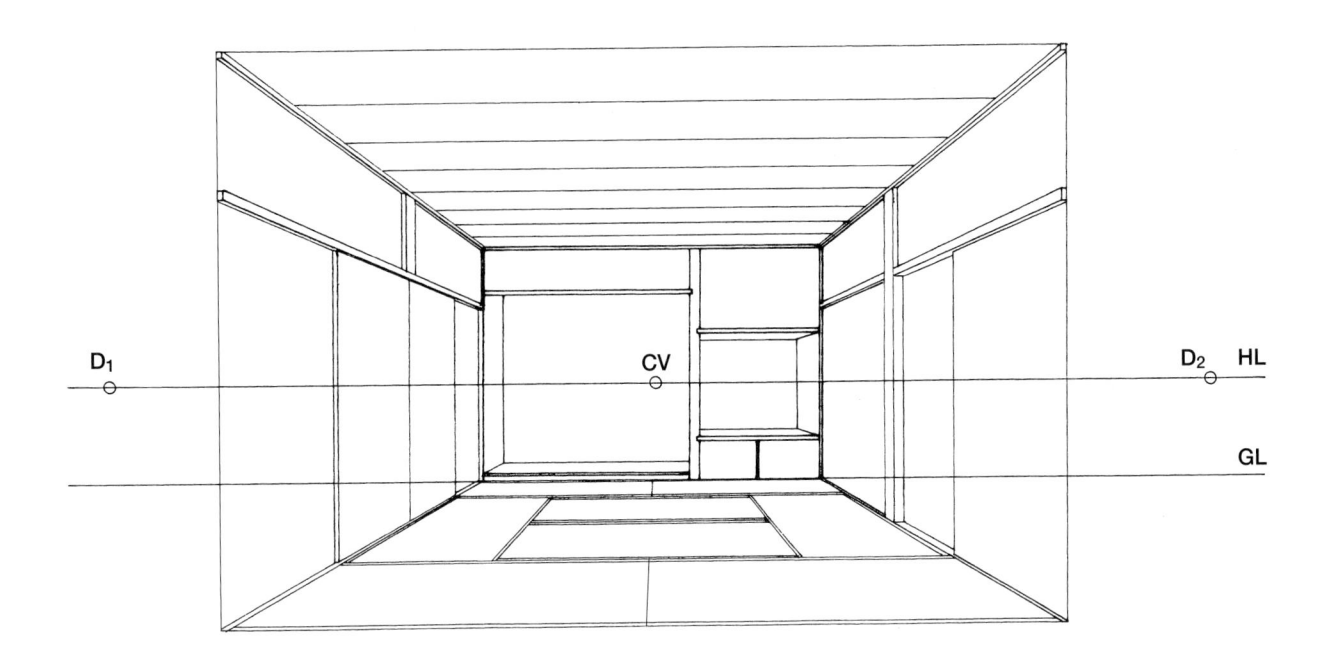

第4章　MLで測るM点法

1　M点法の考え方

M点(Measuring Point)とは右図の建物の平面図でAD、AFを**PP**の位置にたおしたときに、DD_1を結ぶ線M_1のパースラインm_1と、FF_1を結ぶ線M_2のパースラインm_2の消点（**M_1**、**M_2**）のことをいう。M点法は測点法とも呼ばれ、建物の間口、奥行寸法をこのM点へのパースラインと**VP**へのパースラインの交点を求めることで得る方法である。

ここでは、**PP**の位置が建物の手前にある、建物と離れてある、建物の中間にあるという3つのケースを考えてM点法の基本的な考え方を説明する。

作図の考え方（ケース1）

❶ 平面図でAD、AFをたおして、**PP**の位置にA_1D_1、A_1F_1をもってくる。さらに真下に下ろし、透視図の**ML**上でA_2D_2、A_2F_2をとる。この**ML**上で建物のAD、AF方向の寸法をとることができる。

❷ 10ページの透視図の**原理4**により平面図のDD_1、CC_1、BB_1は互いに平行なので、これらのパースラインは1つの消点**M_1**に結ばれる。同様に平面図のFF_1、EE_1は消点**M_2**に結ばれる。

❸ **M_1**へのパースラインm_1と**VP_1**へのパースラインl_1との交点dを求める。次に**M_2**へのパースラインm_2と**VP_2**へのパースラインl_2との交点fを求め、建物の輪郭を描く。

❹ ❸と同様に建物の各点b、c、eを求める。

＜ポイント解説＞

平面で**M_1**、**M_2**を求める方法

Gを中心にGSPを半径とする円を描き、**PP**との交点Iをとる。Iから垂直な線を下ろし、**HL**上に**M_1**をとる。同様にHを中心にHSPを半径とする円を描き、**PP**との交点Jをとり、**HL**上に**M_2**をとる（SPはGHを直径とする半円上にある）。

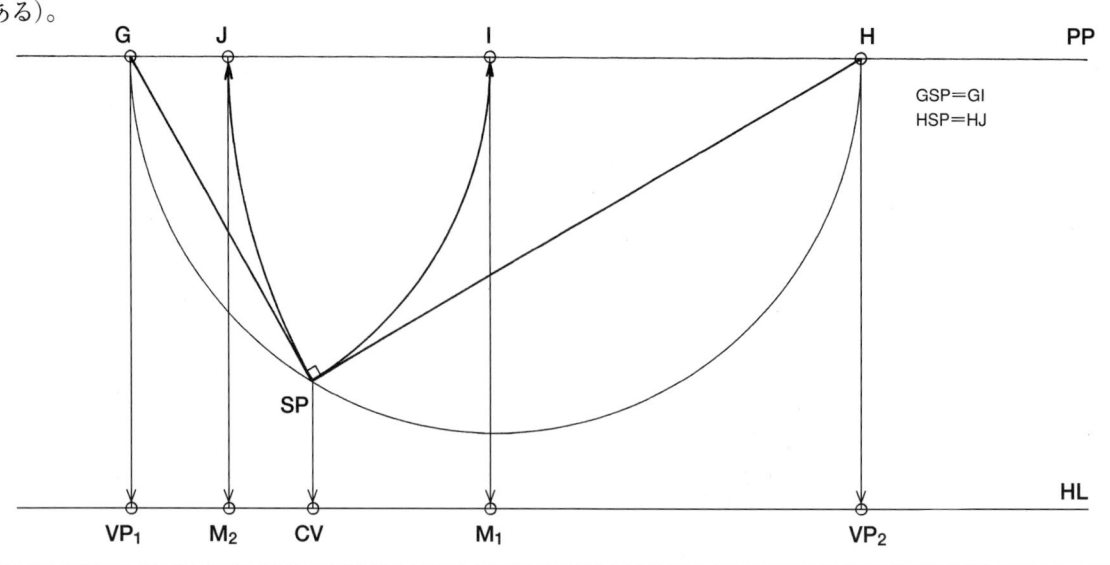

GSP=GI
HSP=HJ

（図：PP線上にG, J, I, H、HL上にVP_1, M_2, CV, M_1, VP_2、SPが下方にある図）

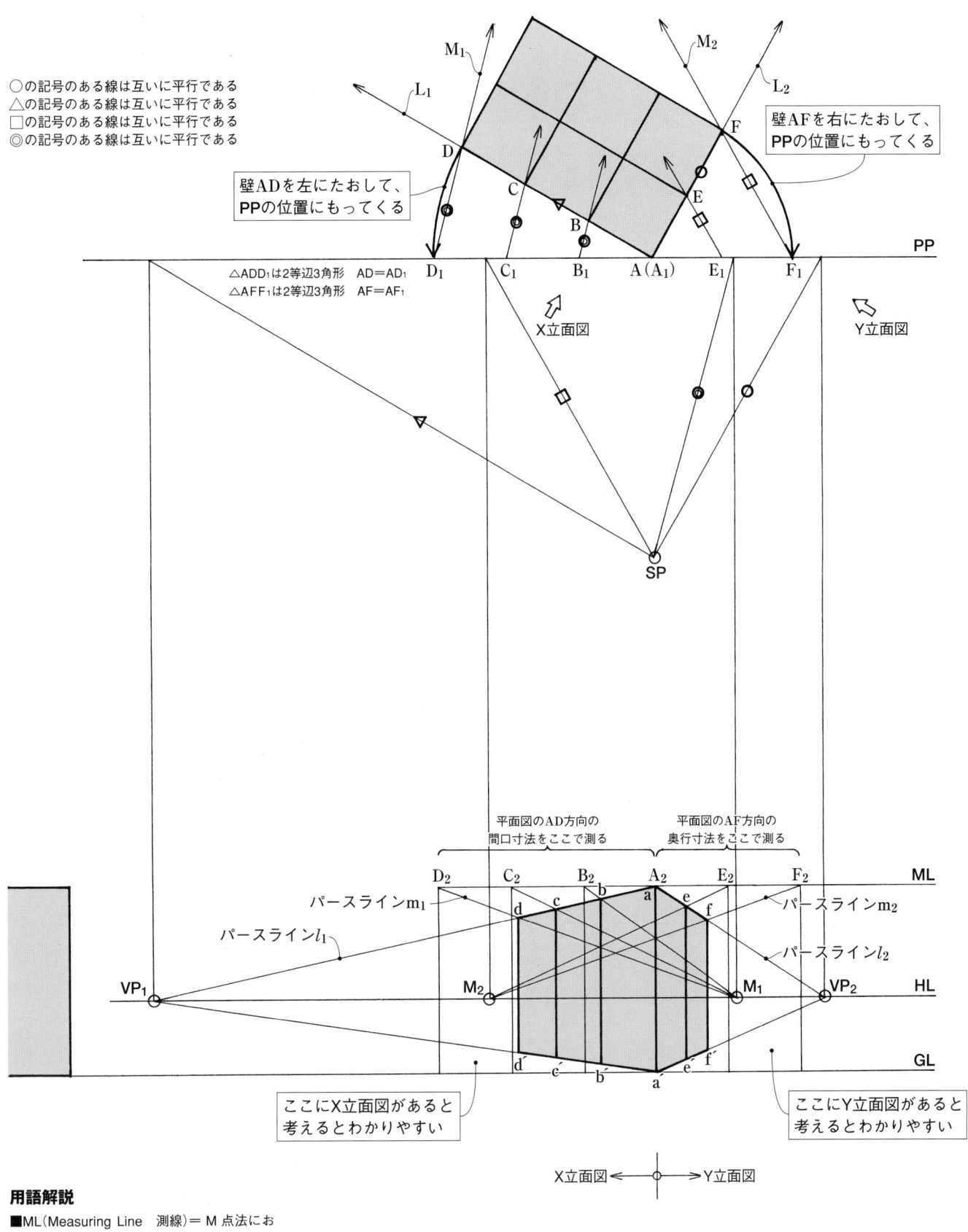

ケース1 PPが建物の一番手前にある場合

○の記号のある線は互いに平行である
△の記号のある線は互いに平行である
□の記号のある線は互いに平行である
◎の記号のある線は互いに平行である

壁ADを左にたおして、PPの位置にもってくる

壁AFを右にたおして、PPの位置にもってくる

△ADD_1は2等辺3角形　$AD=AD_1$
△AFF_1は2等辺3角形　$AF=AF_1$

X立面図

Y立面図

SP

平面図のAD方向の間口寸法をここで測る

平面図のAF方向の奥行寸法をここで測る

パースラインm_1

パースラインm_2

パースラインl_1

パースラインl_2

VP_1　M_2　M_1　VP_2　HL

GL

ここにX立面図があると考えるとわかりやすい

ここにY立面図があると考えるとわかりやすい

X立面図 ←―→ Y立面図

用語解説

■ML(Measuring Line　測線)＝ M点法において、対象物の実長(実寸法)を測る線。

第4章　MLで測るM点法

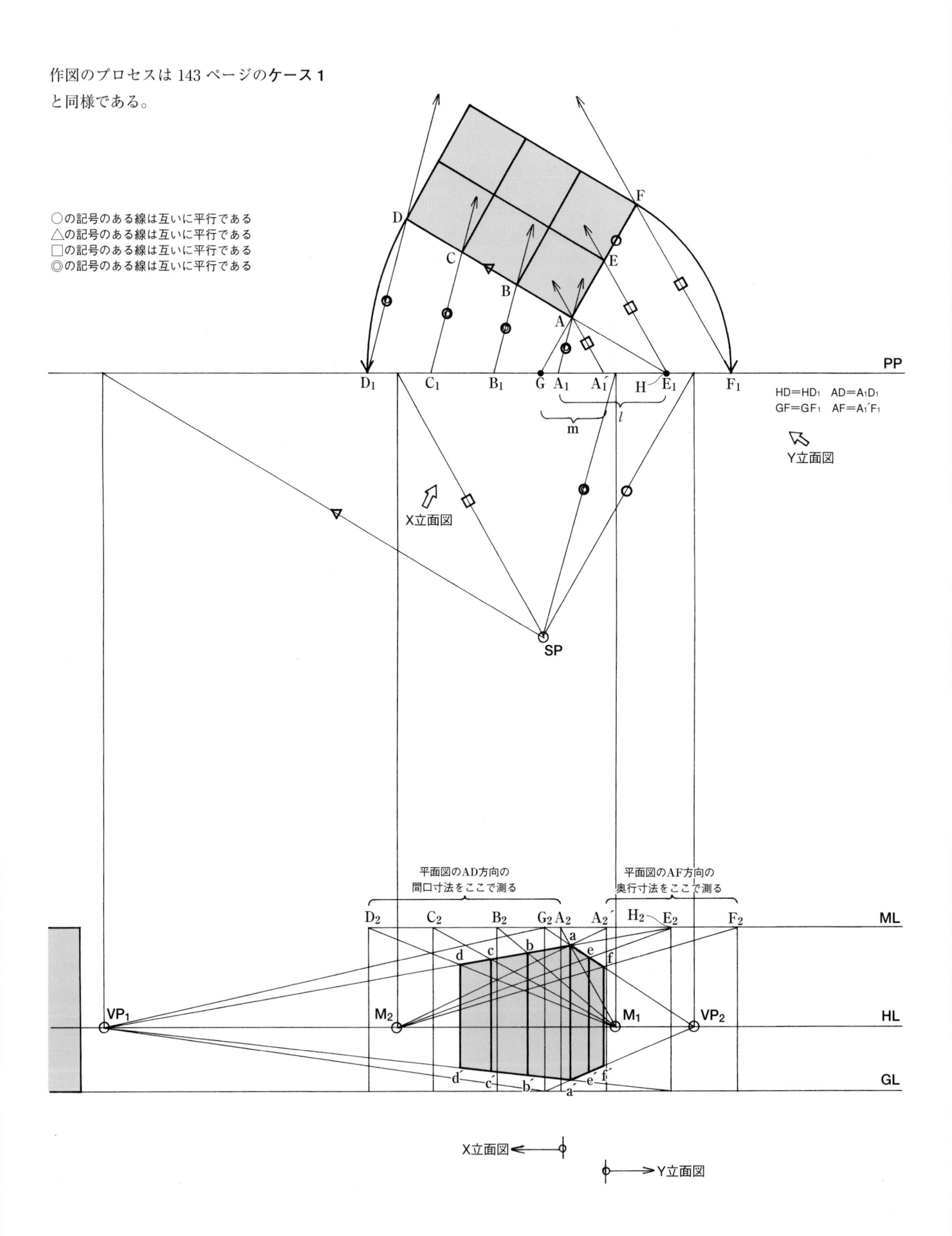

ケース2 PPが建物と離れて手前にある場合

作図のプロセスは143ページの**ケース1**と同様である。

○の記号のある線は互いに平行である
△の記号のある線は互いに平行である
□の記号のある線は互いに平行である
◎の記号のある線は互いに平行である

$HD = HD_1$ $AD = A_1D_1$
$GF = GF_1$ $AF = A_1'F_1$

ケース3 PPが建物の中間にある場合

作図のプロセスは143ページの**ケース1**と同様である。

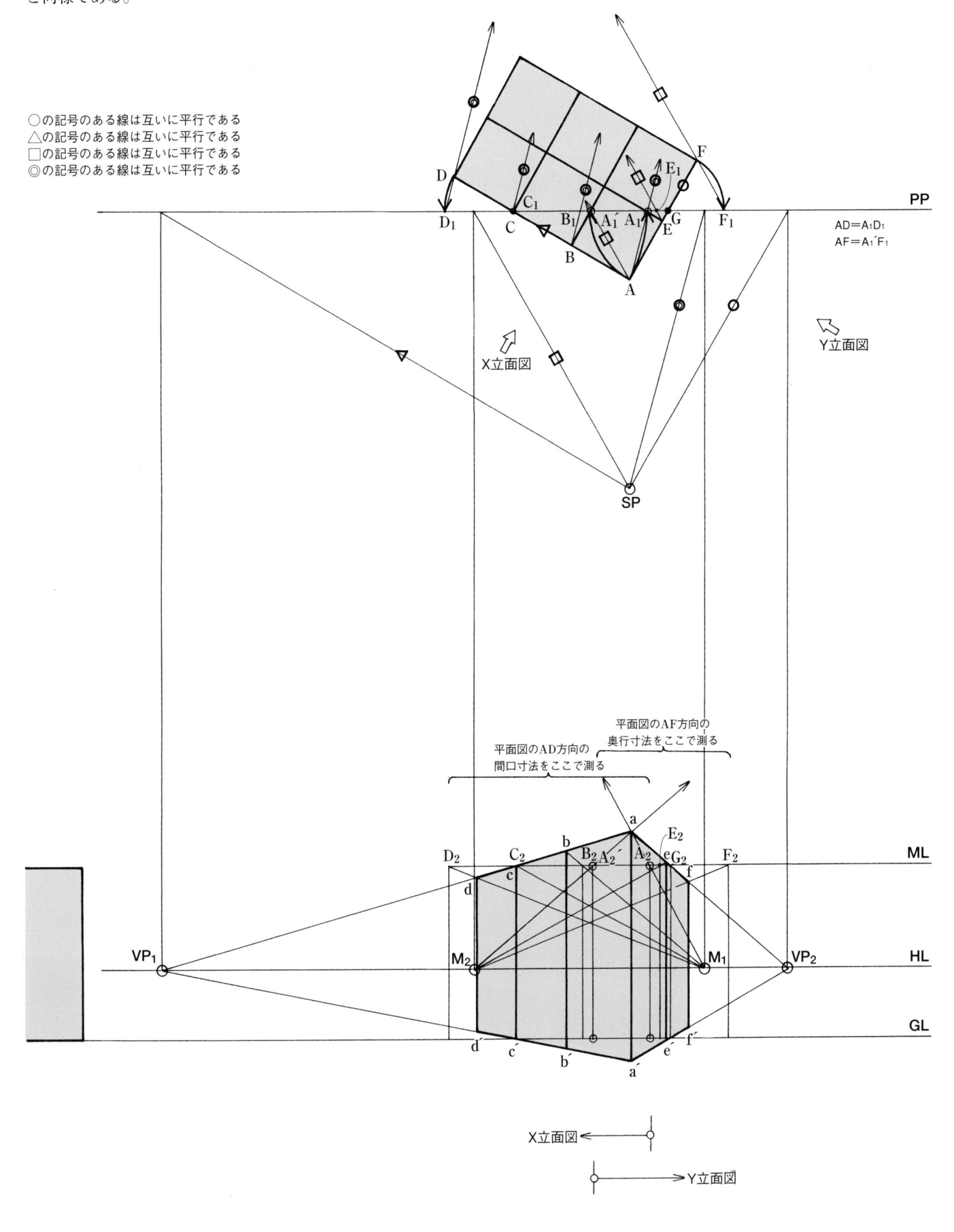

○の記号のある線は互いに平行である
△の記号のある線は互いに平行である
□の記号のある線は互いに平行である
◎の記号のある線は互いに平行である

$AD = A_1D_1$
$AF = A_1'F_1$

平面図のAD方向の間口寸法をここで測る
平面図のAF方向の奥行寸法をここで測る

第4章　MLで測るM点法

<ポイント解説>

ケース 2 (144 ページ) PP 上への建物各点のとり方

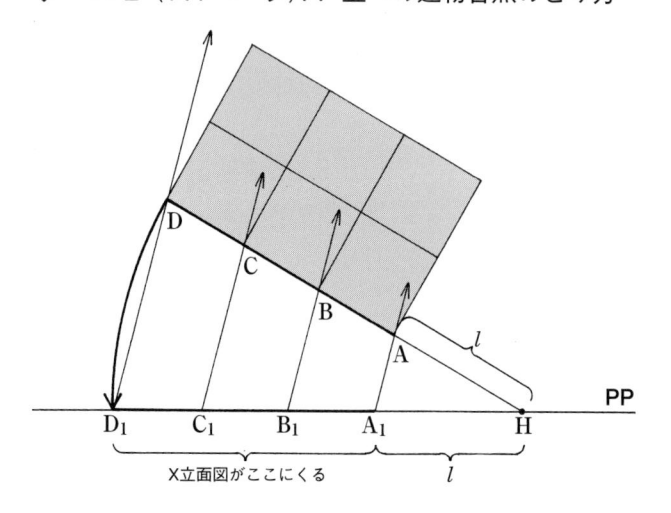

X 立面図は H を中心に HD を回転して **PP** 上にもってくる。△HDD_1 は 2 等辺 3 角形であり $HD = HD_1$ となる。

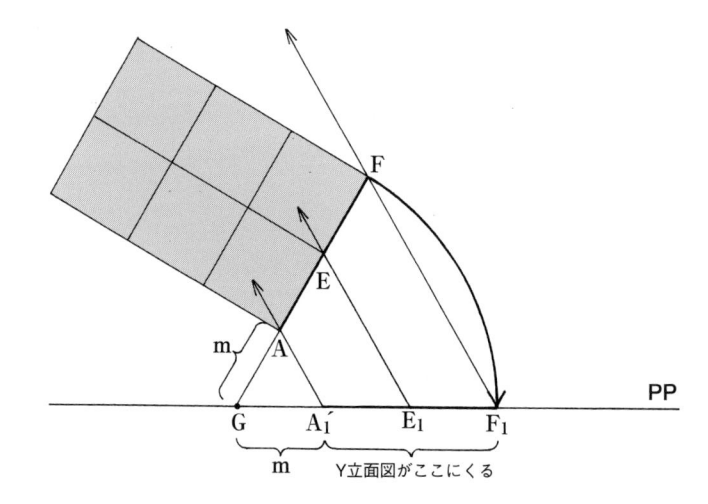

Y 立面図は G を中心に GF を回転して **PP** 上にもってくる。△GFF_1 は 2 等辺 3 角形であり、$GF = GF_1$ となる。

ケース 3 (145 ページ) PP 上への建物各点のとり方

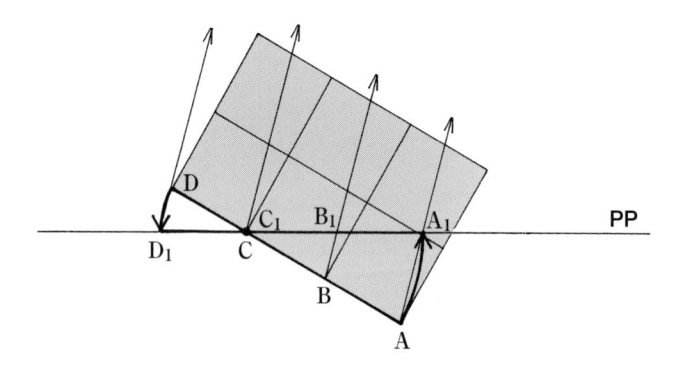

X 立面図は C を中心に AD を回転して **PP** 上にもってくる。

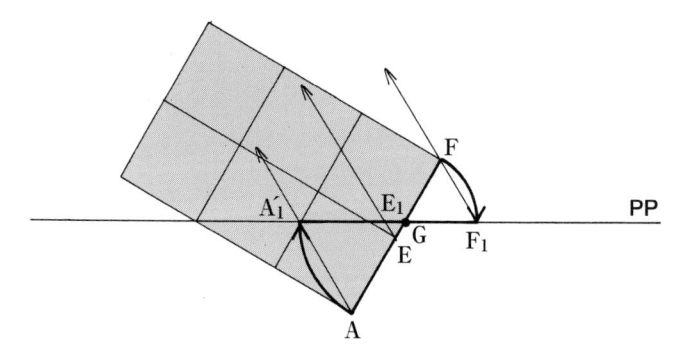

Y 立面図は G を中心に AF を回転して **PP** 上にもってくる。

2 M点法で描く
2-a 立体をM点法で描く

143ページのケース1と145ページのケース3に基づいて「建物の間口、奥行寸法をM点へのパースラインとVPへのパースラインの交点を求めることで得る」という方法により立体を描く。

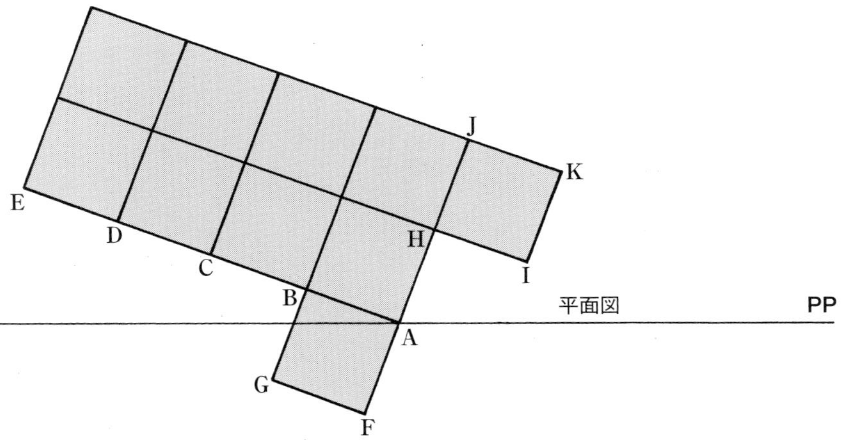

平面図は正方形グリッドである。

❶ PP、HL、GL を引き、SP をとる。
SP は A の真下に置く。

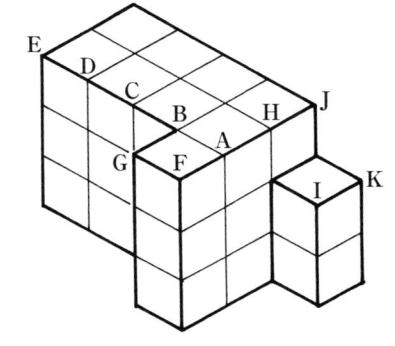

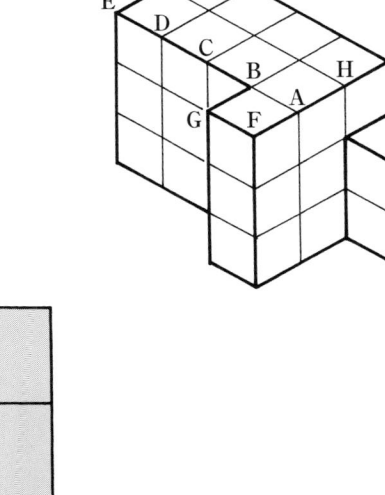

第4章 MLで測るM点法　147

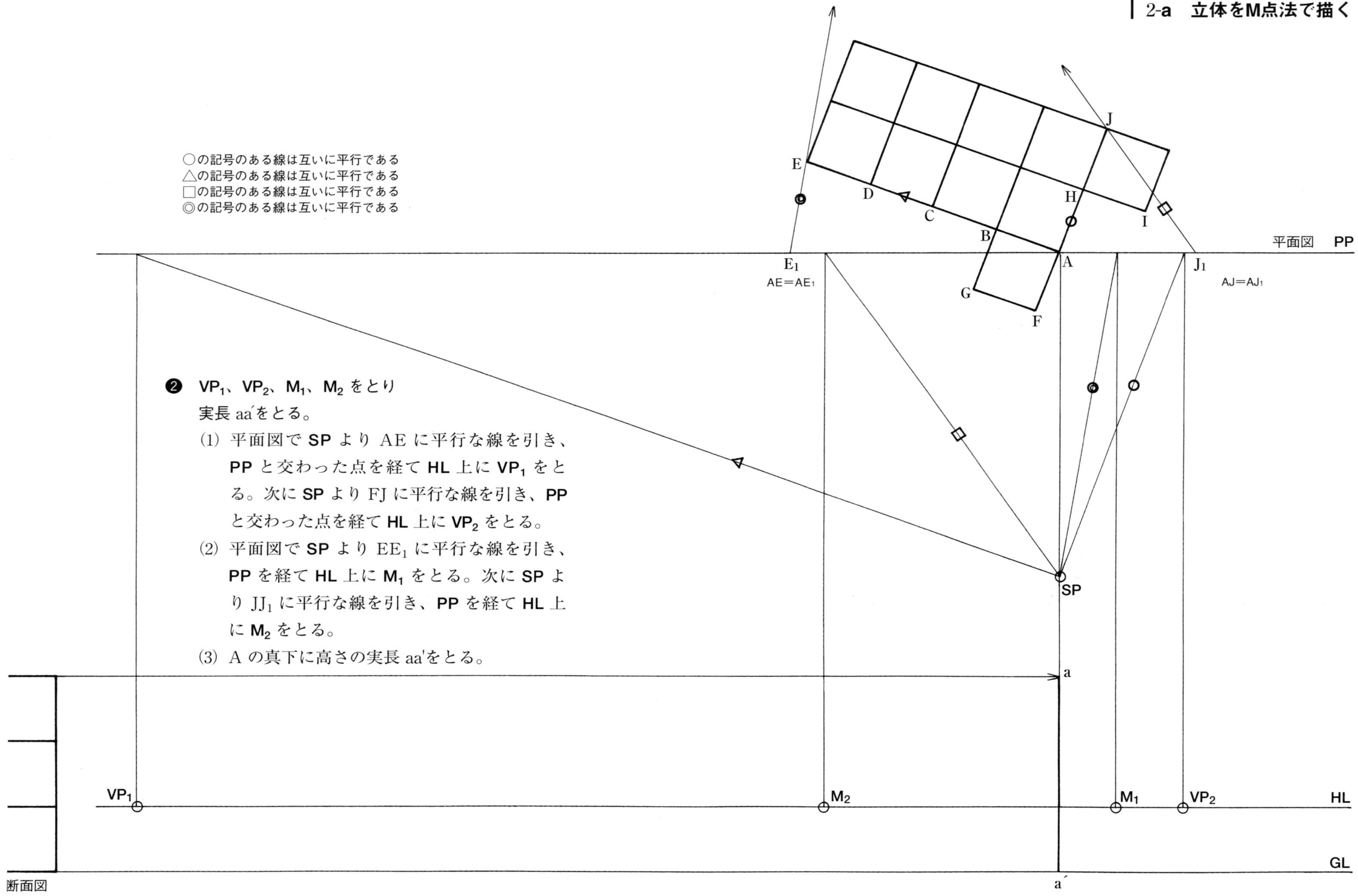

2-a 立体をM点法で描く

平面図 PP

AJ＝AJ₁

AE＝AE₁

○の記号のある線は互いに平行である
△の記号のある線は互いに平行である
□の記号のある線は互いに平行である
◎の記号のある線は互いに平行である

❷ VP_1、VP_2、M_1、M_2 をとり実長 aa'をとる。

(1) 平面図で SP より AE に平行な線を引き、PP と交わった点を経て HL 上に VP_1 をとる。次に SP より FJ に平行な線を引き、PP と交わった点を経て HL 上に VP_2 をとる。

(2) 平面図で SP より EE_1 に平行な線を引き、PP を経て HL 上に M_1 をとる。次に SP より JJ_1 に平行な線を引き、PP を経て HL 上に M_2 をとる。

(3) A の真下に高さの実長 aa'をとる。

断面図

HL
GL
VP_2
M_1
SP
M_2
VP_1

148

平面図　PP

□の記号のある線は互いに平行である
◎の記号のある線は互いに平行である

❸ ML上で、建物の間口、奥行、高さ寸法をとり、建物の輪郭を描く。

(1) 平面図で EE_1 に平行に BB_1、CC_1、DD_1 を引き、ML上で $B_1 \sim E_1$ の真下に $B_2 \sim E_2$ をとる。次に平面図の JJ_1 に平行に HH_1 を引き、ML上に H_2 をとる。

(2) $B_2 \sim E_2$ と M_1 を結ぶパースラインを引き、aと VP_1 を結ぶパースラインとの交点 b〜eを求める。次に H_2、J_2 と M_2 を結ぶパースラインを引き、aと VP_2 を結ぶパースラインとの交点 h、jを求める。

(3) 建物の高さは aa' で測る（M点法では実長 aa' も高さを測る線として考え、MLという）。

ML上で間口、奥行法を測る
M点法では高さの実長もMLといい、建物の奥行の高さはここで測る
ここで建物の奥行寸法を測る
ここで建物の間口寸法を測る

断面図

第4章　MLで測るM点法　149

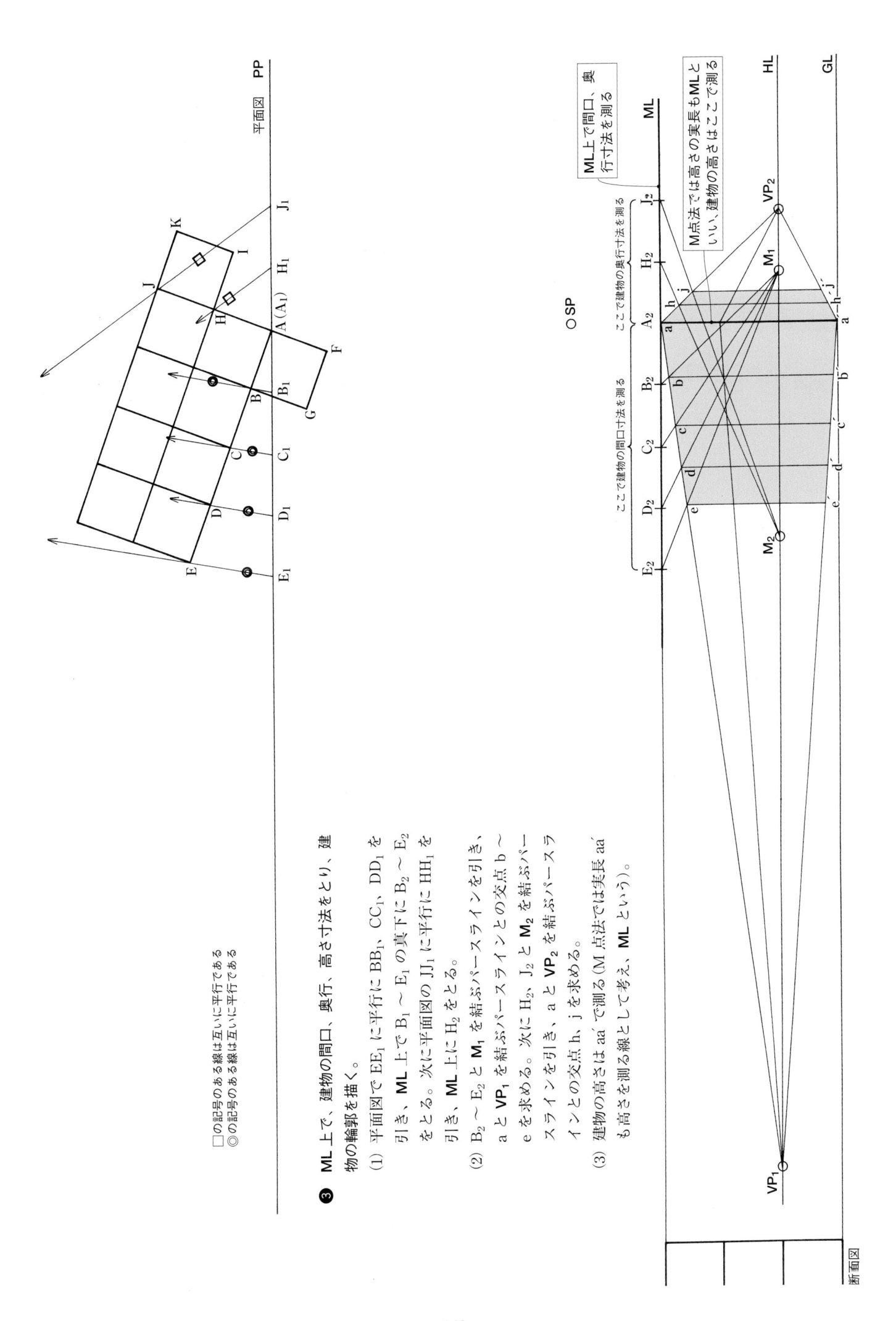

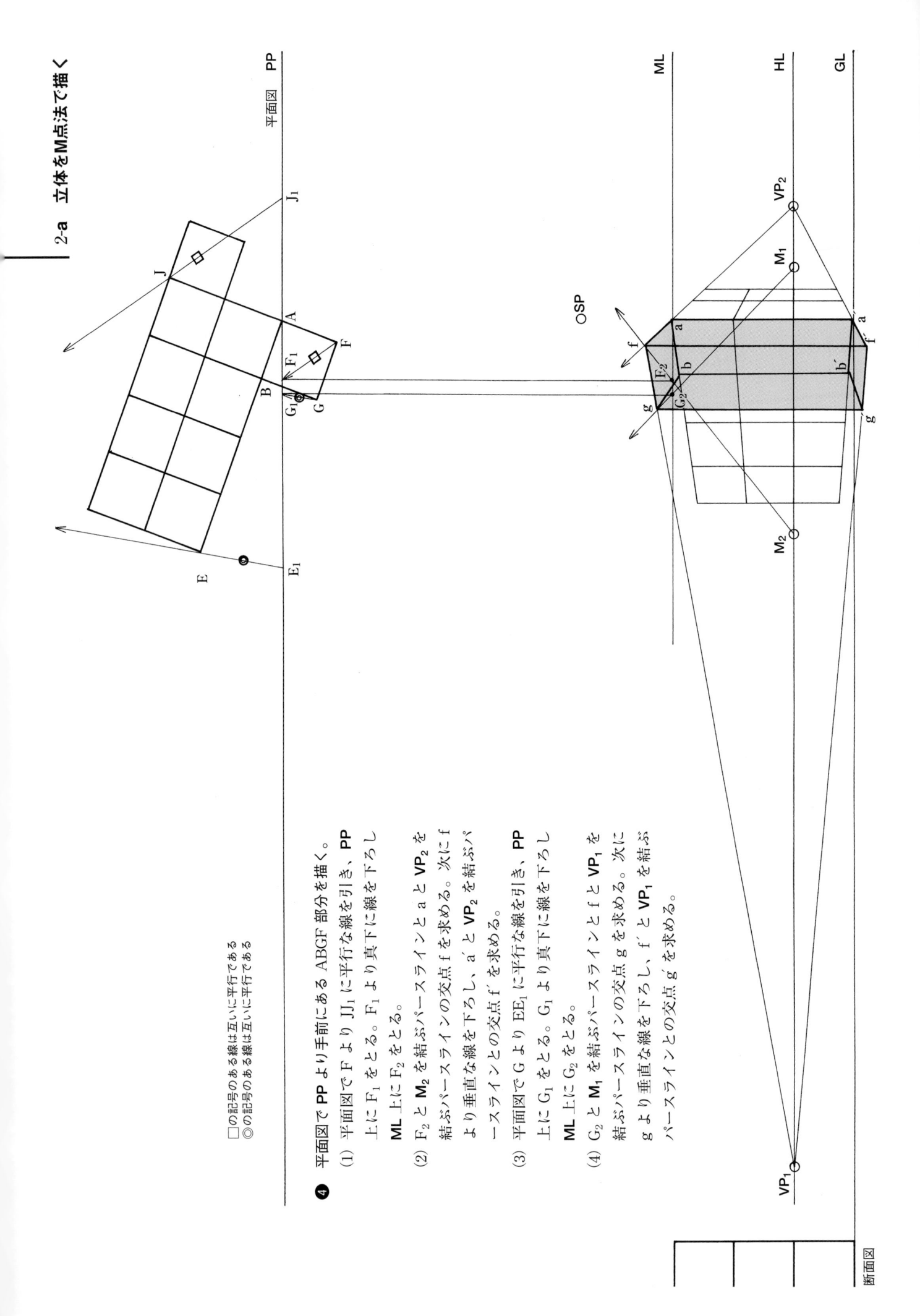

2-a 立体をM点法で描く

□の記号のある線は互いに平行である
◎の記号のある線は互いに平行である

❹ 平面図で PP より手前にある ABGF 部分を描く。

(1) 平面図で F より JJ_1 に平行な線を引き、PP 上に F_1 をとる。F_1 より真下に線を下ろし ML 上に F_2 をとる。

(2) F_2 と M_2 を結ぶパースラインと a と VP_2 を結ぶパースラインの交点 f を求める。次に f より垂直な線を下ろし、a′ と VP_2 を結ぶパースラインとの交点 f′ を求める。

(3) 平面図で G より EE_1 に平行な線を引き、PP 上に G_1 をとる。G_1 より真下に線を下ろし ML 上に G_2 をとる。

(4) G_2 と M_1 を結ぶパースラインと f と VP_1 を結ぶパースラインの交点 g を求める。次に g より垂直な線を下ろし、f′ と VP_1 を結ぶパースラインとの交点 g′ を求める。

<ポイント解説>

対象物がPPより手前にある場合の透視図の一般的な描き方

❶ aとVP₂を結ぶパースラインを描き、手前に延長する。

❷ ML上に求める点B、C、Dの長さをAより測り、これらの点とM₂を結んで延長して、❶のパースラインとの交点b、c、dを求める。

❸ b、c、dより垂直な線を下ろし、a'と VP₂ を結ぶパースラインを描き、手前に延長して交点b'、c'、d'を求める。

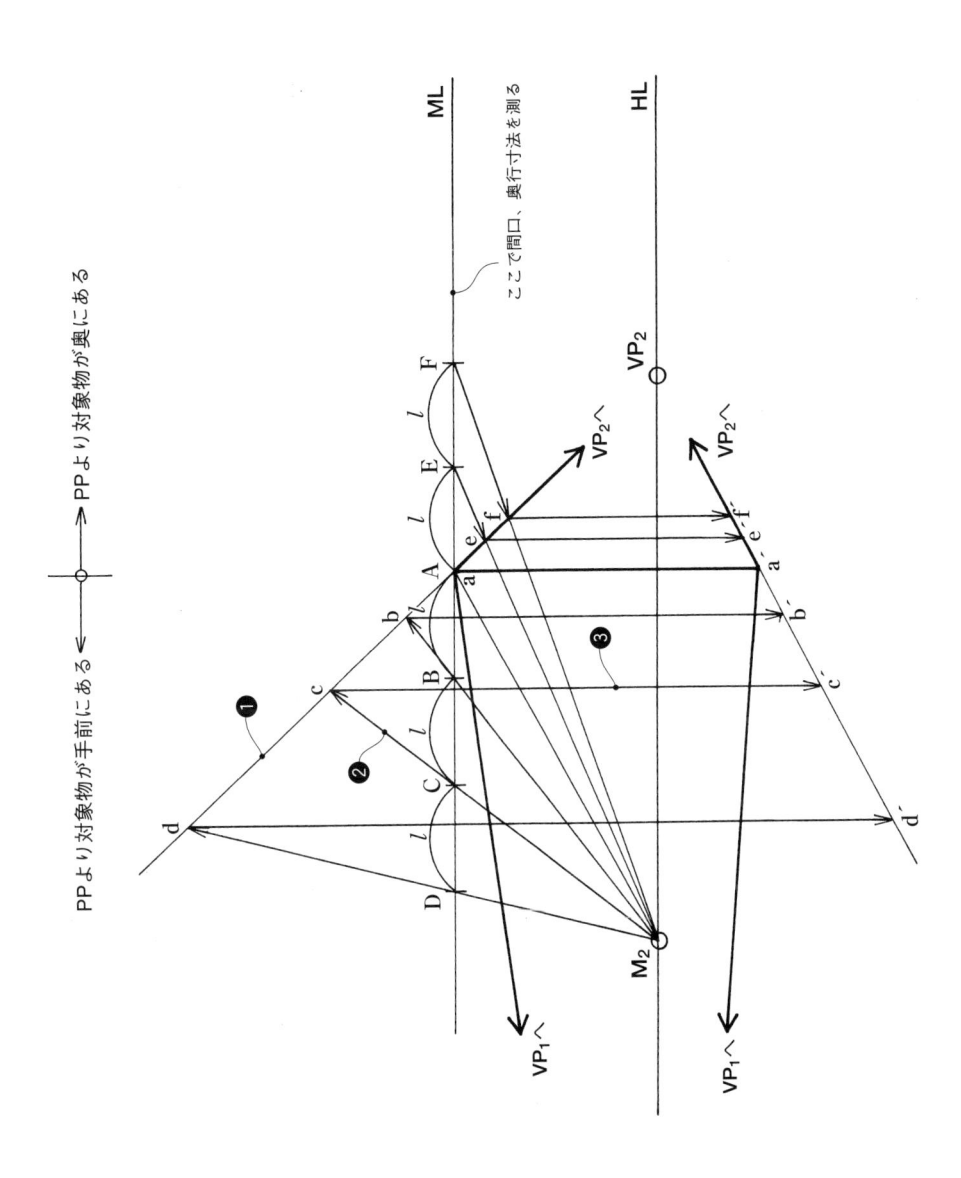

PPより対象物が手前にある ←——○——→ PPより対象物が奥にある

第4章 MLで測るM点法

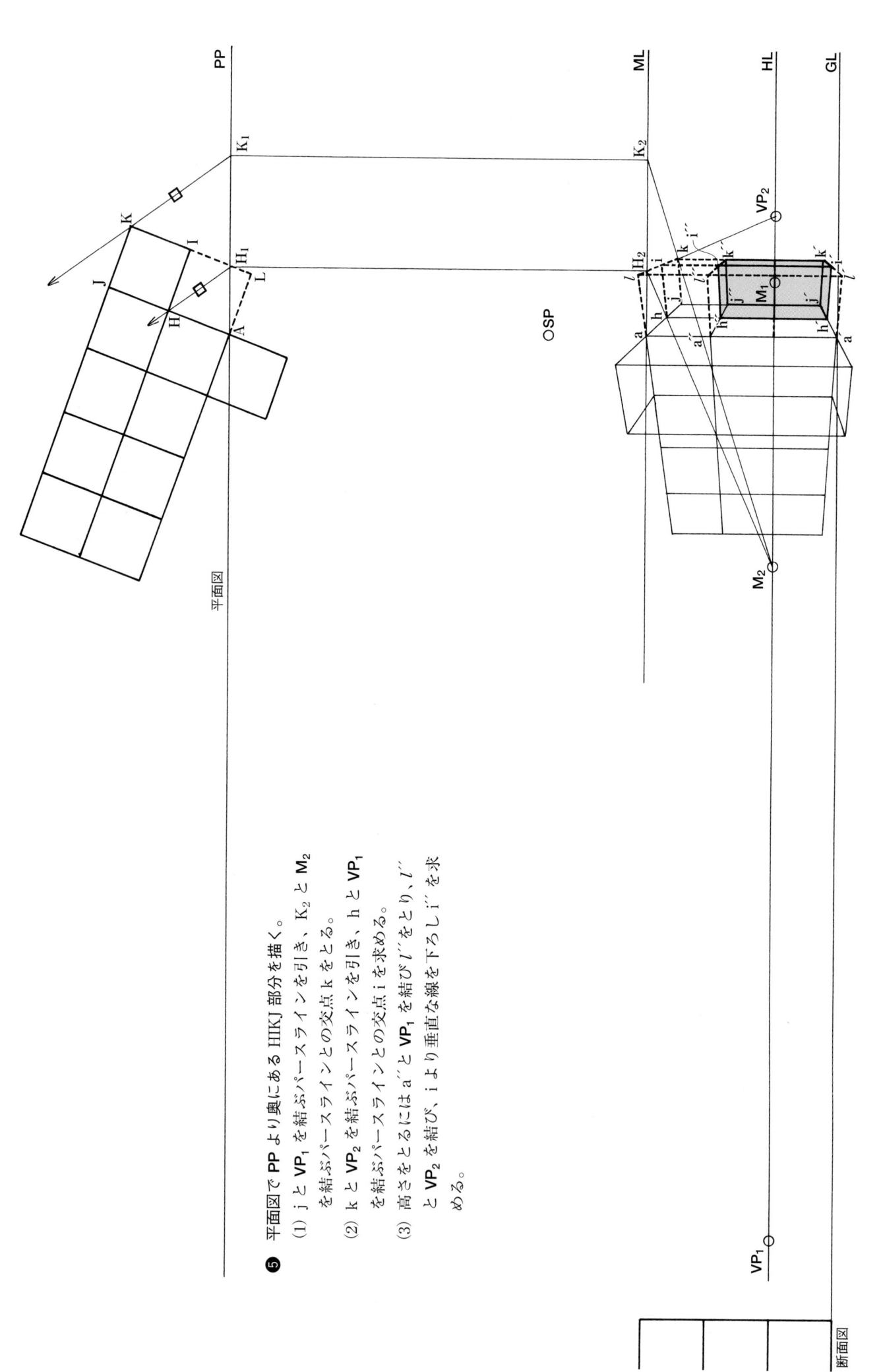

2-a 立体をM点法で描く

❺ 平面図でPPより奥にある HIKJ 部分を描く。

(1) jとVP₁を結ぶパースラインを引き、K₂とM₂を結ぶパースラインとの交点 k をとる。
(2) kとVP₂を結ぶパースラインを引き、hとVP₁を結ぶパースラインとの交点 i を求める。
(3) 高さをとるには a″ と VP₁ を結び l″ をとり、l″とVP₂を結び、i より垂直な線を下ろし i″ を求める。

平面図

断面図

❻ 完成図。

平面図

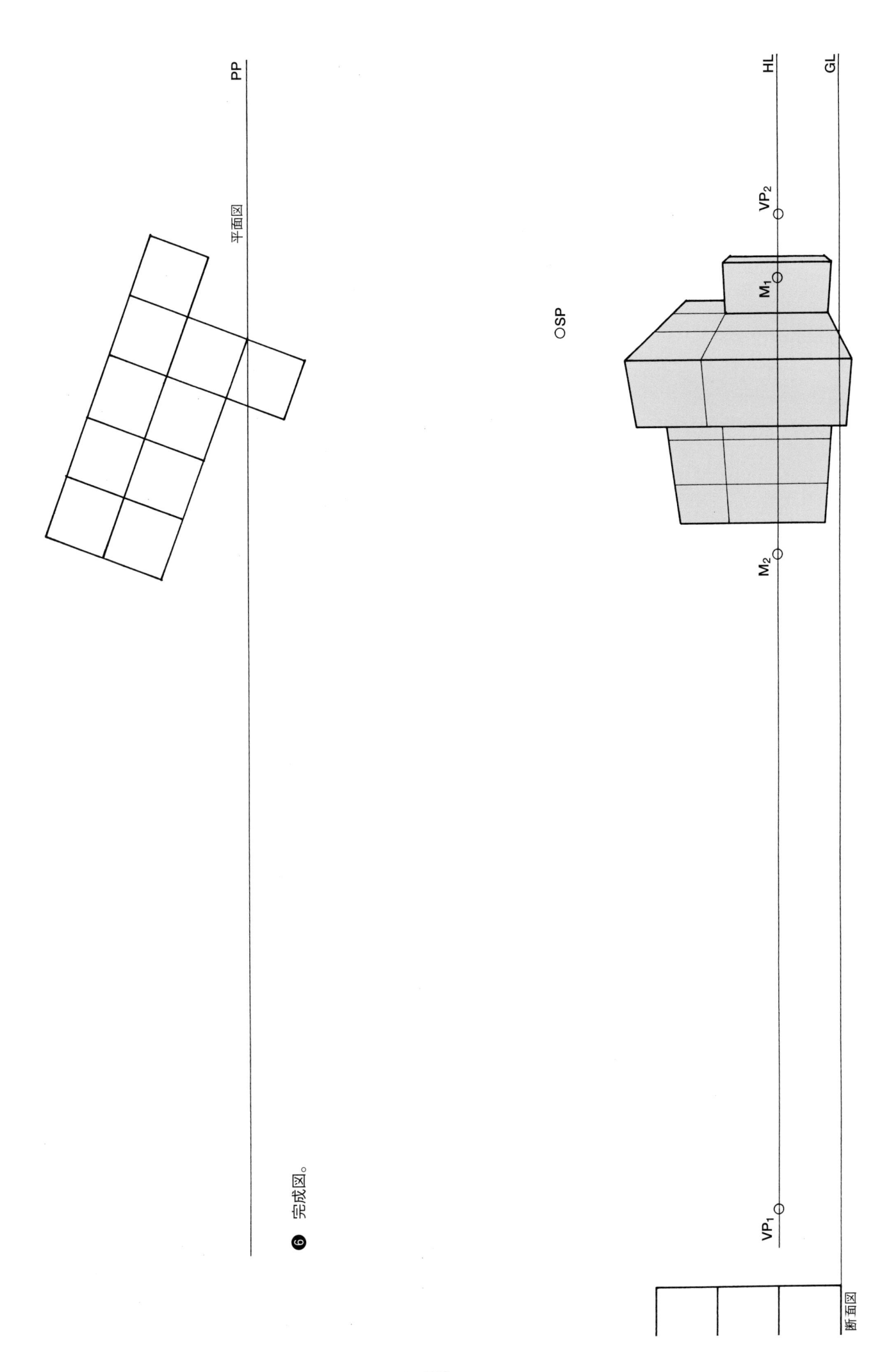

断面図

第 4 章　MLで測るM点法

2-b オフィスビルをM点法で描く

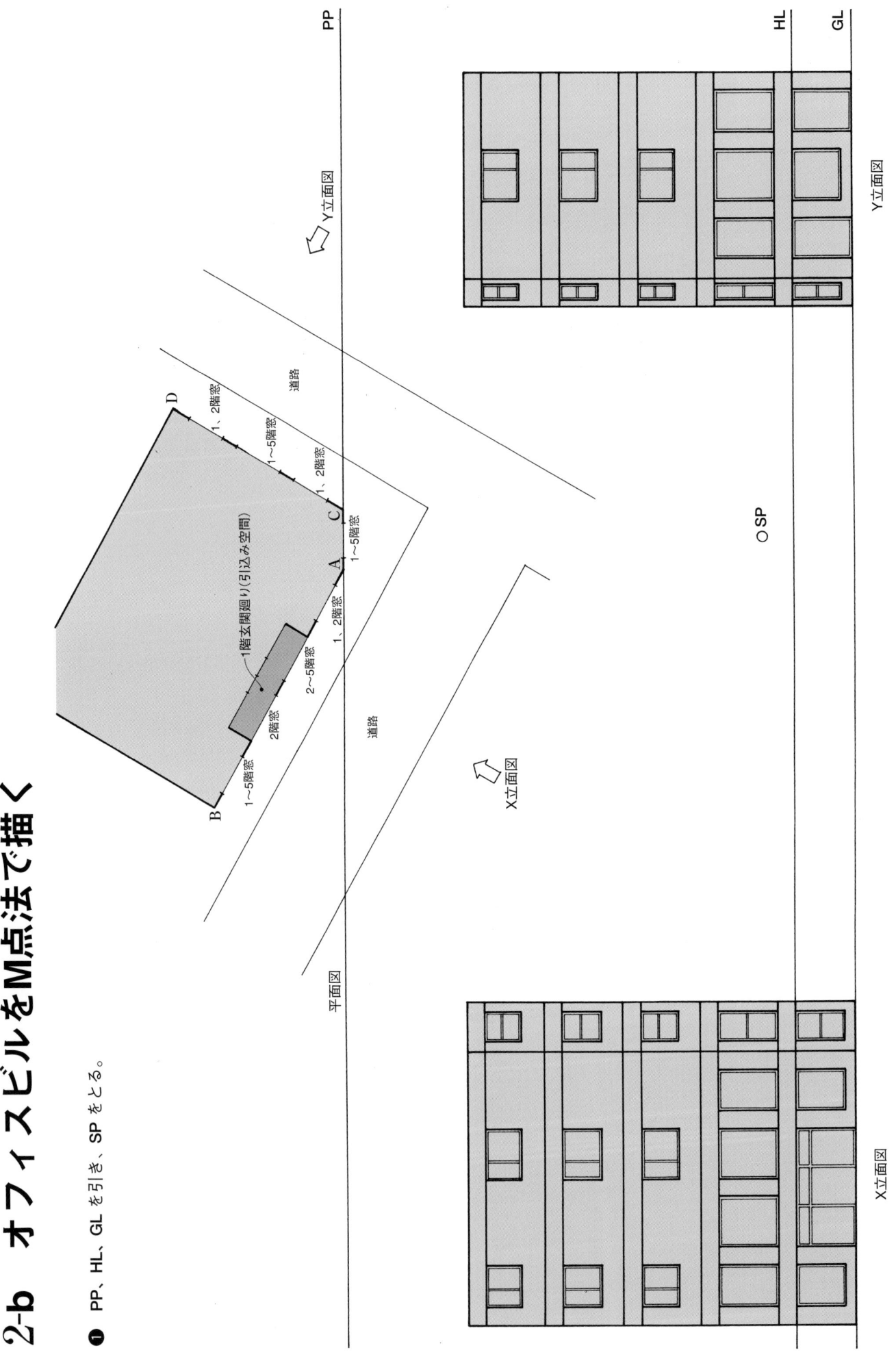

❶ PP、HL、GL を引き、SP をとる。

❷ VP_1、VP_2、M_1、M_2 をとる。

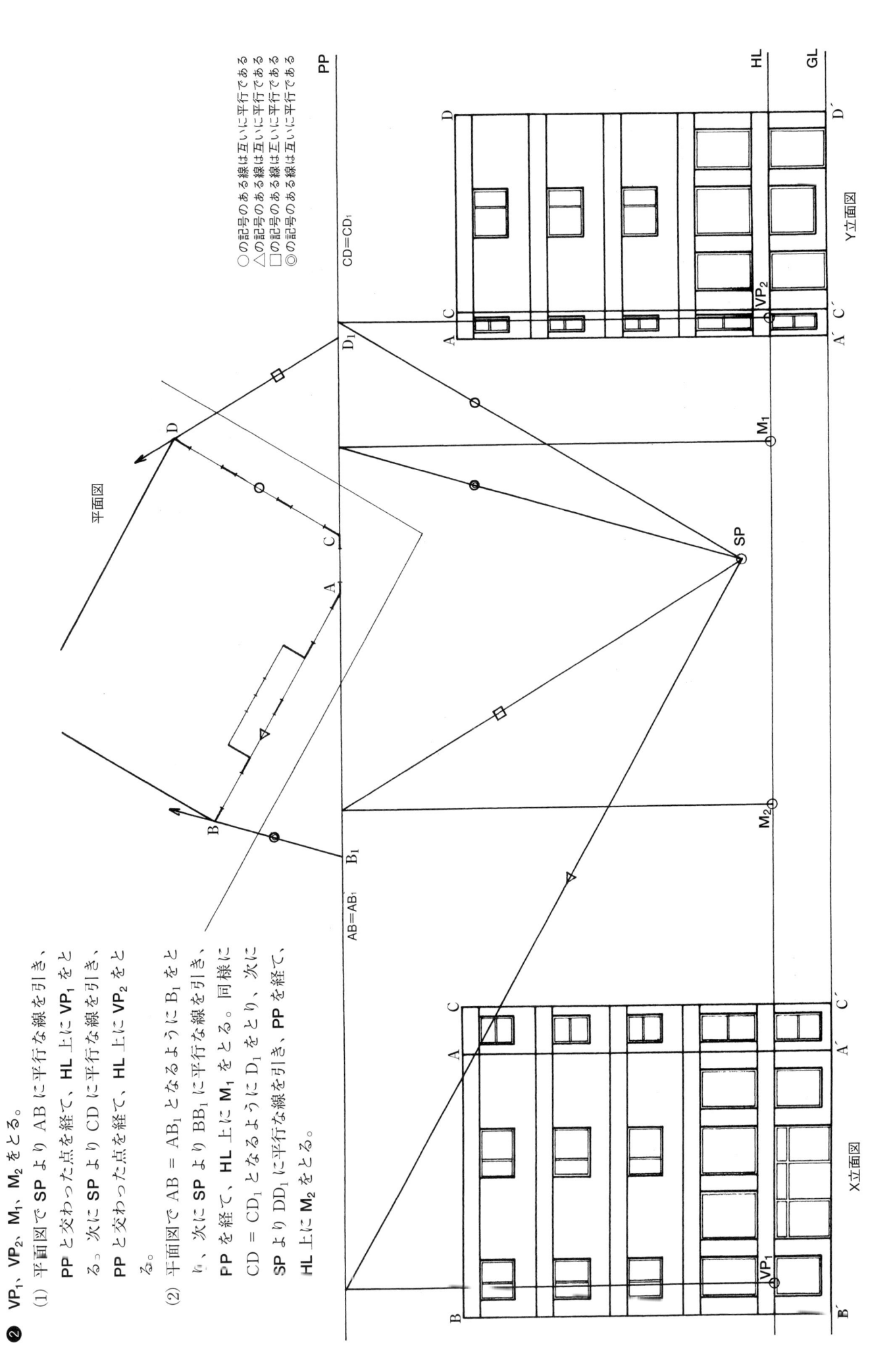

(1) 平面図で SP より AB に平行な線を引き、PP と交わった点を経て、HL 上に VP_1 をとる。次に SP より CD に平行な線を引き、PP と交わった点を経て、HL 上に VP_2 をとる。

(2) 平面図で $AB = AB_1$ となるように B_1 をとり、次に SP より BB_1 に平行な線を引き、PP を経て、HL 上に M_1 をとる。同様に $CD = CD_1$ となるように D_1 をとり、次に SP より DD_1 に平行な線を引き、PP を経て、HL 上に M_2 をとる。

○の記号のある線は互いに平行である
△の記号のある線は互いに平行である
□の記号のある線は互いに平行である
◎の記号のある線は互いに平行である

2-b オフィスビルをM点法で描く

❸ 建物の高さをM点法で描く

(1) 平面図A、Cの真下に建物の高さの実長 aa′、cc′をとる。

(2) a、a′とVP₁およびc、c′とVP₂を結ぶパースラインを引く。

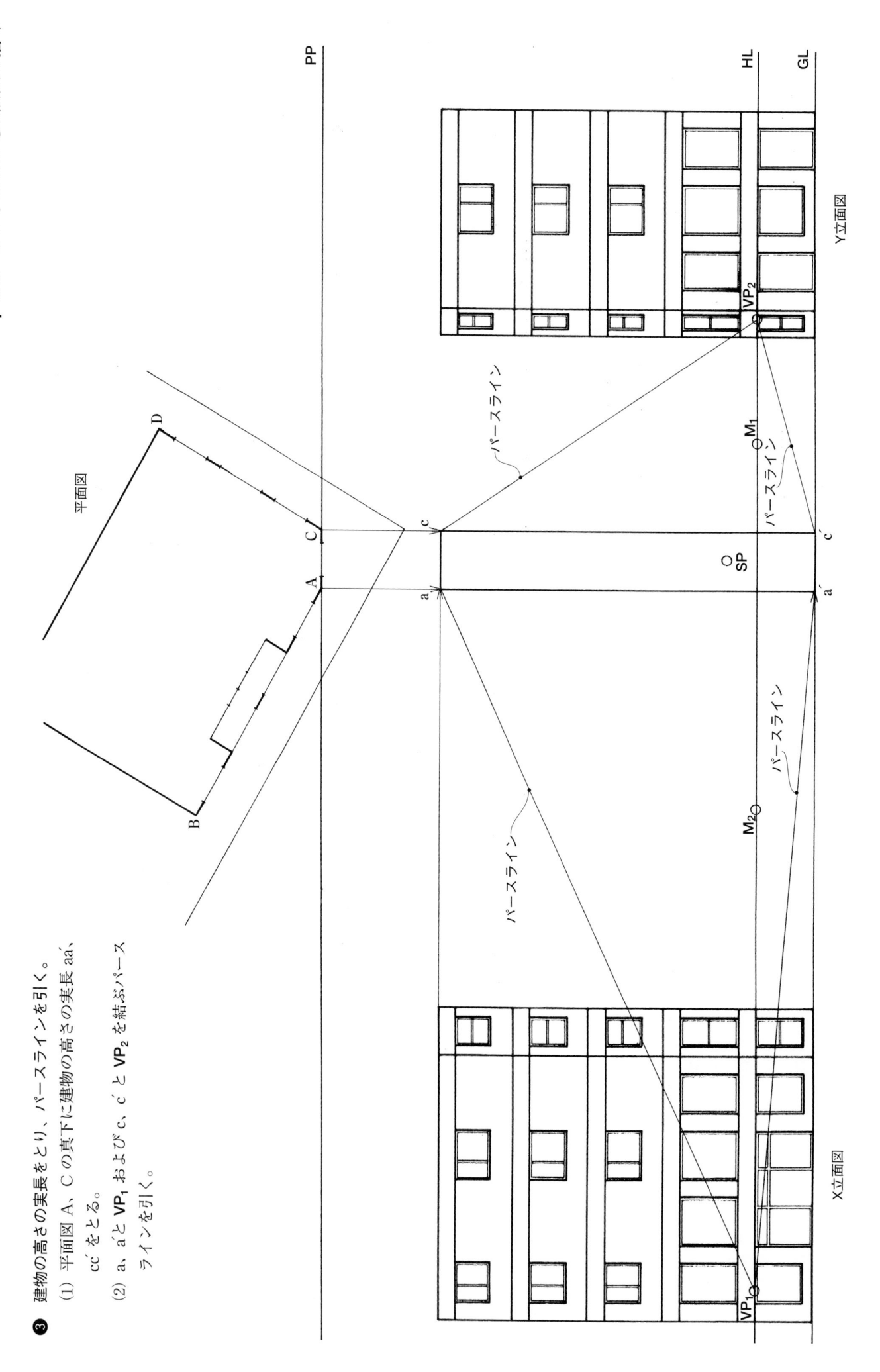

❹ ML 上で、建物の間口、奥行寸法をとり、建物の輪郭を描く。

(1) B_1 の真下の ML 上に B_2 をとる。同様に D_1 の真下の ML 上に D_2 をとる。

(2) B_2 と M_1 を結ぶパースラインを引き、a と VP_1 を結ぶパースラインとの交点 b を求める。同様に D_2 と M_2 を結ぶパースラインを引き、c と VP_2 を結ぶパースラインとの交点 d を求め、建物の輪郭を描く。

第4章 MLで測るM点法

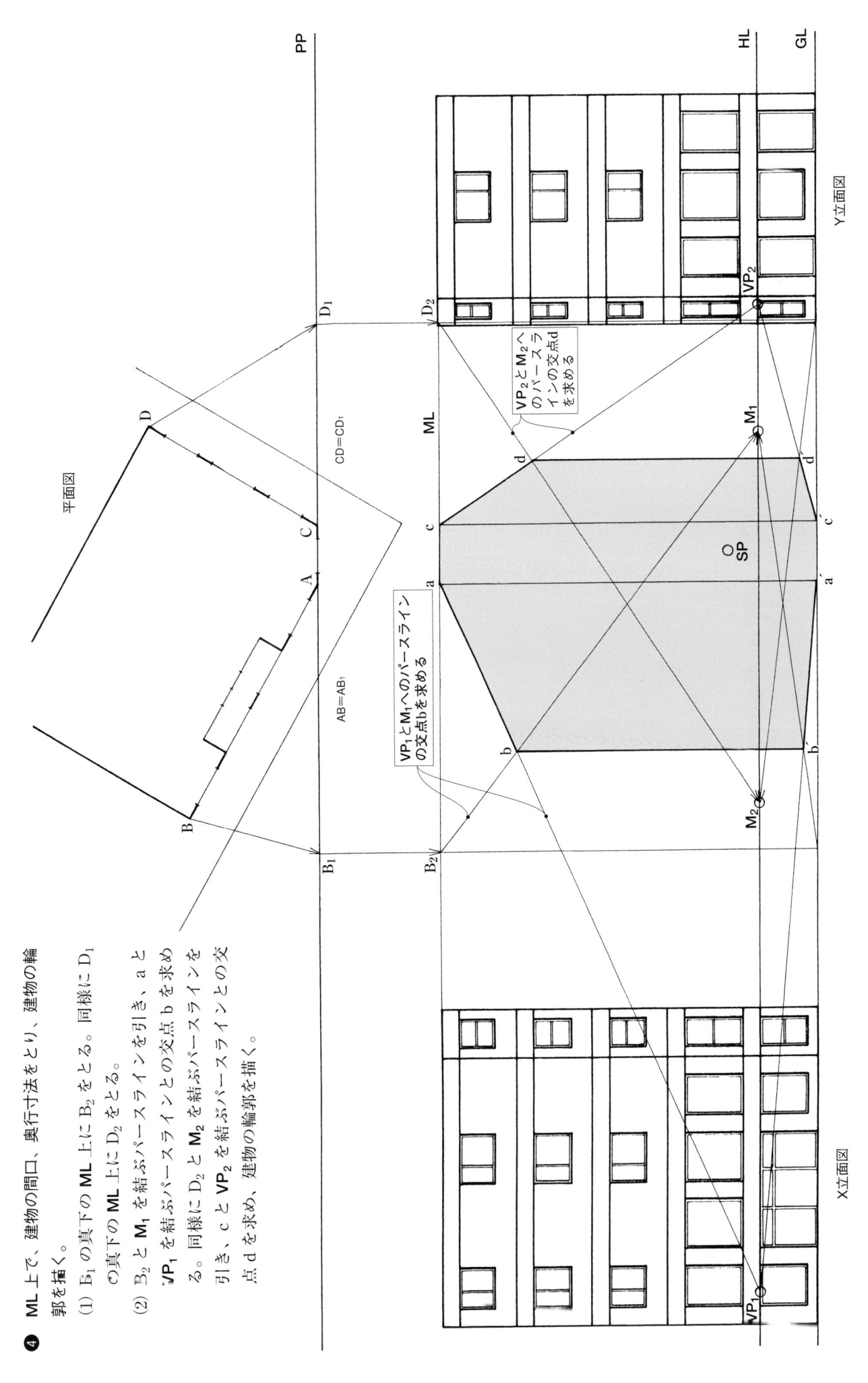

2-b オフィスビルをM点法で描く

❺ ❹と同様のプロセスで窓の位置を求める。

(1) 平面図で BB_1 に平行な線 EE_1、FF_1 を引き、次に、DD_1 に平行な線 GG_1、HH_1 を引き、$E_1 \sim H_1$ の真下の ML 上に $E_2 \sim H_2$ をとる。

(2) E_2、F_2 と M_1 を結ぶパースラインを引き、a と VP_1 を結ぶパースラインとの交点 e、f をとり、ee'、ff' を引いて、窓の位置を求める。

(3) G_2、H_2 と M_2 を結ぶパースラインを引き、c と VP_2 を結ぶパースラインとの交点 g、h をとり、gg'、hh' を引いて窓の位置を求める。

□の記号のある線は互いに平行である
◎の記号のある線は互いに平行である

平面図
Y立面図
X立面図

PP　HL　GL　ML

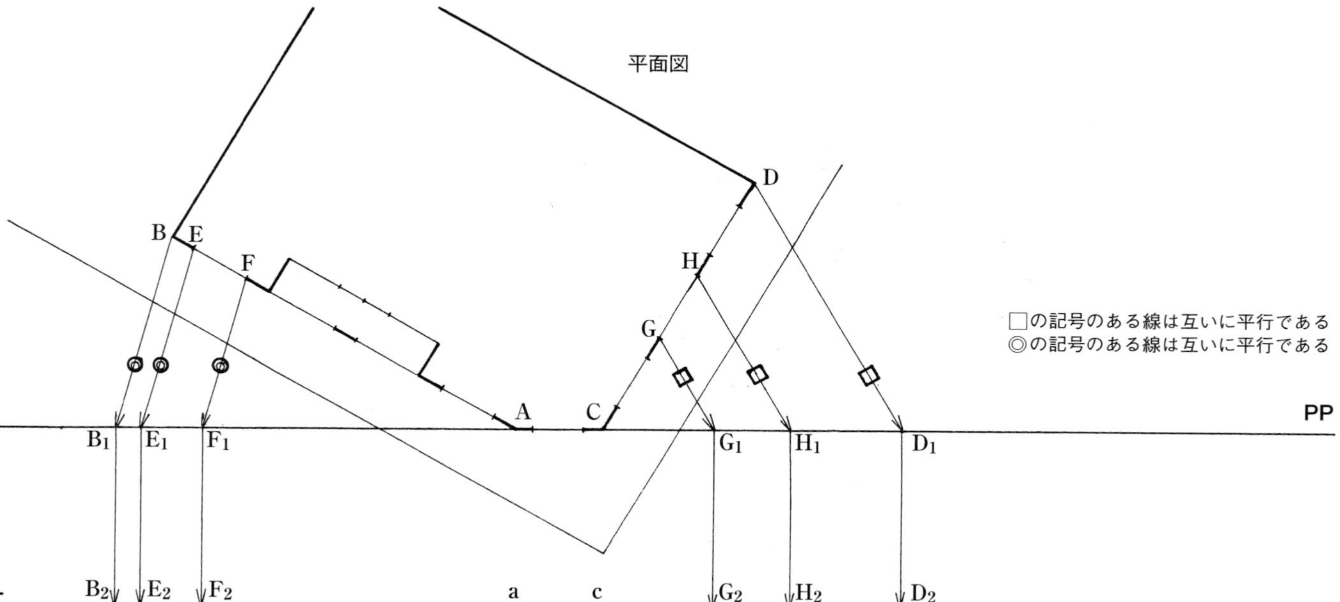

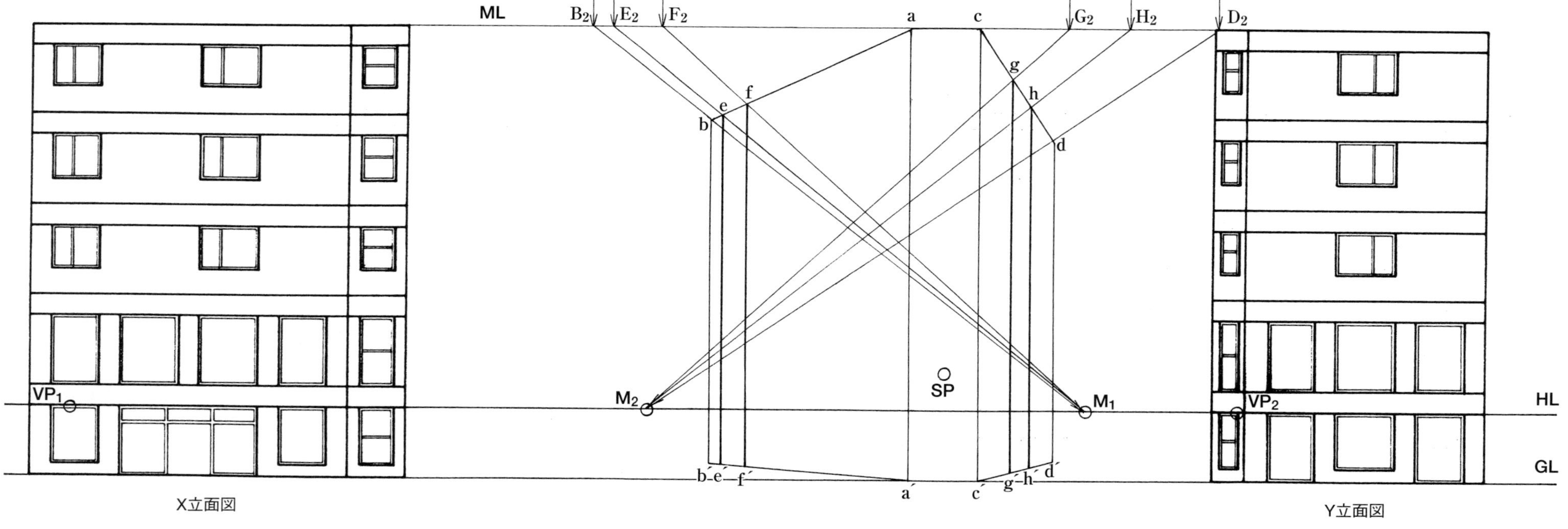

❻ 各階のフロアラインの目地と各階の窓を描く。
  (1) aa´とcc´上で高さを測り、VP₁, VP₂ へパースラインを引き、各階のフロアラインの位置にある目地を描く。
  (2) ❺と同様のプロセスで各階の窓を描く。

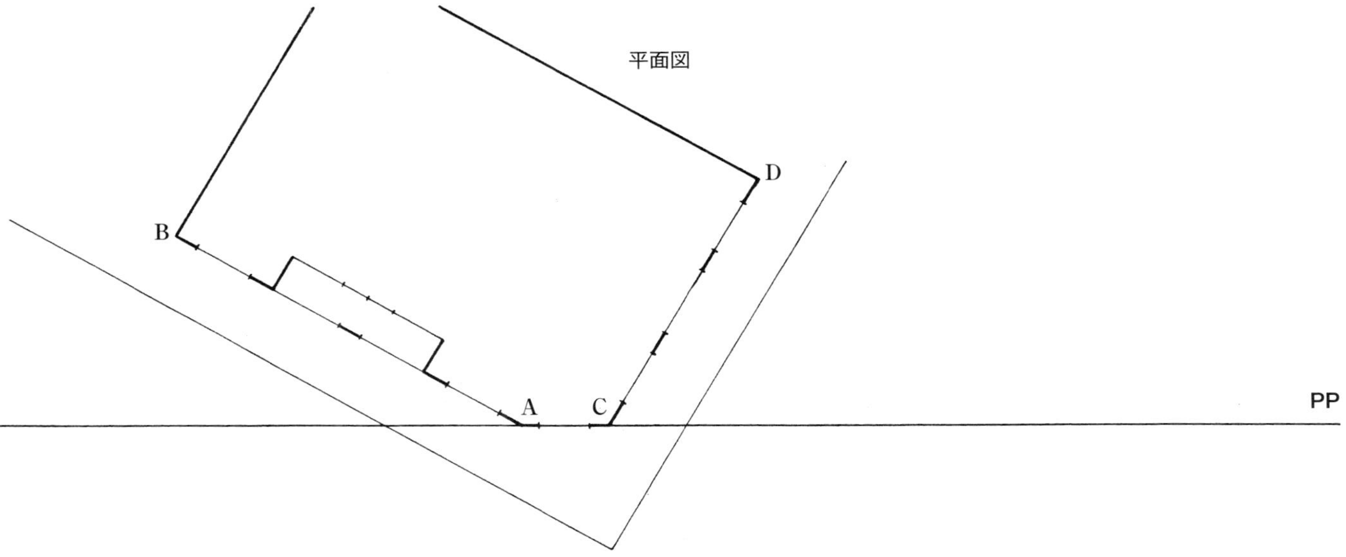

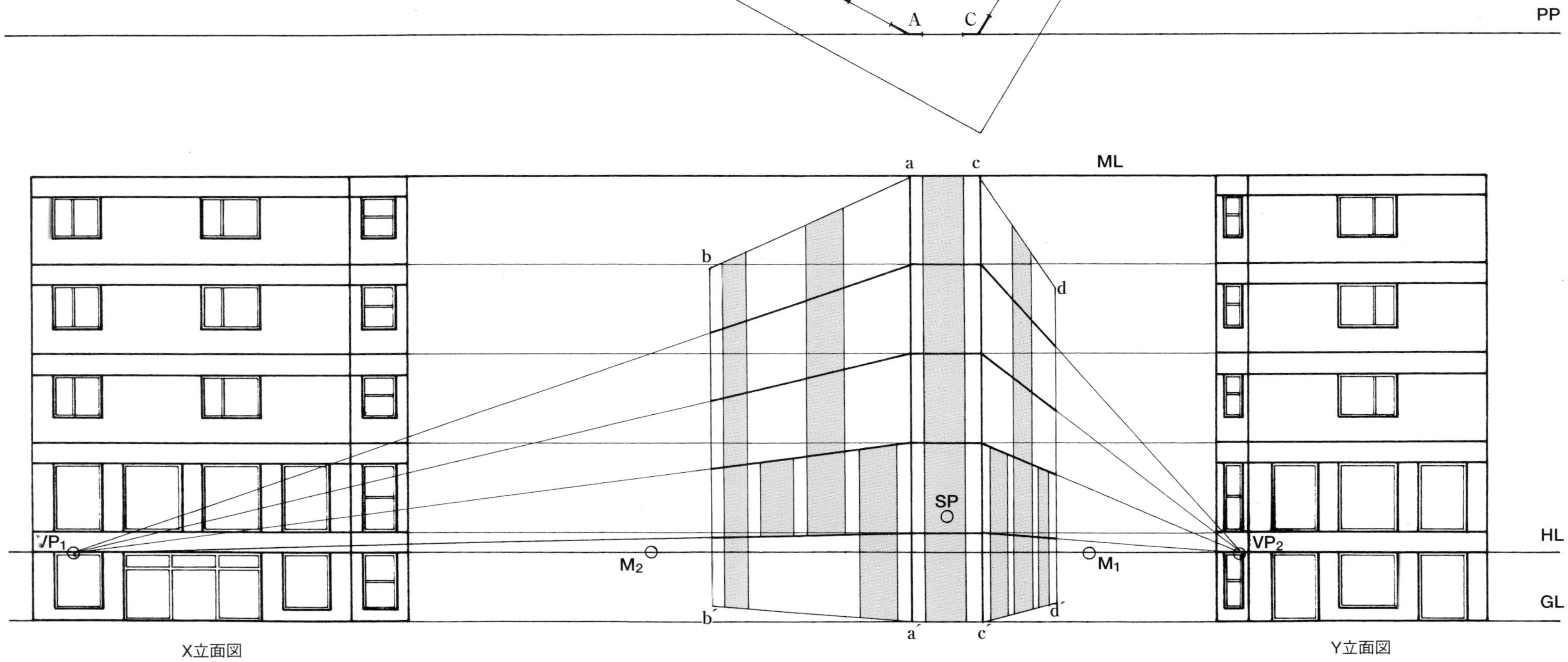

平面図

Y立面図

X立面図

第4章　MLで測るM点法

2-b オフィスビルをM点法で描く

❼ 1階玄関廻りの引込み空間を描く

(1) ❺と同様に L_2、K_2 を求め、L_2、K_2 と M_1 を結ぶパースラインを引き、a と VP_1 を結ぶパースラインとの交点 i、k より垂直な線を引き、i'、k' を求める。

(2) ❺と同様に J_2、L_2 を求め、J_2、L_2 と M_1 を結ぶパースラインを引き、m と VP_1 を結ぶパースラインとの交点 j''、l'' を求める。平面図で M の位置は、J と L を結び延長して AC と交わった点である。

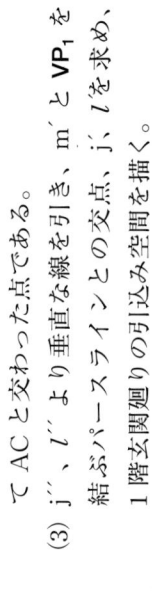

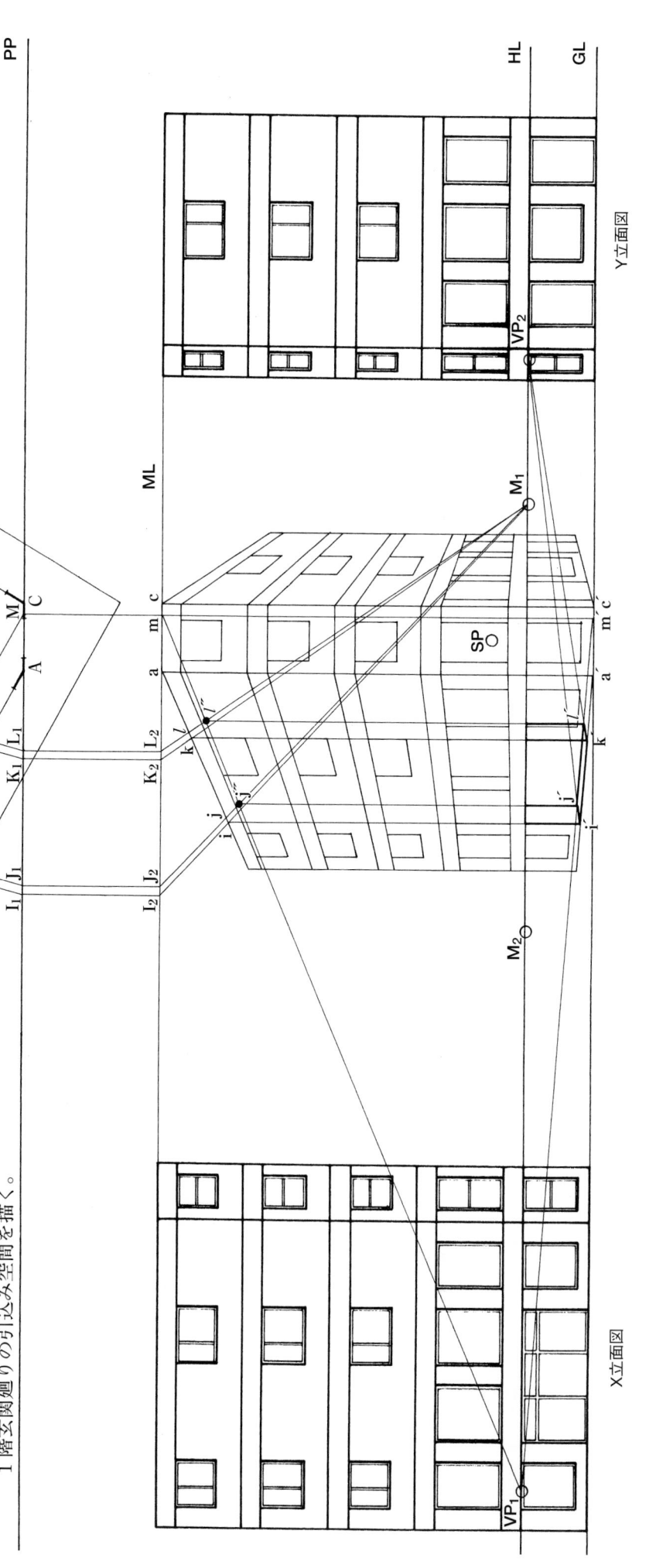

(3) j''、l'' より垂直な線を引き、m' と VP_1 を結ぶパースラインとの交点、j'、l' を求め、1階玄関廻りの引込み空間を描く。

平面図

Y立面図

X立面図

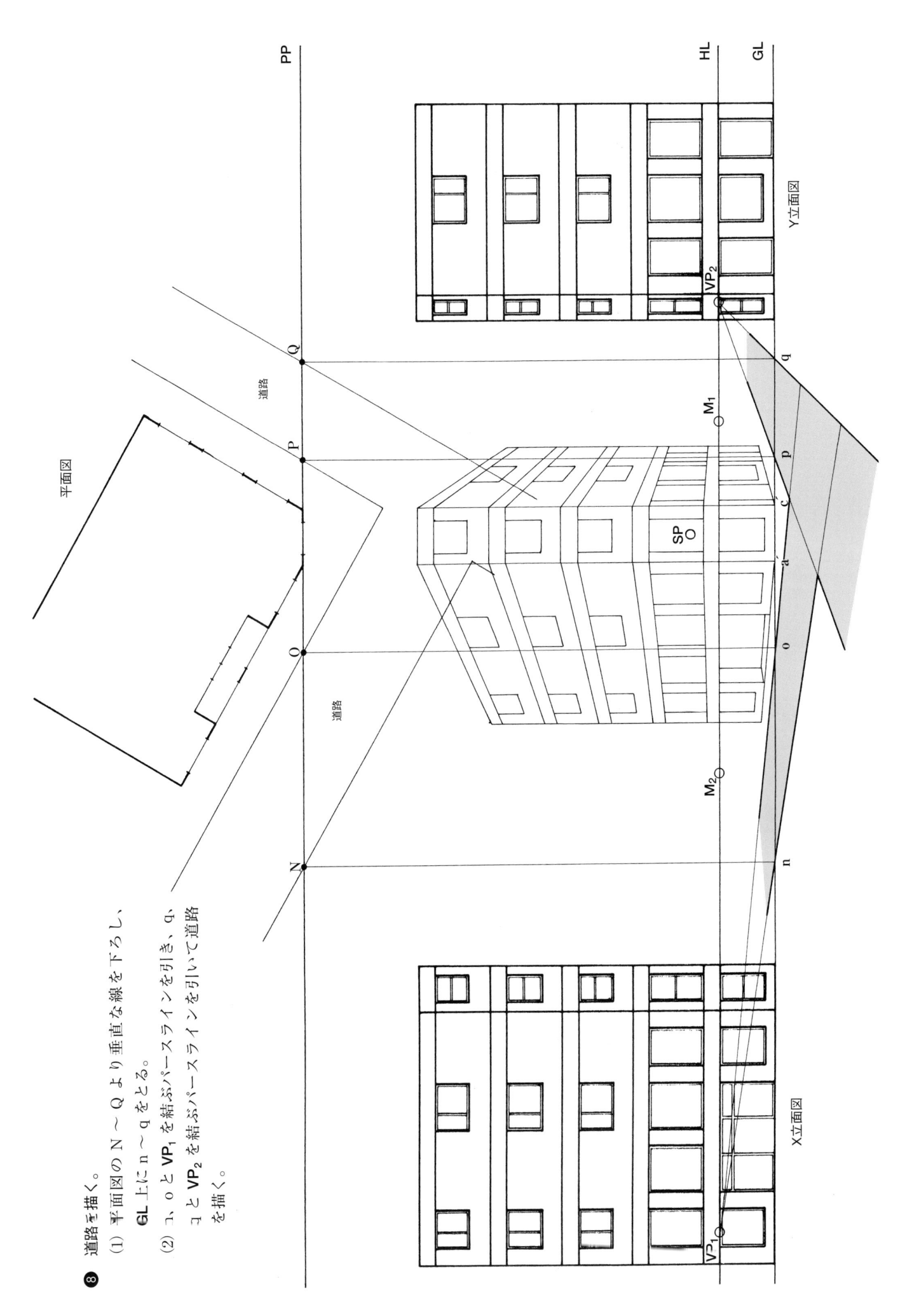

❽ 道路を描く。
(1) 平面図のN〜Qより垂直な線を下ろし、GL上にn〜qをとる。
(2) n、oとVP_1を結ぶパースラインを引き、q、rとVP_2を結ぶパースラインを引いて道路を描く。

第4章 MLで測るM点法

2-b オフィスビルをM点法で描く

❾ 完成図。窓枠を描いて完成させる。

平面図

Y立面図

X立面図

2-c　オフィスビルをM点法の[2消点簡略図法]で描く

作図上、平面図を用いずに、立面図のみで描く。

❶ HL、GLを引き、AA´の右側にX立面図、AA´の左側にY立面図を描く。

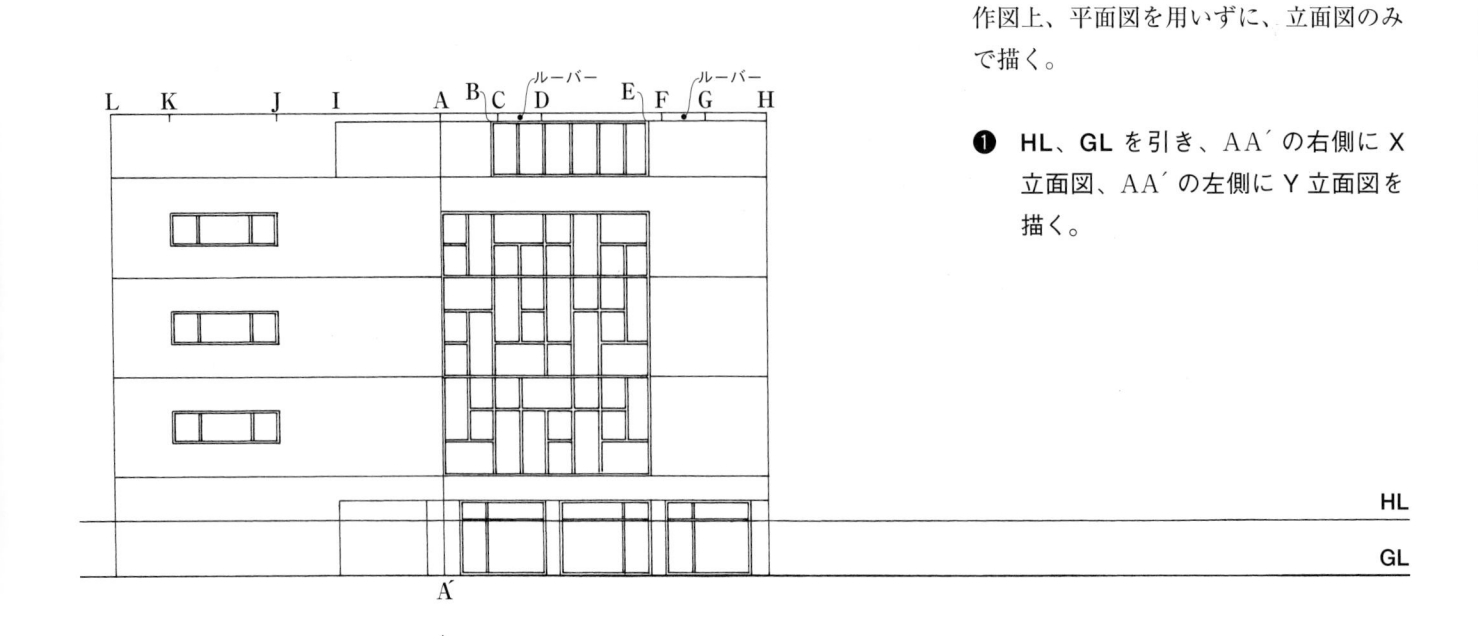

Y立面図（側面）　←→　X立面図（ファサード）

＜作図用参考図面＞

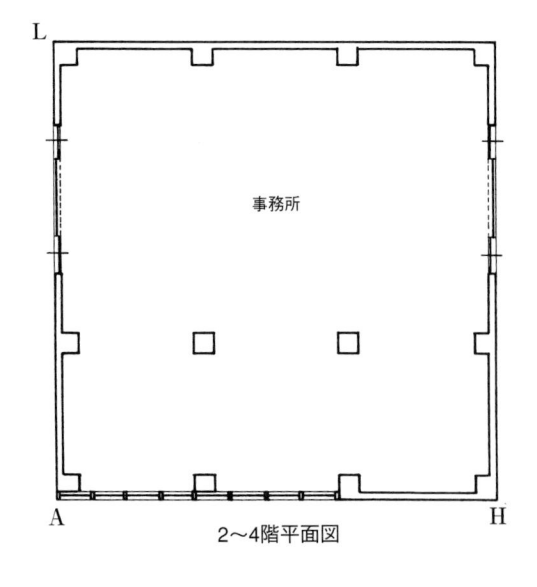

2～4階平面図

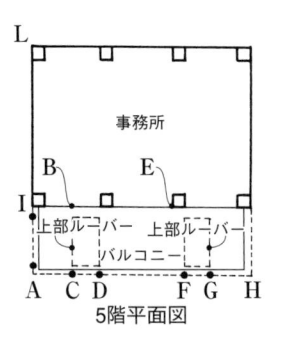

5階平面図

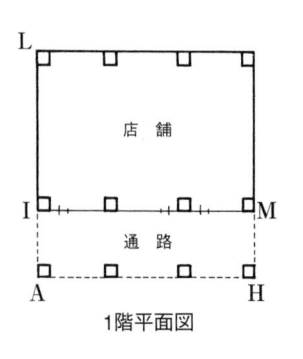

1階平面図

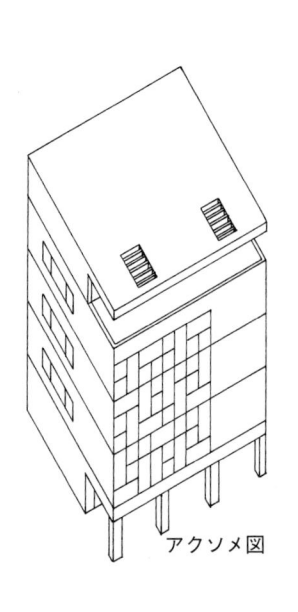

アクソメ図

❷ VP$_1$、VP$_2$ を HL 上の任意の位置にとり、M$_1$、M$_2$ を求める。

記号 A と記号 a は同じ位置にあるが、記号 A は立面上の点を表し、記号 a は透視図上の点を表す。

(1) HL 上の任意の位置に VP$_1$、VP$_2$ をとる。X 立面図を主として描くことにするので、VP$_1$ を AA′ の近くに、VP$_2$ を遠くの位置に置く。
(2) A と VP$_1$、VP$_2$ を結ぶ。
(3) HL に平行に任意の位置に x$_1$x$_2$ を引く（ただし、x$_1$、x$_2$ は、それぞれ AVP$_1$、AVP$_2$ 上の点とする）。
(4) x$_1$x$_2$ を直径とする半円を描き、A の真上の半円上に o をとる。
(5) x$_1$ を中心に ox$_1$ を半径とする円を描き、x$_1$x$_2$ との交点 m$_1$ を求める。
次に x$_2$ を中心に ox$_2$ を半径とする円を描き、x$_1$x$_2$ との交点 m$_2$ を求める。
(6) A と m$_1$ および A と m$_2$ を結び、延長して HL 上に M$_1$、M$_2$ を求める。

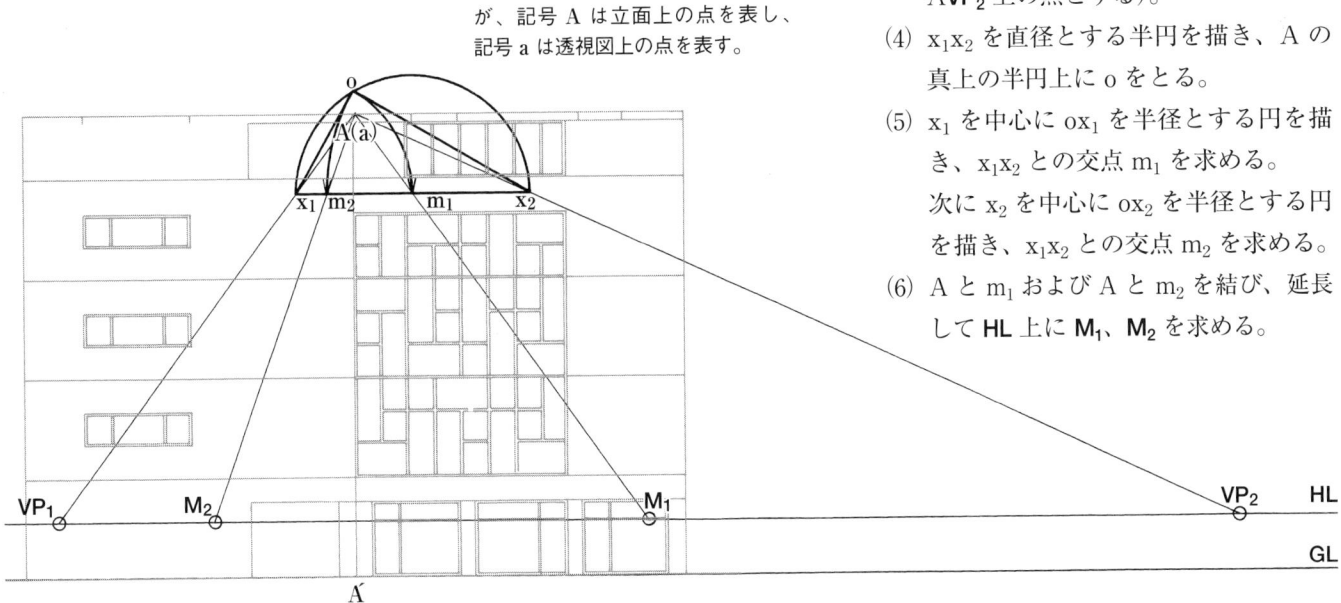

<ポイント解説>

縮小した半円②により M$_1$、M$_2$ を求めることができる

大きい半円①を描くかわりに、縮小して小さい半円②を描くことで、M$_1$、M$_2$ を求めることができる（下図では透視図の線 HL、GL に平面上の点 SP が重ね合わせて描かれている）。

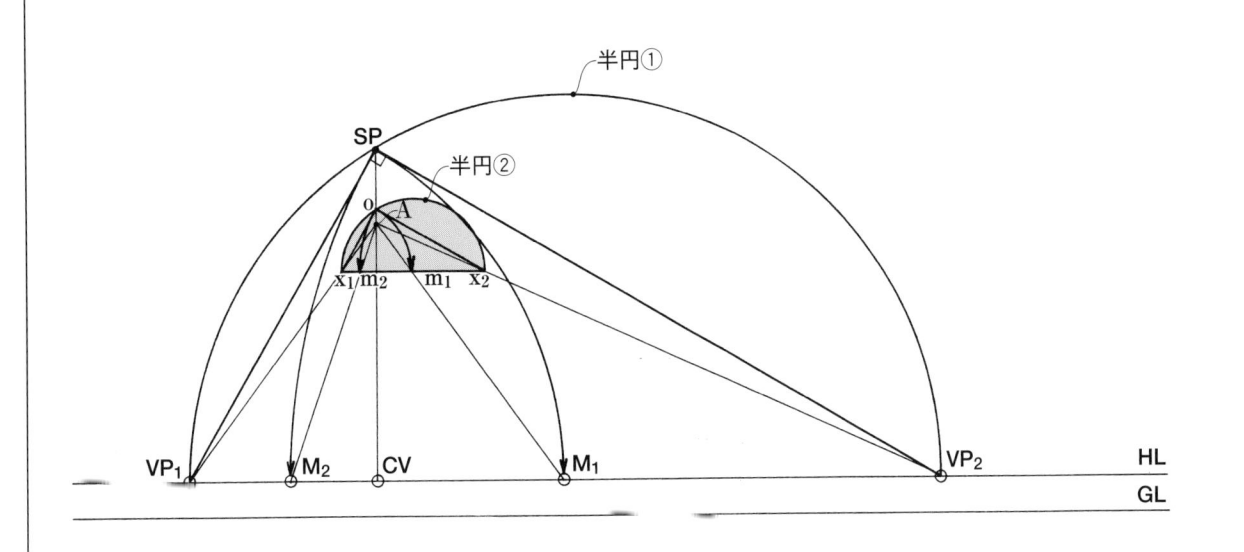

第 4 章　ML で測る M 点法

❸ ビルの輪郭を描く。

aとVP₁を結ぶ線およびLとM₁を結ぶ線との交点 l をとる。次に a と VP₂ および H と M₂ を結ぶ線との交点 h をとり、ビルの輪郭を描く。

ここでビルの奥行寸法をとる　　ここでビルの間口寸法をとる

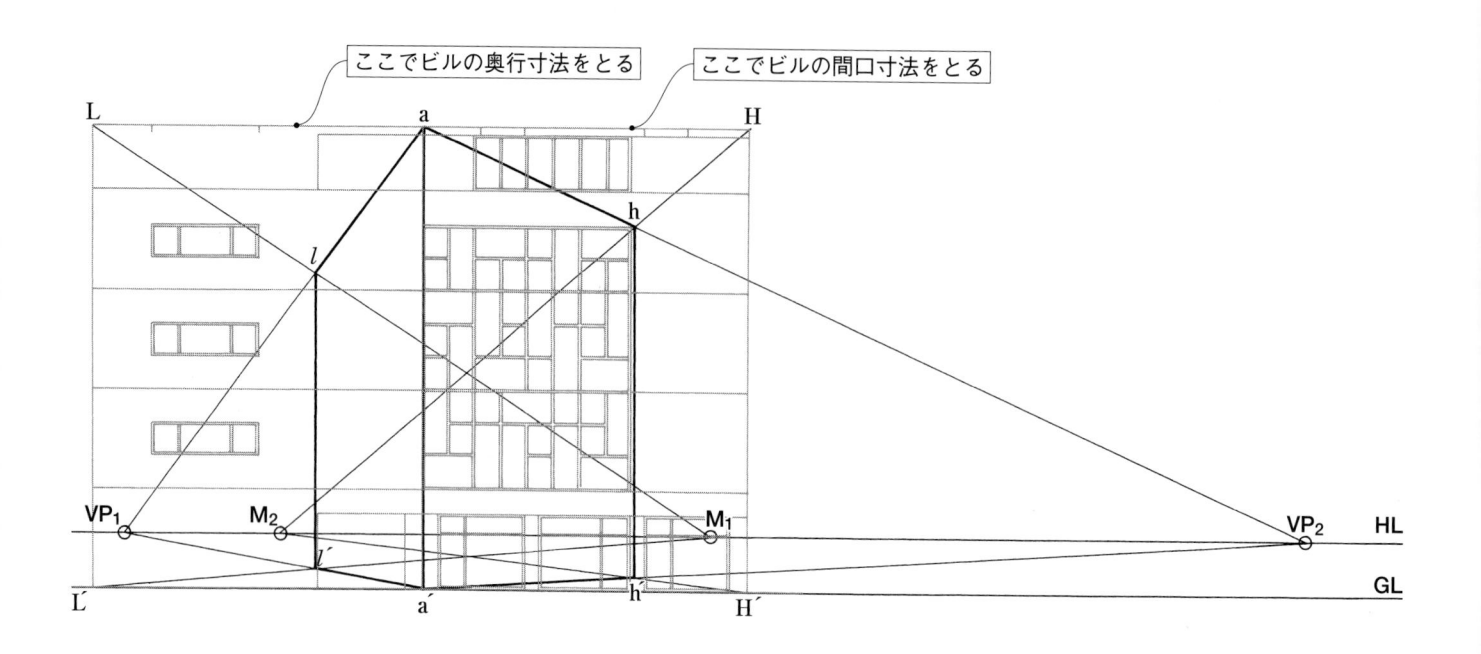

❹ 5階の庇とバルコニーを描く。
  (1) ML 上の点 I と M₁ を結び、a_1 と VP₁ を結ぶ線との交点 i を求める。次に a_1 と VP₂ を結び、hh´ との交点 h_1 をとり、5階の庇を描く。この時、高さの実長は aa´ 上で測る。

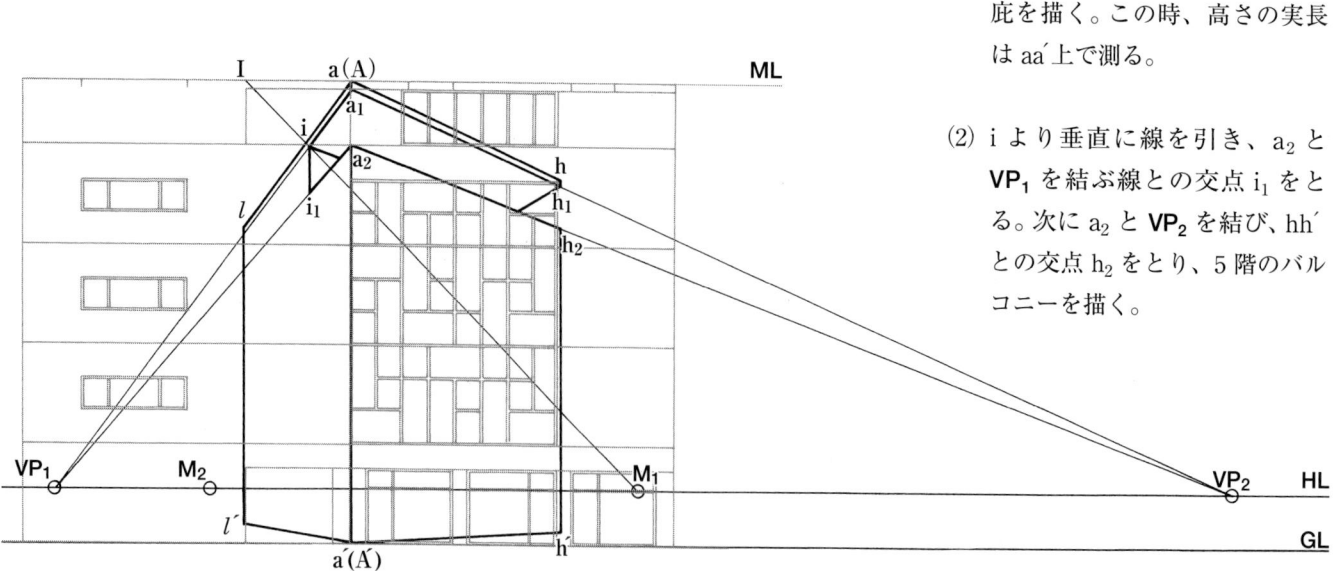

  (2) i より垂直に線を引き、a_2 と VP₁ を結ぶ線との交点 i_1 をとる。次に a_2 と VP₂ を結び、hh´ との交点 h_2 をとり、5階のバルコニーを描く。

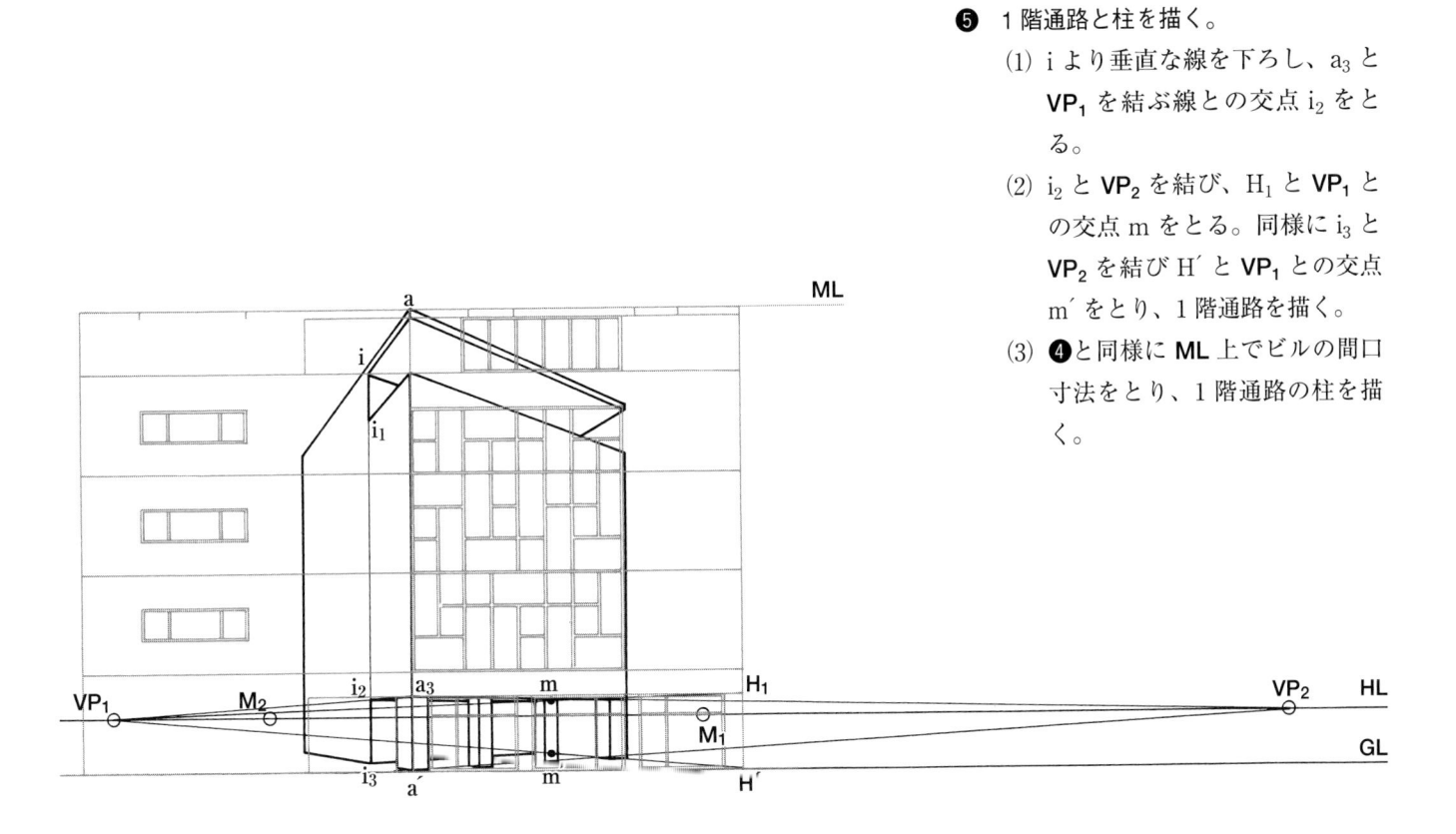

2-c　オフィスビルをM点法の[2消点簡略図法]で描く

❺　1階通路と柱を描く。
(1) i より垂直な線を下ろし、a_3 と VP_1 を結ぶ線との交点 i_2 をとる。
(2) i_2 と VP_2 を結び、H_1 と VP_1 との交点 m をとる。同様に i_3 と VP_2 を結び H′ と VP_1 との交点 m′ をとり、1階通路を描く。
(3) ❹と同様に ML 上でビルの間口寸法をとり、1階通路の柱を描く。

第 4 章　MLで測るM点法　167

❻ 5階庇のルーバーと側面の窓の輪郭を描く。
(1) ML 上の C、D、F、G と M_2 を結び、ah との交点 c、d、f、g をとる。
(2) c、d、f、g と VP_1 を結ぶ。
(3) ML 上の N、O と M_1 を結び、al との交点 n、o をとる。
(4) c、d、f、g と VP_1 を結ぶ線と、n、o と VP_2 を結ぶ線との交点により、ルーバーの位置を求める。
(5) ML 上の J、K と M_1 を結び、al との交点 j、k をとり、j、k より垂直な線を下ろす。
(6) AA′ で窓の高さの実長をとり、その各点と VP_1 と結び、側面の窓の輪郭を描く。

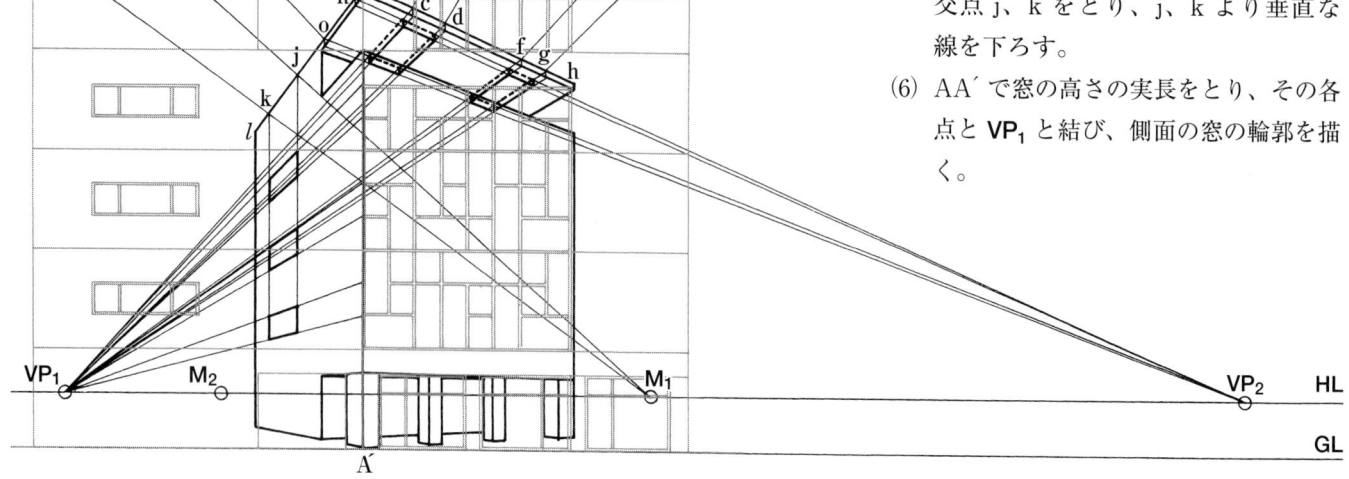

<ポイント解説>

作図❻ 5階庇のルーバー部分拡大図

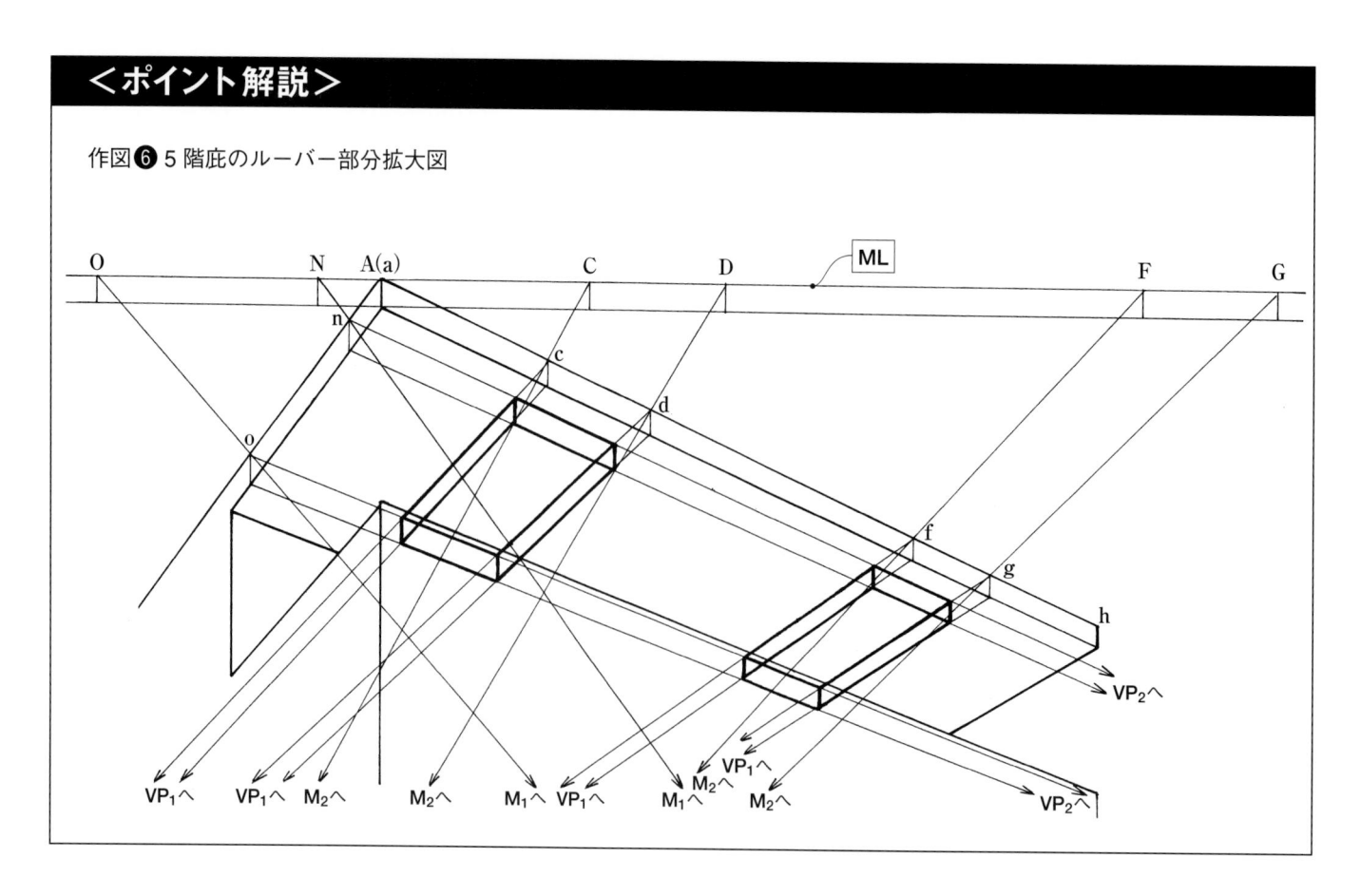

2-c オフィスビルをM点法の[2消点簡略図法]で描く

❼ 窓、ルーバーを描いて完成させる。
1階通路の窓、ファサードの窓、側面の窓、5階庇のルーバーを描いて完成させる。

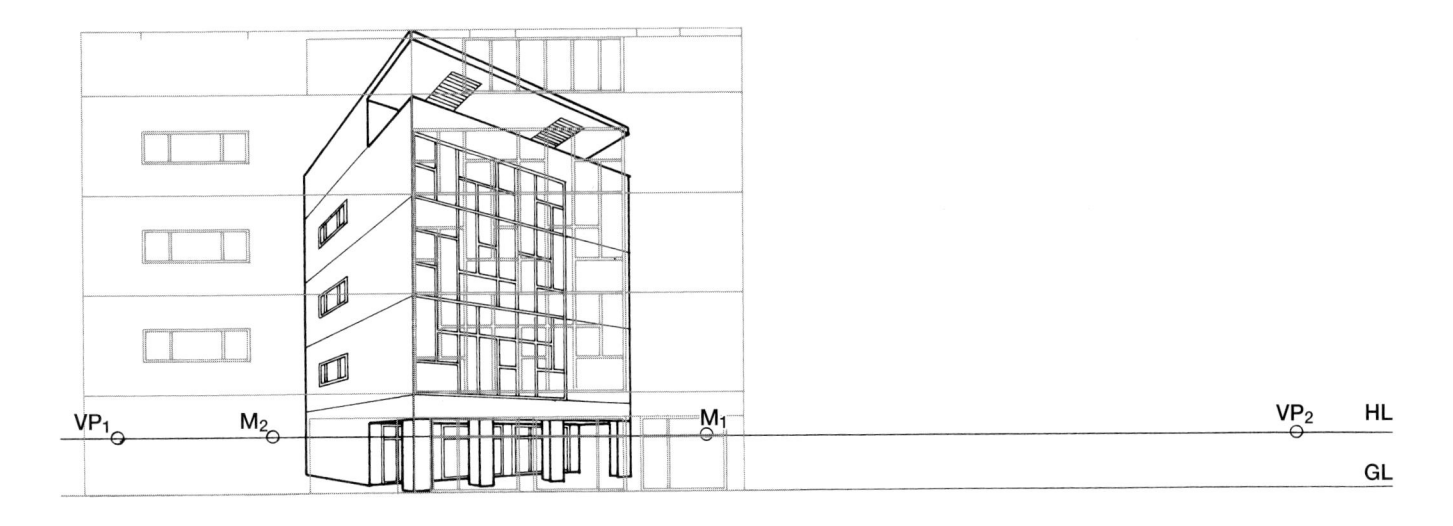

2-d 立体をM点法の[3消点簡略図法]で描く

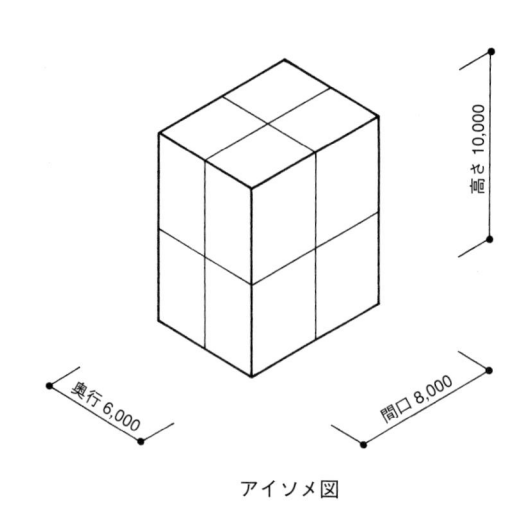

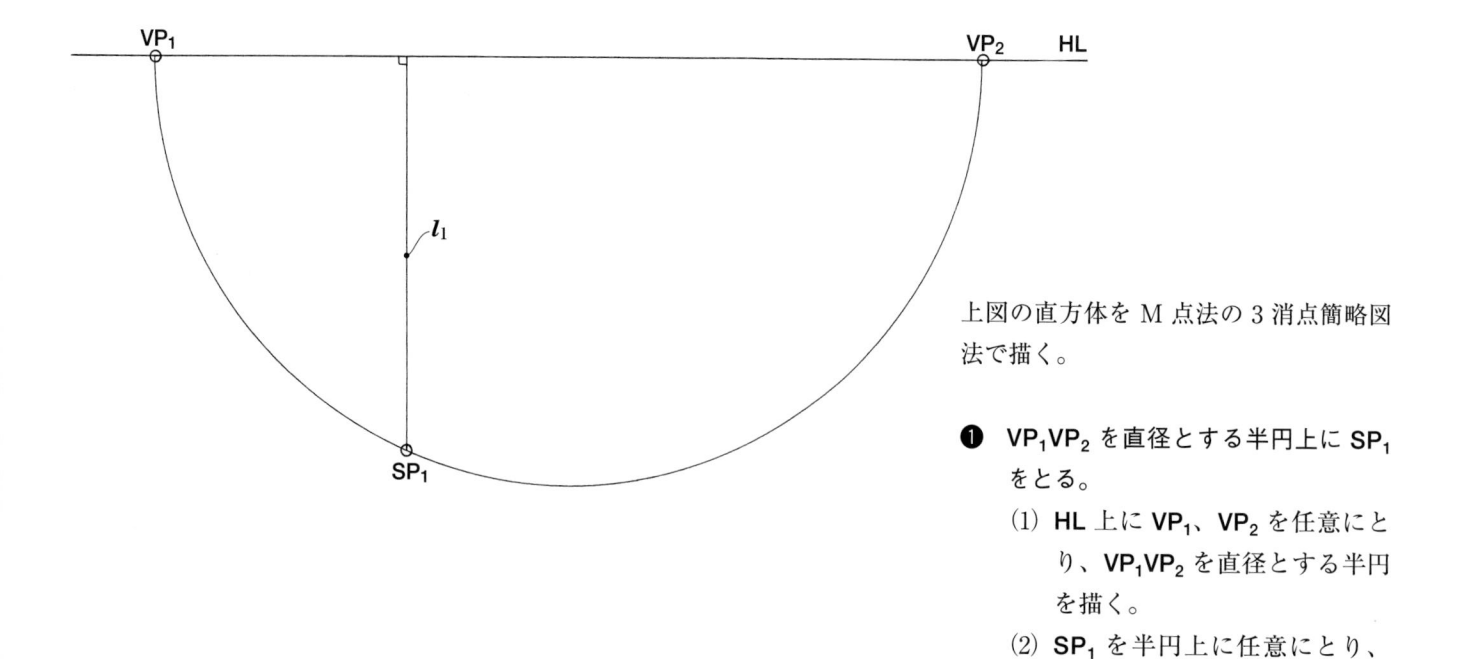

アイソメ図

奥行 6,000
間口 8,000
高さ 10,000

上図の直方体をM点法の3消点簡略図法で描く。

❶ VP_1VP_2 を直径とする半円上に SP_1 をとる。
  (1) HL上に VP_1、VP_2 を任意にとり、VP_1VP_2 を直径とする半円を描く。
  (2) SP_1 を半円上に任意にとり、SP_1 から HL に垂直な線 l_1 を引く。

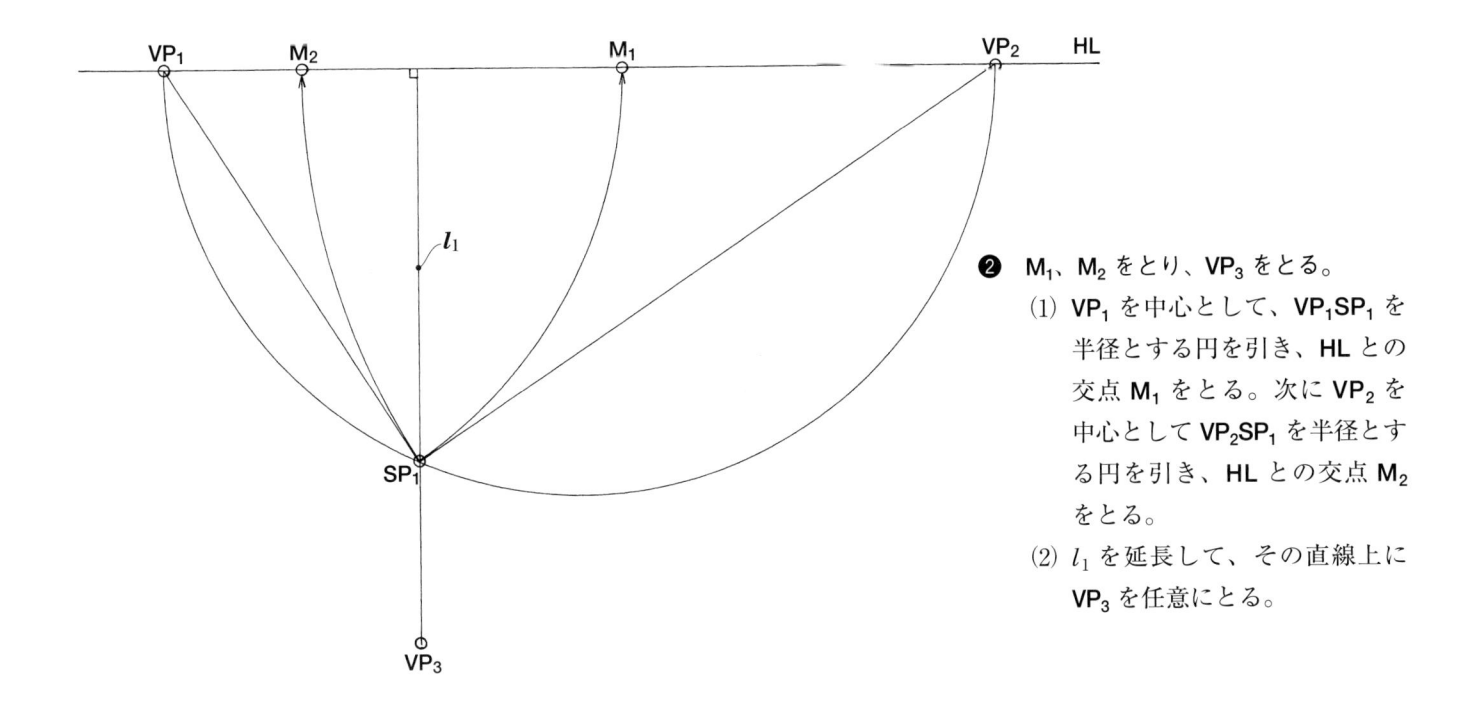

❷ M_1、M_2 をとり、VP_3 をとる。
  (1) VP_1 を中心として、VP_1SP_1 を半径とする円を引き、HL との交点 M_1 をとる。次に VP_2 を中心として VP_2SP_1 を半径とする円を引き、HL との交点 M_2 をとる。
  (2) l_1 を延長して、その直線上に VP_3 を任意にとる。

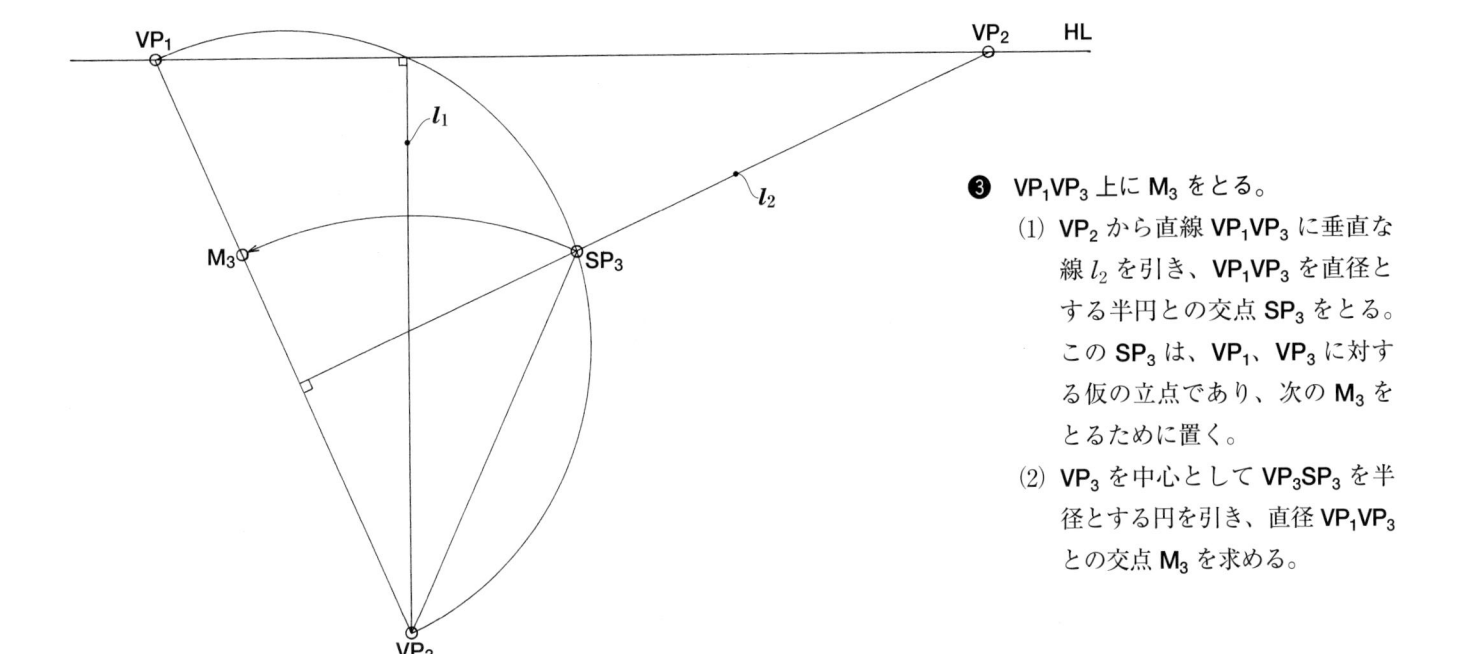

❸ VP_1VP_3 上に M_3 をとる。
  (1) VP_2 から直線 VP_1VP_3 に垂直な線 l_2 を引き、VP_1VP_3 を直径とする半円との交点 SP_3 をとる。この SP_3 は、VP_1、VP_3 に対する仮の立点であり、次の M_3 をとるために置く。
  (2) VP_3 を中心として VP_3SP_3 を半径とする円を引き、直径 VP_1VP_3 との交点 M_3 を求める。

第 4 章 ML で測る M 点法

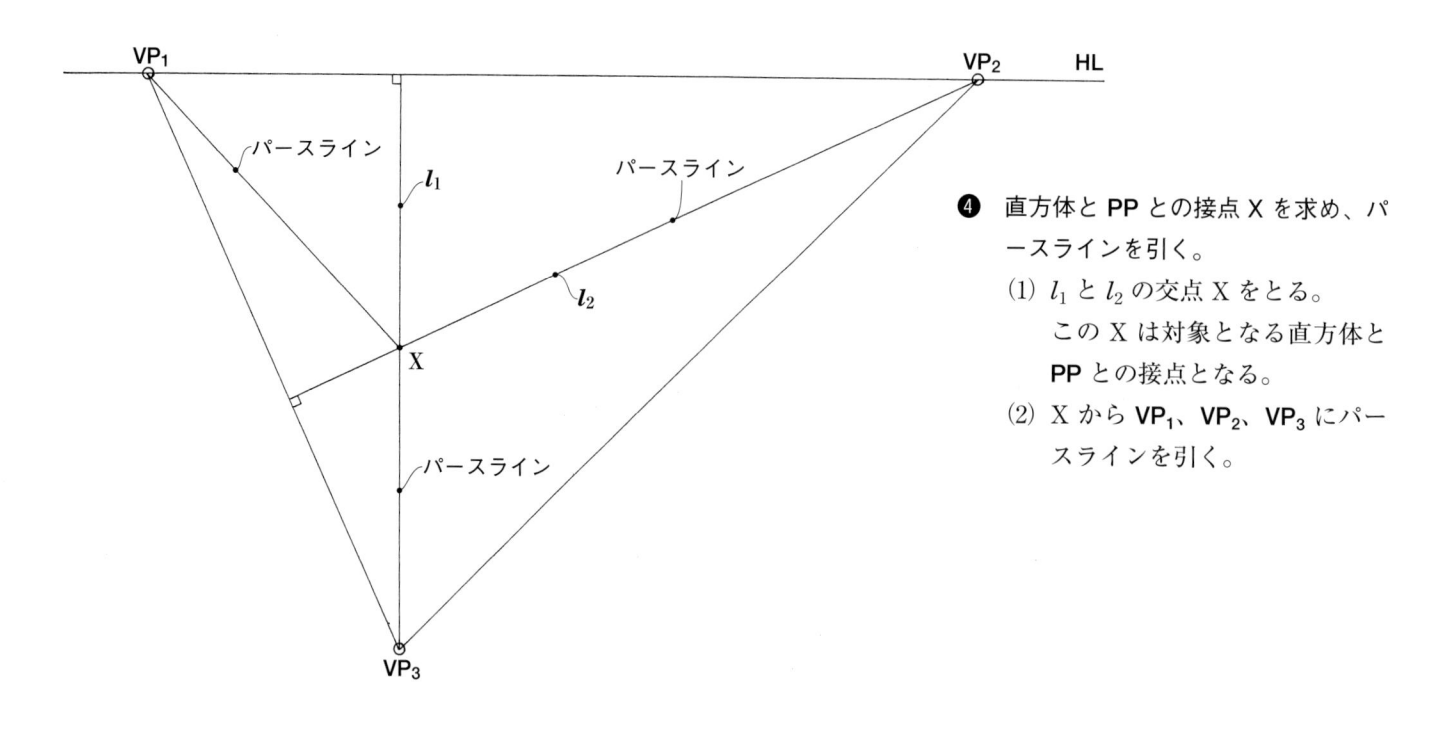

❹ 直方体と PP との接点 X を求め、パースラインを引く。
  (1) l_1 と l_2 の交点 X をとる。このXは対象となる直方体とPPとの接点となる。
  (2) X から VP_1、VP_2、VP_3 にパースラインを引く。

○の記号のある線は互いに平行である
△の記号のある線は互いに平行である

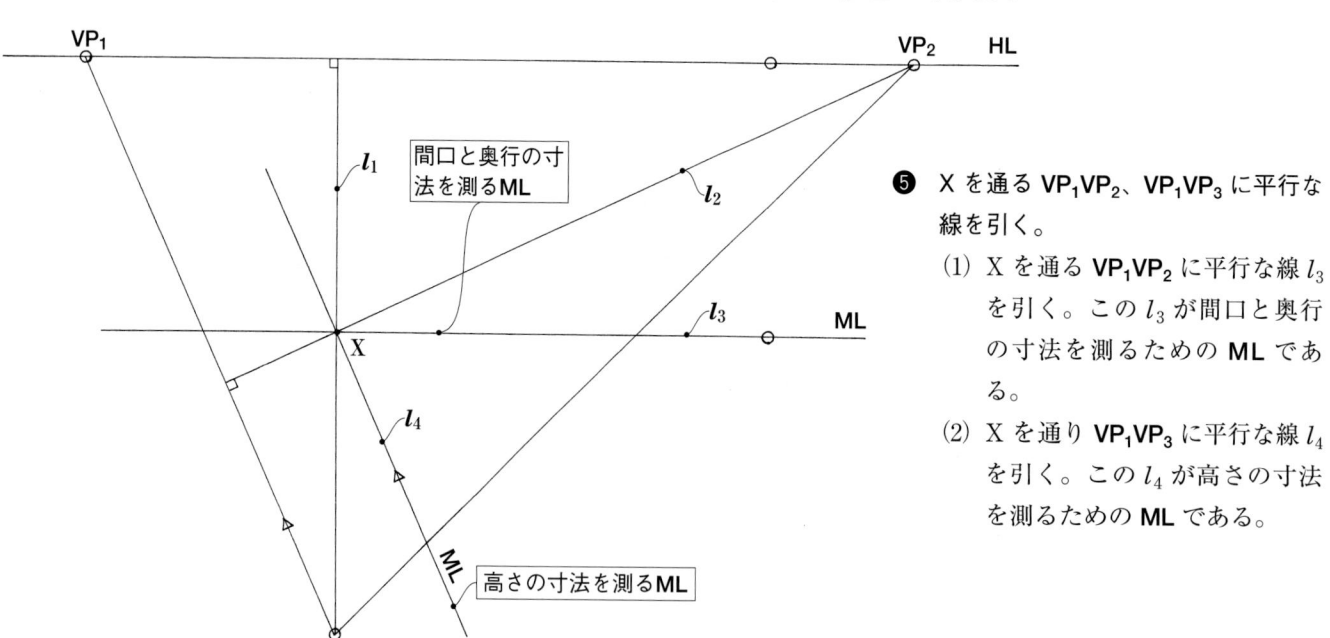

❺ X を通る VP_1VP_2、VP_1VP_3 に平行な線を引く。
  (1) X を通る VP_1VP_2 に平行な線 l_3 を引く。この l_3 が間口と奥行の寸法を測るための ML である。
  (2) X を通り VP_1VP_3 に平行な線 l_4 を引く。この l_4 が高さの寸法を測るための ML である。

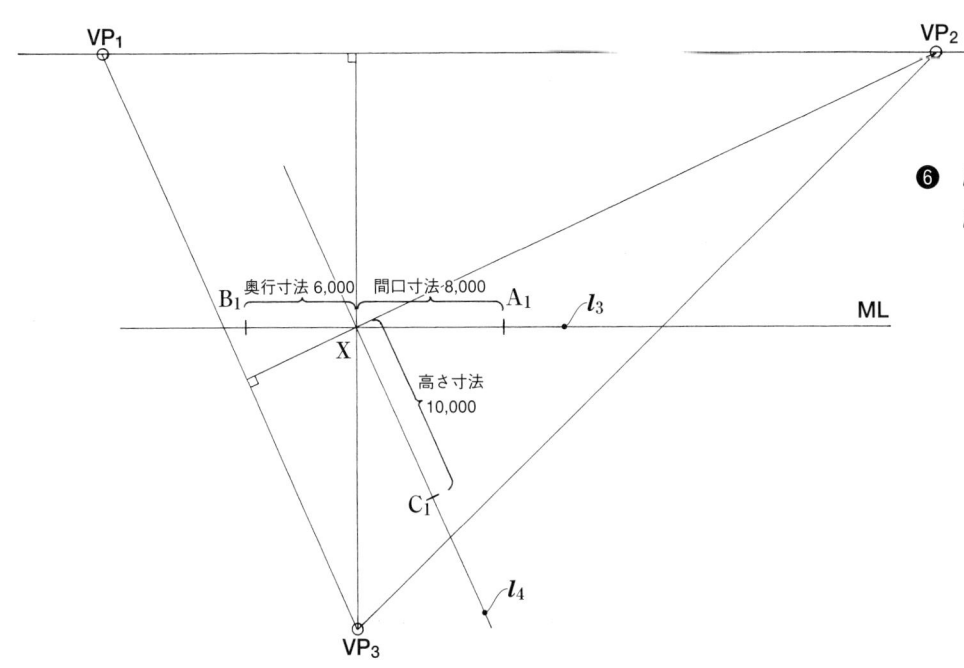

2-d 立体をM点法の[3消点簡略図法]で描く

❻ l_3 の ML 上に間口、奥行寸法をとり、l_4 の ML 上に高さ寸法をとる。
  (1) l_3 の ML 上に直方体の間口寸法 8m に相当する点 A_1、奥行寸法 6m に相当する点 B_1 をとる。
  (2) l_4 の ML 上に直方体の高さ寸法 10m に相当する点 C_1 をとる。

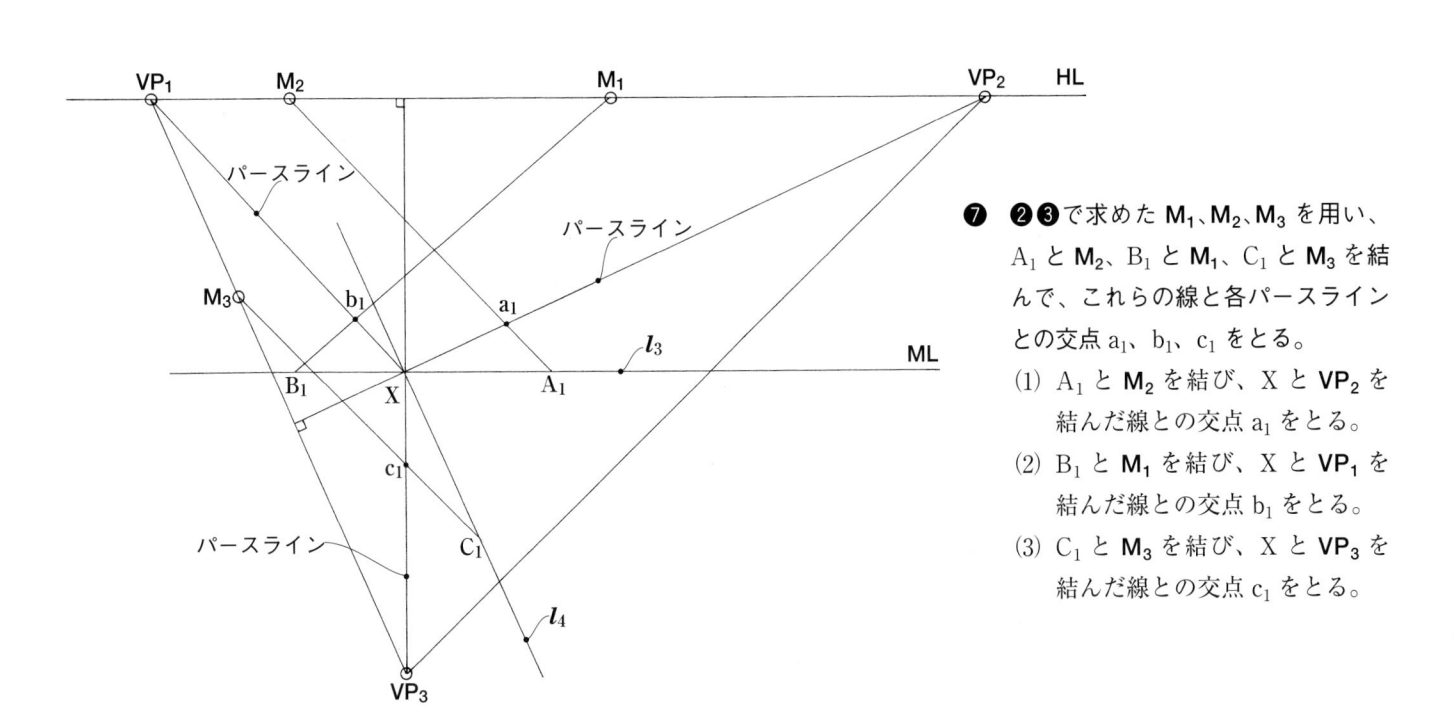

❼ ❷❸で求めた M_1、M_2、M_3 を用い、A_1 と M_2、B_1 と M_1、C_1 と M_3 を結んで、これらの線と各パースラインとの交点 a_1、b_1、c_1 をとる。
  (1) A_1 と M_2 を結び、X と VP_2 を結んだ線との交点 a_1 をとる。
  (2) B_1 と M_1 を結び、X と VP_1 を結んだ線との交点 b_1 をとる。
  (3) C_1 と M_3 を結び、X と VP_3 を結んだ線との交点 c_1 をとる。

第 4 章　MLで測るM点法

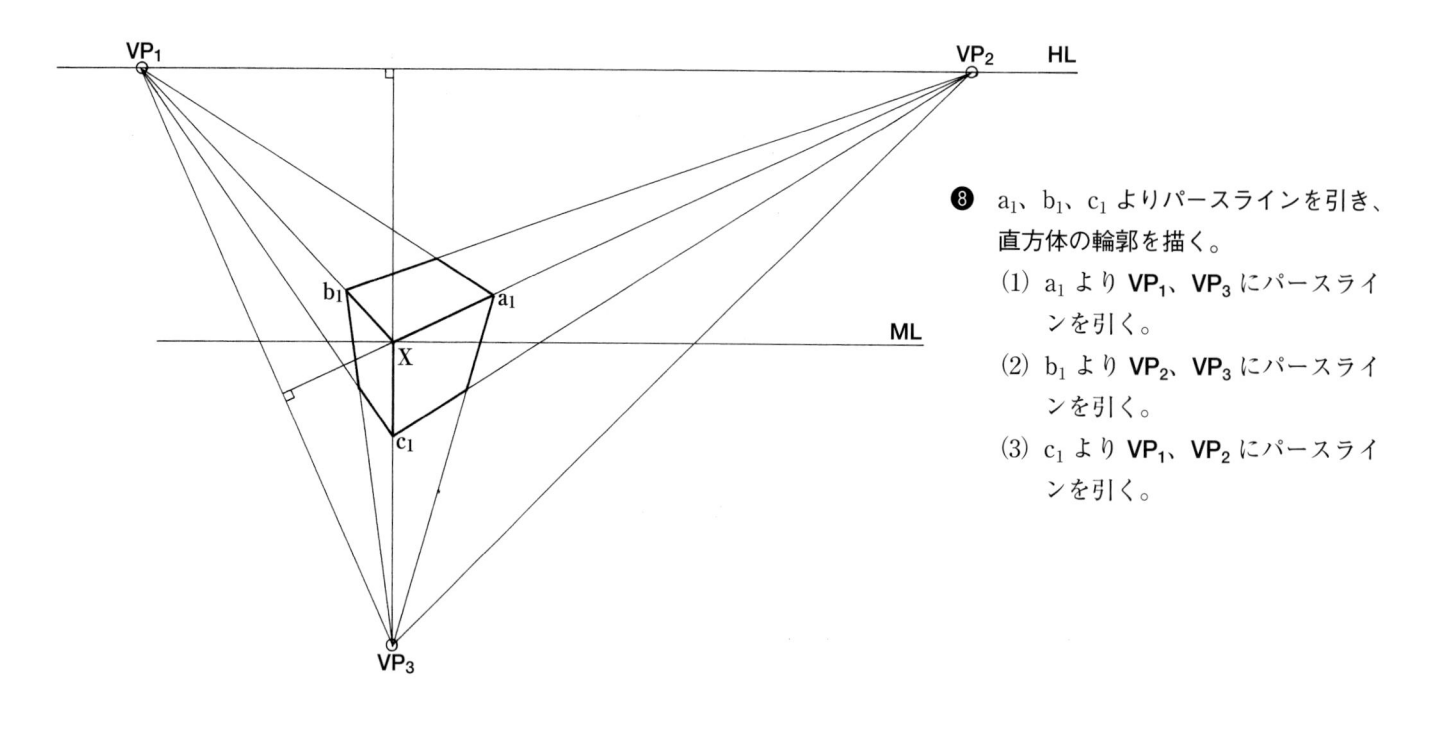

❽ a_1、b_1、c_1 よりパースラインを引き、直方体の輪郭を描く。
  (1) a_1 より **VP₁**、**VP₃** にパースラインを引く。
  (2) b_1 より **VP₂**、**VP₃** にパースラインを引く。
  (3) c_1 より **VP₁**、**VP₂** にパースラインを引く。

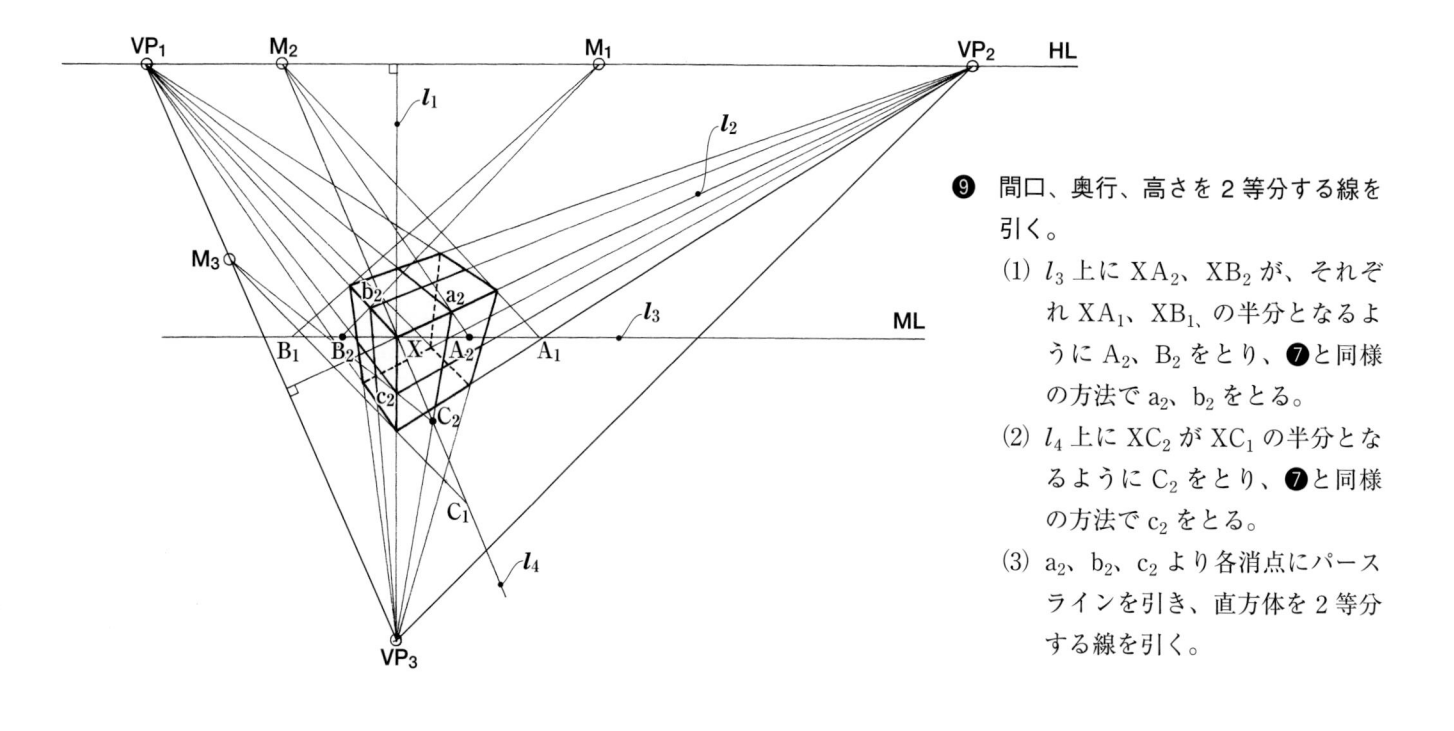

❾ 間口、奥行、高さを2等分する線を引く。
  (1) l_3 上に XA_2、XB_2 が、それぞれ XA_1、XB_1 の半分となるように A_2、B_2 をとり、❼と同様の方法で a_2、b_2 をとる。
  (2) l_4 上に XC_2 が XC_1 の半分となるように C_2 をとり、❼と同様の方法で c_2 をとる。
  (3) a_2、b_2、c_2 より各消点にパースラインを引き、直方体を2等分する線を引く。

著者略歴

大脇 賢次（おおわき けんじ）

建築家。明治大学工学部建築学科卒業。1983年、イタリアの建築と都市の研究のためイタリア留学。1984年一級建築士事務所大脇建築設計事務所を設立。主な作品に「西日暮里の家」「下馬の家」「太子堂の家」「曙町複合商業ビル」「東金町の集合住宅」「彫刻家のアトリエ」「瀬田オフィスビル・集合住宅プロジェクト」などがある。現在、環境・景観・街並みとしての建築をテーマとして設計活動を展開する。日本建築学会会員。

著書

『基本・建築製図と表現技法』（彰国社）
『最新 建築・土木のしくみ』（日本実業出版社）
『図解 早わかり建築基準法』（ナツメ社）
『イラストでわかる建築模型のつくり方』（彰国社）
『ヴィジュアルで要点整理1級建築士受験 基本テキスト 学科Ⅰ（計画）第二版』（彰国社）
『ヴィジュアルで要点整理1級建築士受験 基本テキスト 学科Ⅱ（環境・設備）第二版』（彰国社）
『ヴィジュアルで要点整理1級建築士受験 基本テキスト 学科Ⅲ（法規）』（彰国社）
『ヴィジュアルで要点整理1級建築士受験 基本テキスト 学科Ⅵ（構造）』（彰国社）
『ヴィジュアルで要点整理1級建築士受験 基本テキスト 学科Ⅴ（施工）』（彰国社）

図版制作協力

斎藤 翼
大脇建築設計事務所スタッフ

よくわかるパースの基本と実践テクニック

2004年3月30日　第1版発　行
2021年7月10日　第1版第6刷

著作権者との協定により検印省略

著　者　大　脇　賢　次
発行者　下　出　雅　徳
発行所　株式会社　彰　国　社

162-0067　東京都新宿区富久町8-21
電話　03-3359-3231（大代表）
振替口座　00160-2-173401

Printed in Japan
© 大脇賢次　2004年
ISBN 4-395-00708-2 C3052

製版・印刷：真興社　製本：誠幸堂
https://www.shokokusha.co.jp

本書の内容の一部あるいは全部を、無断で複写（コピー）、複製、および磁気または光記録媒体等への入力を禁止します。許諾については小社あてご照会ください。